本书是国家社会科学基金“十二五”规划2015年度教育学青年课题“‘互联网+’时代中国传统文化微学习资源开发与传播研究”（课题编号：CCA150158）成果

“互联网+”时代微学习资源开发与传播

Development and Communication of Micro-learning Resources in the Age of "Internet+"

赵　丽◎著

科　学　出　版　社
北　京

内 容 简 介

“互联网+”已从商业领域蔓延到我们的生活、学习与工作的各个领域。微学习方式作为一种基于“互联网+”设计的高效便捷的新型学习方式，主要是指处理相对较小的学习单元以及短期的学习活动。本书以“微学习”为主要研究对象，首先，从微学习的起源与发展着手，综合教育学、传播学、认知科学等学科理论基础，总结出微学习资源开发的理论模型。其次，关注微学习资源的生态发展，提出“共享-共生”的生态发展保障机制及相关策略。最后，从理论构建转向实践开发，搭建中国优秀传统文化微学习平台。

本书可供关注在线学习资源、在线课程开发，以及关注不同阶段中国传统文化教育等的学习者与研究者参阅。

图书在版编目（CIP）数据

“互联网+”时代微学习资源开发与传播 / 赵丽著. —北京：科学出版社，2019.11

ISBN 978-7-03-063106-0

Ⅰ. ①互… Ⅱ. ①赵… Ⅲ. ①网络教学-研究 Ⅳ. ①G434

中国版本图书馆 CIP 数据核字（2019）第 250405 号

责任编辑：朱丽娜　冯雅萌 / 责任校对：王晓茜

责任印制：徐晓晨 / 封面设计：润一文化

联系电话：010-64033934

E-mail：edu_psy@mail.sciencep.com

科学出版社 出版

北京东黄城根北街 16 号

邮政编码：100717

http://www.sciencep.com

北京虎彩文化传播有限公司 印刷

科学出版社发行　各地新华书店经销

*

2019 年 11 月第 一 版　开本：720×1000　B5

2020 年 10 月第二次印刷　印张：14

字数：239 000

定价：98.00 元

（如有印装质量问题，我社负责调换）

前　言

“互联网+”可以理解为“互联网+各个传统行业”，但这并不是两者的简单相加，而是利用信息通信技术、云技术、大数据计算等，让互联网与传统行业进行深度融合，创造出新的发展生态，这股洪流也为学习带来了新的变革。“互联网+教育”“互联网+学习”等极大地冲击了传统的学习方式，不仅优化了信息时代学习者的学习过程与学习结果，而且引发了后信息时代学习者个性化学习需求与供给的新问题。微博、微信等微媒介的流行是社交领域中的个人要素被充分尊重的结果。人们需要在任何时间、任何地点、以任何方式进行交流和学习活动。微学习（micro-learning）作为一种新的学习方式，并非颠覆或否定传统学习方式，而是着力于链接零散的知识片段，串联学习者的碎片化时间，注重在与传统学习方式相结合的同时将微学习方式的优势充分发挥出来，彰显正式学习与非正式学习的整合优势，促进学习过程的优化与学习效果的提升。因此，对于微学习的出现，微课、微视频等迅速成为焦点与热点等现象，也就不难理解了。学习者渴望通过微学习满足其个性化学习需求。

如何设计和开发优质的、适合学习者进行微学习的平台和资源，是促成有效微学习的前提。对微学习本身的研究和了解成为本书需要解决的首要问题，笔者以设计者与开发者的视角，从“互联网+学习”这股洪流对当前学习方式带来的影响入手，分析微学习方式流行的原因，充分挖掘微学习的优势，比较、探索微学习的深刻内涵与当下发展。这些构成本书第一章与第二章的主要内容。然而，学习资源承载着微学习的内容和意义，没有好的微学习资源，微学习便无从谈起，因此，微学习资源的设计与开发至关重要。笔者在对微学习者的学习特征、学习内容、学习工具、学习环境、学习评价等学习过程与结果要素的“微”特征进行分析的基础上，探索微学习资源设计与开发的理论模型与系统，从理论上为微学习资源设计和开发指明方向、构建框架和原则，这是本书第三章的内容。

在“互联网+”的宏大学习资源中，微学习资源这股清流的流向问题关系到学习资源的传播，也关系到学习者的学习效果，这就需要运用传播学理论，以系统思维和整体考量的方式进行研究。微学习资源的传播载体与传播方式有别于传统学习资源与在线学习资源。微学习资源的传播依赖于特定的“微”传播媒介，传播方式因内容、因时间、因人、因终端而异，并整合片段化的微学习内容，以便于学习者利用微学习时间。微学习资源传播研究还应认识到这一点：学习者不再仅仅是被动的“受众”与内容的“消费者”，而是主动的学习内容的生产者与创造者。“制用者”的角色定位让微学习资源的传播显示出显著的个性化的特征，也为微学习资源的质量及其生态发展提供了可靠的保障，“共享-共生”生态发展机制依赖每一个“制用者”共同参与到微学习资源的生产和使用中，从而让微学习资源焕发出新的活力。这些研究构成了本书第四章与第五章的内容。

微学习资源开发与传播的研究重点还体现在具体的实践开发中，本书以“中国优秀传统文化”为主题践行了微学习资源设计与开发的理论设想。中国优秀传统文化是一个永恒的学习主题，面对中国优秀传统文化教育的现状和新的时代要求，要厘清学习者对中国优秀传统文化的学习需求，以微学习方式变革并拓展中国优秀传统文化的教育方式与传播渠道，以微信公众平台为微媒介，进行中国优秀传统文化微学习资源的设计与开发，并探索初步的传播效果。以此形成本书第六章与第七章的内容。

微学习资源开发与传播是一个宏大的研究主题，本书中关于微学习资源开发与传播的相关研究是在理论和实践层面上，基于一定的教育学、传播学原理而形成的理论性建构，以及基于“中国优秀传统文化”主题的学习资源设计与开发而形成的研究成果。但是这毕竟是在个人有限的视角和实践范畴中所做的努力，书中难免有不足之处，因而笔者由衷地希望各位同行与读者多多批评指正。

赵　丽

2019年8月

目　录

引　论

如今，信息发展历史正被人类借助互联网及其相关技术的演进而不断续写着，暂且不论互联网与信息到底是谁占据了主动权，不可争辩的事实是，互联网已经渗透到我们生活的各个角落。对知识的渴求是人的生存需求之一，学习需求的变化与技术的演进互为激发动力，面对知识的生产、传播与获得已然变化的现实，在当今互联网信息时代，人们学习的方式也必然会发生变化。

一、宏大叙事："互联网+"续写信息发展历史

今天，我们生活的世界正处于一个怎样的时代？这个问题有很多种答案，但是"一个网络互联的时代，一个被信息包围的时代"，这样的答案一定是深入人心的。当早晨的第一缕阳光映入眼底，我们可能就已被信息包围，"天气怎么样？""今天我的计划是……"，甚至"早餐吃什么"。想到这些问题，我们会马上拿起手机，手机不仅提示你有几条未读信息，还可能显示有几个应用通知。广播与电视上播放着晨间新闻，摩天大楼的电子大屏上显示着各类广告……信息日益成为生活的必需品，我们也越来越离不开可以提供信息的媒介和可以连通网络的设备。互联网几乎渗透到我们生活的每个瞬间、每个角落。我们每天被连通着网络的信息传递与推送包围着，我们的言语、决策与行动等被转化为信息，被表征为数据，进而被汇集成"大数据"。每个人与互联网的亲密接触都可能成为有价值的信息，互联网记录着、承载着我们每个人的微小叙事，这些叙事似溪流，一同汇入互联网"宏大叙事"的大河中。

古人以结绳记事、岩壁刻画、骨壳雕文、口传身教等方式，再以印刷术为突破口，书文于纸张，才得以将人类世代认识自然与改造自然的经验与智慧流传下来，以飨后人。人类文明的推进，得益于这些重要的信息得以保存下来。但是人类走进真正意义上的信息时代，却与互联网的诞生紧密相关。互联网诞生于

1969年，最初仅仅被应用于军事、科研与政府部门，20世纪80年代末到90年代初期，独立的商业网络发展起来以后，“互联”的概念才真正实现，互联网走进了普通人的生活。在随后开启的信息时代，互联网的发展速度惊人，全面渗透到个人的生活、工作与学习中。互联网串联起了地球上网络能够覆盖到的每一个人，使得地球村落跃然于“网”上，共享在互联网上的信息得以无限延伸与传播。谁也未曾预料到，《不列颠百科全书》可以在线阅读，个人或组织可以通过互联网进行信息展示与推送。庞大的信息量曾一度给很多人造成困扰，因此需要将互联网上的信息进行分类，以方便用户检索。然而不仅如此，不满足于单向传播的网络用户期待将个人的观点、意见发表在互联网上，于是支持用户自我编辑的维基百科全书出现了，网络互联走进了 Web 2.0 时代。社交网络使得越来越多的网民能更加便捷、高效地融入网络生活中，他们不仅可以分享来自各地的信息，还可以充分参与信息交流，体现其自主性。互联网与信息技术的发展互相推动，共同致力于人类信息文化的“宏大叙事”（图 0-1）。

图 0-1 互联网与人类进化

资料来源：London Web Designer. 2015. How the role of the web hosting company has changed. http://www.londonwebdesigner.co.uk/how-the-role-of-the-web-hosting-company-has-changed/［2018-08-22］

如今，“互联网+”概念的提出进一步拓展了互联网与人的互动及其活动范围，续写着人类文化关于互联网的“宏大叙事”。中国互联网络信息中心于2018年8月20日发布的第42次《中国互联网络发展状况统计报告》显示，截至2018年6月30日，我国网民规模达8.02亿人，互联网普及率为57.7%。[①]2015年3月5日，李克强总理在第十二届全国人民代表大会第三次会议上的政府工作

① 中国互联网络信息中心. 2018. 第42次《中国互联网络发展状况统计报告》. http://www.cnnic.net.cn/hlwfzyj/hlwxzbg/hlwtjbg/201808/t20180820_70488.htm［2018-08-30］.

报告中提出制定“互联网+”行动计划。2015—2018 年，我国网民人数从 6.49 亿人[①]跃升至 8.02 亿人，互联网普及率从 47.9%上升至 57.7%[②]。根据李克强总理提出的“制定‘互联网+’行动计划，推动移动互联网、云计算、大数据、物联网等与现代制造业结合，促进电子商务、工业互联网和互联网金融健康发展，引导互联网企业拓展国际市场”[③]，目前“交通、环保、金融、医疗、家电等行业与互联网融合程度加深，互联网服务呈现智慧化和精细化特点”[④]。美国信息技术办公室曾及时关注了李克强总理提出的“互联网+”行动计划，在其官方网站上以“中国寻求‘互联网+’战略”（China Pursues “Internet Plus” Strategy）为标题转发了李克强总理在政府工作报告中提出的“互联网+”行动计划。“互联网+”意味着互联网与传统产业的有效结合，推动中国经济的高速发展。“互联网+”行动计划的提出不仅为经济发展开辟了新的发展路径，也为其他行业的发展带来了新的创新途径。

在文化传播与教育发展等领域，“互联网+”的影响也逐渐凸显。在“互联网+”时代，文化传播与教育发展逐渐呈现出个性化、去中心化等特征，在移动互联网、大数据等新的媒介及技术的支撑下，受众与学习者的阅读习惯与信息获取方式更加多元与便捷，个性化的需求更加凸显。信息的传者与受者更加对称，可同时赋权于受众与学习者。以受众与学习者为中心的文化与教育资源在“互联网+”时代得到广泛传播，其影响力与教育传播价值也日益凸显。2015 年 4 月 9 日，《中国教育报》刊登的《“互联网+”时代的教育变革》提出了“互联网+课程”“互联网+教学”“互联网+学习”“互联网+评价”，突破了传统面授课堂的局限，在网络课程与在线学习的学习方式、学习途径等方面提出了“互联网+”时代教育变革及教育发展的新途径。2018 年 4 月 13 日，中华人民共和国教育部发布《教育信息化 2.0 行动计划》，这一计划进一步推进了“互联网+教育”的发展，

---

① 中国互联网络信息中心. 2015. 第 35 次中国互联网络发展状况统计报告. http://www.cnnic.net.cn/hlwfzyj/hlwxzbg/hlwtjbg/201502/t20150203_51634.htm［2018-08-30］.

② 中国互联网络信息中心. 2018. 第 42 次《中国互联网络发展状况统计报告》. http://www.cnnic.net.cn/hlwfzyj/hlwxzbg/hlwtjbg/201808/t20180820_70488.htm［2018-08-30］.

③ 李克强. 2015. 政府工作报告：2015 年 3 月 5 日在第十二届全国人民代表大会第三次会议上. http://www. gov.cn/guowuyuan/2015-03/16/content_2835101.htm［2018-08-30］.

④ 中国互联网络信息中心. 2018. 第 42 次《中国互联网络发展状况统计报告》. http://www.cnnic.net.cn/hlwfzyj/hlwxzbg/hlwtjbg/201808/t20180820_70488.htm［2018-08-30］.

响应了国家“互联网+”、大数据、新一代人工智能等重大战略的任务安排，体现了《国家中长期教育改革和发展规划纲要（2010—2020年）》《国家教育事业发展“十三五”规划》《教育信息化十年发展规划（2011—2020年）》《教育信息化“十三五”规划》等文件中的重要部署。在网络发展从Web 1.0走进Web 2.0的背景下，教育信息化也从1.0时代进入2.0时代，在“三通两平台”、信息技术与教育的深度融合、一体化的“互联网+教育”大平台等基础建设的基础上，通过开展八项行动，实现学习资源、学习空间、学习环境的有效改善、拓展与提升，从教学、管理、帮扶等多个层面全面推进“互联网+教育”的信息化2.0进程。

互联网所承载的宏大叙事延续着整个人类文化的宏大叙事。因互联网而结缘的人们形成了共识，即人们以互联网本身的普遍性与大众性而逐步形成对信息分享、交流与互动的共识。人类信息发展历史必然受到不同历史发展时期思想的影响，呈现出不同的特征，但是从历时性来看，进步主义、理性主义、科学主义、现实主义等所映射出的必然性、真理性、普遍性等在今天仍然有用武之地。正是这种对真、善、美的追求共同推进了人类认识自然与改造自然的发展，形成了今天如此丰富多彩的物质与精神财富，这些财富再反哺人类，促进人与自然的和谐发展与共生。

二、“小清新”：后信息时代的学习模式

提及宏大叙事，人们会将其与“后现代”“史学”“利奥塔”等词汇联系起来。在后现代主义奉行的诸多教条中，现代主义所追求的宏大叙事遭遇消解是其中最具代表性的一条。不管人们是否承认“后现代”这一说法，毫无疑问，后现代的诸多特征凸显在当下的这个时代中，彰显个性以反对共性，凸显部分而轻视整体，反既成事实与规范，从而表现出反现实、反传统，甚至反“反现实”的特征。因此，现代主义的宏大叙事在后现代被提及，并受到抨击。宏大叙事成为焦点问题无疑要归功于后现代主义思想家——让-弗朗索瓦·利奥塔，他在论证知识的合法性问题上，提出了“后现代知识的法则，不是专家式的一致性；而是属于创造者的悖谬推理或矛盾论”（让-弗朗索瓦·利奥塔，1996：189）。这一观点打破了现代主义中知识权威性的建立需要依赖共识、追求宏大叙事的准则，指明了“叙事危机”与知识非合法化的局域，赞成创造者自身的微小叙事或个人叙

事，甚至对“叙事”这一验证方式产生质疑。通过研究随后诸多学者对宏大叙事的认识，我们可以发现，宏大叙事是指以其宏大的建制表现宏大的历史、现实内容，由此给定历史与现实存在的形式和内在意义，是一种追求完整性和目的性的现代性叙述方式（彭慧，2012：6），有某种一贯的主题的叙事，一种完整的、全面的、十全十美的叙事；与总体性、宏观理论、共识、普遍性、实证（证明合法性）具有部分相同的内涵，而与细节、结构、分析、差异性、多元性、悖谬推理具有相对立的意义；与个人叙事、私人叙事、日常生活叙事、“草根”叙事等相对（程群，2005）。

然而揭露宏大叙事的危机，并不是反对宏大叙事的建立。让-弗朗索瓦·利奥塔（1996：31）自己也说，在此政治体系中，社会不仅尊重人们秉持正义的欲求，同时也尊重每个人探索未来的欲求。当一个时代确立了属于这个时代的宏大叙事时，那么其必然带来多元思想的自由发展。我们暂且同意“后现代”这个说法，那么任何质疑与批判就可以在这个冠以“后现代”的宏大叙事之下得以肯定与发展。若一个时代没有具有普遍性的、共识性的宏大的时代叙事，那么这些多元的思想反而无立足之地。“互联网+”续写信息时代的宏大叙事目标并不是有意为之，而是这个信息时代发展的必然趋势，也是基于个体的微小叙事而汇集成的共同目标。正如让-弗朗索瓦·利奥塔提出的，后现代知识状况使宏大叙事面临危机，随之而来的将是小叙事的繁荣景象。我们每个人都在用自己的小叙事为这个时代的宏大叙事贡献力量。如此，我们可以理解为何“个性的表达”“严厉的抨击”是后现代时代的多元思想的表现。

1996年，尼葛洛庞帝在《数字化生存》中提出“后信息时代”的到来，也与今天我们所看到的后现代的诸多影响有着惊人的相似之处。在后信息时代，我们被大量的信息包围，加之媒介［媒介即人的延伸（转引自：麦克卢汉，2011）］技术的发展，更加拓宽了人们获得信息的渠道。然而，生活在后信息时代的人们经常会感受到这样的“信息不对称”：从个体自我来看，有效信息与无效信息不对称，大量的无效信息充斥其中，个体需要大量的时间与精力去分辨却难以分辨，满足自我需求的信息与海量信息显然是不对称的；而从自我与他者的关系来看，由于获取信息的渠道与解析信息的素养不同，显然，相比较而言，信息主体之间得到信息的质与量也不对称。在这个后信息时代，人们并非不再需要信息，而是需要非粗放性的、更加个性化的信息。以往，海量信息需要经过筛选与检验才能成为个人的、具有针对性的有用信息。但在后信息时代，在个人的信息素养得到不断提升的良好基础上，一方面，个人自我检索信息的能力增强；另一方面，个人有效信息能够被互联网“智能”处理后直接形成“私人订制”的信息。个人信息在网络信息中被智能地储存下来，互联网将根据个人兴趣、爱好、学习风格等向个人推送与生活、学习或工作相关的有效信息。个人的“小清新”得以在浩瀚的互联网信息海洋中形成一股个性化的清泉。“互联网+”时代的宏大叙事必将记录、规划并响应这种诉求。

学习者的学习需求本来就受到个人学习兴趣、学习习惯、学习方式、学习风格等多种主客观因素的影响。在后信息时代的宏大叙事中，“小清新”的学习需求凸显。在“互联网+教育”的宏伟目标下，基于互联网的学习模式已经逐渐走进学习者的学习生活中，改变着学习者的学习方式。特别是进入 Web 2.0 时代以来，主体与互联网的交互日益深入与频繁，在线学习、移动学习或泛在学习等学习方式也为众多的学习者所熟悉。这些新型的学习方式打破了传统的基于传与授的教学模式，凸显了学习者的自主学习。学习者根据自己的学习需求选择合适的学习内容，有效掌控学习进度。在学习过程中，学习者通过线上的有效交互既可以及时解决学习过程中遇到的问题，还可以寻求同伴的帮助。而学习评价则以过程性评价为主要指标，以实现对学习者学习评价的全面考察。这种学习方式或学习模式的实现依赖于学习平台、学习资源、学习评价等多方面的设计，其中，丰富而有效的在线学习资源是巧妇之“米”，能够满足学习者的个性化学习需求，而这些学习资源更加需要从学习者与外在学习环境等多个方面进行系统规划与设计。

三、“互联网+微学习”：宏大叙事中的“小清新”

从学习资源的角度而言，自 21 世纪初以来，在线学习资源的建设经历了从数量激增到质量不断提升、从封闭到免费开放的良好发展路径。从 2001 年麻省理工学院率先在全球启动“开放课件项目”（MIT Open Course Ware），通过互联网向全球的学习者免费提供从本科至研究生的全部课程，到 2005 年由麻省理工学院牵头，全世界 100 多家领衔教育机构组成了“开放课件联盟”，再到兴起于 2008 年的“慕课”（大规模在线开放课程，massive online open course，MOOC），其从发现伊始即迅速席卷全球，并以大规模、免费、开放的方式实现了学习资源的“4A”目标——任何人（anyone）在任何时间（anytime）和任何地点（anywhere）可以学习到想要学习的任何学习资源（anything）。随后，edX[①]、Coursera[②]和 Udacity[③]三大平台成为慕课的三大巨头。2013 年为中国的“慕课元年”，北京大学、清华大学等高校先后与美国慕课平台签约，实现了面向全球免费开放在线课程。瞬间，慕课席卷全国，从学习者正式学习的阵地——学校，包括高等院校、中小学等，再到学习者的非正式学习场所——各大门户网站、政府或商业服务机构等，质量参差不齐的学习资源在几年时间里迅速遍及了整个互联网。如今，这段“互联网+课程”的兴起史已为大多数学习者所熟悉。伴随着互联网在线课程席卷浪潮而来的是很多质疑的声音，注册率居高的课程在完成率上却不尽如人意，中途“下车”的学习者屡见不鲜。这些问题到底出在哪里？显然，越来越多的研究者已经发现了问题的根源。

从在线学习资源迅速发展的这段历程来看，刚开始研究者主要关注的领域是学习资源的平台建设、投入与收回的经济效益、课程学习内容、在线学习资源建设的技术要领以及在线学习的评价等问题，这些问题的关注视角仍然停留在建设者与开发者的视角。如今，越来越多的研究者则将目光转移到学习者身上，从学习者的视角出发对在线学习的行为、过程与结果等多维度进行审视，关注的领域聚焦在在线学习资源的满意度如何提高、在线学习资源如何能够与现有的学习资源进行很好的整合、在线学习资源如何与已有的正式学习课程融合，以及新的学习模式，如“翻转课堂”“微课”“微学习”等研究上。截至 2017 年 12 月，在中国知网上以“在线学习资源”为主题进行文献检索，发现在线学习资源建设者关注的研究领域集中在翻转课堂、微课、慕课、教学模式、混合式学习、移动学习等方面；学习者更加关心的是在线学习资源是否能够满足当前的学习需求，是否能够促进或提高当前的学习效率，是否能够明显改善学习效果等问题，这些问题的背后还掺杂着学习者个人的学习习惯、学习风格、自主学习能力等多种因素。因而在后信息时代，尽管在线学习资源较多，但仍然存在资源供应不对称、大量信息被供给而实际应用率与效果则不尽如人意的问题。这表明符合个人需求的资

---

① edX 是麻省理工学院和哈佛大学于 2012 年 4 月联手创建的大规模开放在线课程平台。

② Coursera 是由美国斯坦福大学两名计算机学教授创办的大型公共在线课程项目。

③ Udacity 是一家营利性的在线教育机构，教学语言为英语。

源还不够，关于“私人订制”的学习资源开发与建设的研究亟待开展。

在“互联网+学习资源”的大潮中，一股“微学习”的小清新之风伴随着“微博”“微信”等微媒介逐渐蔓延至教育领域，“微课”“微学习”等新词汇成为学习者关注的话题。从客观条件来看，可供开展微学习的学习设备，如智能手机、平板电脑等移动设备已经成为学习者学习与生活中的常见工具。这些移动设备的泛在性、便携性、私有化、交互性、便于合作与即时通信等特征，是移动学习的显著优势（Ozdamli，Cavus，2011）。而千元以内的智能手机在价格上也为学习者普遍持有智能手机提供了可能。从学习场所的变化来看，学习者在教育教学中发生了从“课堂人”向“移动人”的转变。从学习者主体的角度来分析，面对丰富的在线学习资源的学习者也面临着新的问题与困惑。在线学习资源的知识类型众多，信息量大，但学习者在线学习的时间是有限的。从生理上而言，学习者在线集中注视的时间是有限的，长时间地观看视频与浏览信息也可能造成无效学习。因此，将在线学习资源重新整合，化整为零，碎片化地处理学习资源，充分利用学习者碎片化的时间，以达到部分之和大于整体的学习效果是能够实现的。

微学习作为一种新的学习模式，已被学习者广泛采纳。然而正如慕课刚出现时所遭遇的问题一样，在学习资源质与量的问题上，同样需要开展基于学习者视角的研究。微学习资源的学习设计涉及学习者分析、学习环境、学习过程、学习结果等方面，并且需要学习工具、学习评价等学习支持。而微学习资源的传播需要更加关注如何有效传播，以满足个人某一具体的学习需求，既能无缝地嵌入学习者的日常学习和生活中，也能有效地弥补正式学习的缺憾。这些问题都值得深入分析与思考，也正是本书所关注的。

第一章
“互联网+”时代的微学习

如今，“互联网+”已经成为一股变革的力量，改变着相关领域或行业的格局，其对教育的影响也使得当下学习者的学习方式发生了根本性的变革。学习者需要在浩瀚的在线学习资源中、在短时间内快速获得有效信息，“互联网+学习环境”这一“微格式”的转变响应了这种需求。在“以人为本”的Web 3.0时代，符合私人订制需求的“微学习”逐渐成为学习者新的学习方式。

第一节 “互联网+”时代学习方式的新特征

互联网从 Web 1.0 到 Web 3.0 的更迭，较好地诠释了“互联网+”的生成及其影响。“互联网+学习环境”在新的时代也发生了变化，在学习时空、学习环境、学习平台与学习工具方面呈现出新的特点，这些与学习者的学习方式转变互为促进。在“微格式”在线学习客观环境的支撑下，学习者的学习方式呈现出“微学习”的趋向。碎片化、片段化、微型化等成为微学习的主要特征。

一、从 Web 1.0 到 Web 3.0：“互联网+”实现的内在动因

尽管有些互联网用户对 Web 1.0、Web 2.0 的概念内涵还不理解，但是 Web 3.0 的迭代已经被提出来了。Web X.0 可以被理解为互联网“时代”更迭的代名词，也可以被理解为互联网“技术”的更新与换代。而 Web X.0 的不断演进为“互联网+各个行业或领域”提供了更多的可能，推进了整个人类信息历史的发展。

Asyraf 在他的“Introduction to the Internet”课程中描绘了从 Web 1.0 到 Web 4.0 的发展。他所预测的 2018 年 Web 4.0 的到来，尽管没有达成共识，也没有具体的特征描述，但是也昭示着互联网进化与发展的必然趋势（图 1-1）。Web 1.0 时代始于互联网的广泛应用时期，互联网呈现出来的巨大优势在于信息的海量聚集，百科全书式的信息让人们向往“网上冲浪”的快感。各大门户网站蜂拥而至，拓宽了传统媒介的信息传播渠道，通过网络媒介延伸人的视听范围，也打破了传统媒介线下的信息传播方式，改为线上免费提供在线信息。新型媒介的出现让传媒界着实展开了一番大讨论。然而在短短的数年时间里，互联网的发展走向了另一个时代——Web 2.0 时代，当这个名词出现时，人们不由自主地发现，原来我们已经可以逐渐与互联网展开互动，而不仅仅是单向地接收互联网传递的信息了。Web 1.0 时代的网民更多的是享受互联网带来的信息大餐。网民作为信息的被动接收者，难以实现对信息的评价，以及与信息传播者的互动。因为

信息发布的主动权仅仅掌握在那些拥有互联网技术的专业人员手中，大多数受众很难通过互联网上传有关自我的信息。20世纪末至21世纪初的互联网初学者一定还很难忘记自己通过掌握一定的网络发布技术将个人信息或网站呈现在互联网上的喜悦吧！博客的流行正是受众转变媒介传播身份的重要标志，也是Web 2.0时代到来的显著标志。在博客中，受众可以快速免费地发布个人信息、观点与评价等，还可以获得其他受众的关注、互动与评价。当博客和个人网站系统可以为用户提供自我建站的功能时，人们发现向互联网传递个人信息是如此容易，这项本被掌握在专业技术人员手中的技术如同"傻瓜相机"一样得到逐渐普及。此时迎来了新一轮网民数量的激增，互联网才从真正意义上走进了普通人的生活。Web 2.0时代的互联网信息交流与互动的技术门槛逐渐降低，使得受众能够轻松地从信息单向传播的接收者转变为可以进行信息创造、发布的制造者与传播者。

图1-1 从Web 1.0到Web 4.0：人与信息的联结关系

资料来源：Asyraf A. 2014. Future of Internet. http://theperksofbeingacommunicationstudent.blogspot.com/?view=classic［2018-10-02］

Web 1.0 实现了信息的广泛传播，其关键词是“传播”，Web 2.0 则突出了“交互”，而 Web 3.0 时代则强调了“个性化”，这符合后信息时代人们对信息的特殊需求。Web 3.0 时代互联网技术的核心是“人工智能”，依赖人工智能，Web 3.0 将收集互联网用户的个人信息，如个人偏好、网络行为（包括学习行为）等，对用户的兴趣、行为特征等进行分析和归纳，兼容不同的终端设备，不仅可以实现有效地推送信息，更主要的是能帮助用户准确、高效地搜索到符合个人需要的有用信息，提高用户使用网络信息的准确性与有效性。Web 3.0 使用语义网、人工智能技术，基于用户偏好，实现对网络信息的筛选、整合与生成，形成用户个人信息库。这个信息库的形成依赖于用户多次的上网行为，在信息库动态生成的过程中，其可以为用户提供符合自我需要的个性化内容订制、推送等服务。这种信息的可靠性与准确性当然离不开用户真实信息的核查与认证。在 Web 2.0 时代，无限交互的可能必然带来杂乱无章的互动信息，平台注册信息的不真实也必然带来一定的人身或利益的损害或破坏性。Web 3.0 时代的实名认证显然也存在着信息的外泄等不安全因素，但是互联网信息安全制度与个人诚信体系的逐步完善，必然能够逐渐规避这些问题。

Web 1.0 到 Web 3.0 定义的更迭（表 1-1）体现了“以人为本”的服务理念，互联网技术的进步在于为满足个人需求而提供更好的服务。当强大的互联网技术能够逐步满足人类生活、学习与工作的各个方面的需求时，“互联网+”才有可能实现。“互联网+”意味着连接、联合、整合，从 2015 年被写入政府工作报告到发展至今，从“互联网+商业、工业及服务业”，到“互联网+教育”领域，“互联网+”已经深入各个领域或行业。相较于 Web 1.0 与 Web 2.0 时代的互联网对教育的支持，在 Web 3.0 时代的背景下，“互联网+教育”的延伸也拓宽了教育发展的空间，显然需要从学习者主体分析出发，智能地为学习者提供更加有效而丰富的学习资源，从而为学习者服务。因此，要想抓住“互联网+教育”的契机，实现学习的效率提高与效果提升，需要在新的时代背景下探索学习者的客观学习环境、学习工具、学习资源等发生了怎样的变化，以及在此影响下学习者的学习方式发生了怎样的复杂变化，以让互联网更好地服务于学习者的学习生活。

表 1-1 Web 1.0、Web 2.0、Web 3.0 的定义

名称	定义
Web 1.0	Web 1.0 是第一代网络，主要关注建站与访问并实现商业化，主要的关注领域是协议，如 HTTP，以及开放标准标记语言，如 HTML、XML；通过 ISPs 的网络链接，出现第一代网络浏览器，网络开发平台与工具，网络中心的软件语言，如 Java 和 JavaScript；初步开展网站建设，网络商业模式和主要门户网站的建设
Web 2.0	Web 2.0 最早由 Di Nucci 于 1999 年提出，O'Reilly 和 Dougherty 在 2004 年正式提出。Web 2.0 是第二代网络，重点在于社交网络站点、wikis、交互工具和使用标签的分类方法，强调在线合作与用户资源共享
Web 3.0	Markoff 于 2006 年在《纽约时报》上提出 Web 3.0，称之为“智能网络”，使用语义网、微格式、自然语言搜索、数据挖掘、机器学习、推荐服务和人工智能技术，强调信息的机器辅助理解以提供更加有效的和符合用户需求的信息

资料来源：Spivack N. 2007. Web 3.0：The Third Generation Web is Coming. https://lifeboat.com/ex/web.3.0［2018-10-12］

二、“微格式”：“互联网+学习环境”的新特征

Web 3.0 时代的“互联网+学习环境”显然发生了新的变化，学习资源的质与量都有显著提升。一方面，客观学习环境的变化受到整个互联网技术的影响；另一方面在与学习者不断磨合的过程中，学习环境向更加有效地服务于学习者的方向发展。因而，学习环境在学习时空、学习平台、学习资源与学习工具等方面呈现出新的特点。Markoff 在 2006 年提出 Web 3.0 时，提及了“微格式”。“微”相较于“大”“宏”，在单位规模、数量、质量与时间上相对较小，表现为微小、微型、精致与短小。因而，微格式在学习者客体学习环境上表现为学习时空的个性化泛在学习（customized ubiquitous learning）、学习平台的微型化、学习资源的碎片化与学习工具的简易性（图 1-2）。

第一，在学习时空上呈现出个性化泛在学习的特征。泛在学习被认为是一种在移动与嵌入式计算机和无线网络支持下，在任何时间都可以学习的学习环境（Ogata，et al.，2009），并能随时随地向学习者提供学习内容与学习交互（Hwang，et al.，2008）。泛在学习具有持久性（permanency）、可获取性（accessibility）、即时性（immediacy）、交互性（interactivity）、教学活动的情境性（situating of instructional activities）和适应性（adaptability）等特征（Chen，et al.，2002）。泛在学习的这些优势在交互功能得以充分彰显的 Web 2.0 时代，能够实现任何人

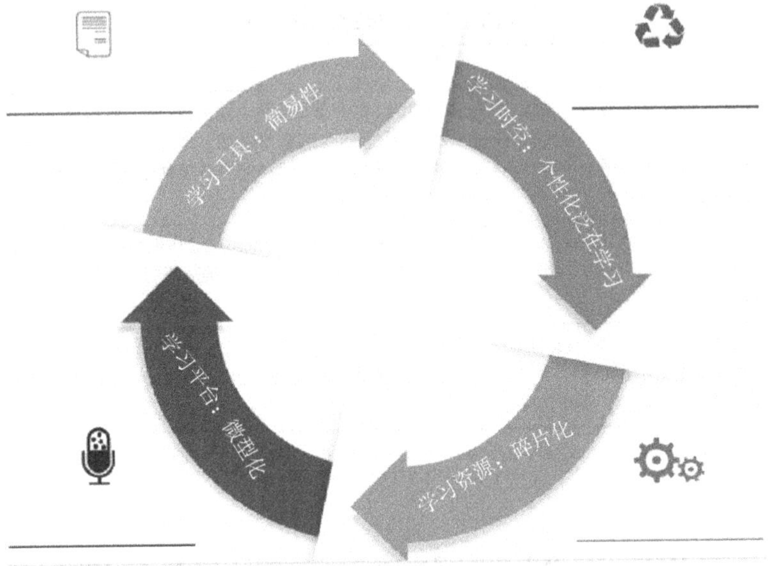

图 1-2 “互联网+学习环境”的新特征

在任何时间或任何地点都能学习到任何学习内容的学习理想。然而在任何学习内容方面，现有的在线学习内容适用于大多数学习者，还未能充分体现个性化。在Web 3.0 的技术支撑下，基于学习者个性学习特征的数据库逐步建立，实现个性化泛在学习将成为新的目标。而个性化泛在学习内容是实现这一目标的基本保障。

第二，在学习平台上呈现出微型化的特征。Web 2.0 时代为了能够保证在各种平台实现交流互动的目标，学习平台的兼容性与通用性成为互联网技术极力突破的主要问题。移动学习的开展首先需要保障学习内容能够在不同移动终端上显示，并自动切换为符合学习者需要的最佳阅读界面。然而随着学习者的学习体验不断深入，学习者发现不可能长时间地关注某一项学习内容，学习内容的冗长导致学习时间长度的增加，如果想快速定位到自己想学习的内容，又需要花费一定的时间去寻找。因此，微型化学习平台的出现使得这种问题得以解决。从博客到微博，再到交互平台、微信公众平台的出现，学习平台的微型化得以实现。而在微信公众平台开展的学习资源设计与开发的研究不断深入，也改变了学习者的学习方式。

第三，在学习资源上呈现出碎片化的特征。在线学习的兴起使得基于传统物理环境的学习逐渐转变为线上学习，这一转变也同样影响着正式学习中的面授教学。在线学习与面授学习相互补充，出现了混合学习、翻转课堂等多种学习模式。然而将线下学习资源转化为线上学习资源，在克服技术上的困难之后，需要考虑学习者在实际学习过程中可能会遇到的问题。在长达40分钟的学习时间里，学习者能不能掌握所有的学习内容？学习者的关注时间能够持续多久？学习者对于学习重点与难点是否能够把握？在学习平台实现微型化之后，将学习资源进行合理设计，合理划分形成“碎片化”的学习资源并将其呈现在微型化的学习平台上，这样学习者既能快速获得所需的学习内容，也能根据碎片化学习资源的设计而合理安排学习进度。

第四，在学习工具上呈现出简易性的特征。为了实现个性化泛在学习的目标，学习工具的支持也必不可少。传统的计算机学习工具大都以软件的方式呈现，需要购买软件并将其安装到学习者的个人计算机中。随着移动学习的需求日益增加，软件的应用程序（application，APP）在移动终端上得以轻松下载、安装。然而，收费与占据设备较大储存空间的问题仍然使其不能很好地服务于学习者的学习。学习工具的简易性主要体现在节省存储空间、费用，以及提高学习效果等方面。从数字化媒体制作到支持高级交互功能的工具等，目前免费的在线学习工具受到欢迎。这些学习工具，如免费的在线思维导图工具，可以在线设计思维导图并将其存储到账号中，也可以将学习成果下载到自己的学习终端上；还有一些免费在线的交互工具，如开展远程会议或视频交流的工具，能够在学习者与学习资料间随时切换，支持多人在线视频学习与讨论，不仅可以真实地再现线下面对面的真实场景，而且可以录制并保存学习或讨论的过程，方便日后查看。

三、微学习：学习者主体学习方式的新特征

“互联网+商业”模式成功改变了人们的生活方式。线上购物与交易更加便捷，人们无需到实体经营店去消费。新的生活方式带动了一系列行业的发展，相对于传统行业的发展，快递行业、网上商城、网上支付渠道等，不仅是一种创新与进步，甚至是对传统行业的一种破坏性的冲击。“互联网+教育”的出现，同样影响了学习者的学习方式。免费开放学习资源还未能形成大规模在线学习之势，然而免费在线学习资源已经吸引了大量的学习者。在线学习首先冲击了传统远程教育基于广播电视传媒的模式，网络远程教育逐渐兴起，成为补偿正式学习的主

要渠道。然而新一轮的大规模免费在线学习课程袭来，以课程的规范形式重构在线学习资源。这一轮冲击甚至动摇了正式学习中的课程，一时间关于课程危机的讨论此起彼伏。学习者在这个过程中虽然享受着在线学习资源转变带来的福利，但也变得更加茫然。随着新一轮教学模式的创新，混合学习、翻转课堂等方式巧妙地将在线学习与正式学习整合起来，彻底改变了学习者的学习方式。不同渠道、不同类型的学习资源占据了学习者的学习时空，学习者要快速把握学习内容，就必须在最短的时间内迅速抓住关键知识内容进行学习，而关键知识内容的学习资源也必须能够解决学习者的疑问，有效达成传道、受业、解惑的目的。因此，在这样的需求与响应不断磨合的过程中，学习者的学习方式发生了新的变化。

学习者客体学习环境的“微格式”促成了学习者微学习方式的形成。学习者的学习方式表现出短时间、快节奏、高效率的特点。泛在学习使得随时随地学习成为可能，因而也使合理地利用碎片化生活时间进行学习成为可能。而在较短时间内让学习者迅速抓住学习内容的重点与难点问题，则使能够满足学习者碎片化学习需求的学习内容片段化设计成为必需。微型化的学习平台不仅要保证片段化学习内容的呈现，还要能够及时、快速地响应、处理交互的需求。简易的学习工具能够快速帮助学习者获得工具支持。在此基础上，微课、微视频等学习设计研究日益深入。“微格式”使学习者进行微学习成为可能。

微学习是以微格式的客体学习条件为基础的一种新的学习方式，也是当前学习者学习呈现出的新特征。在线学习者的学习方式逐渐趋向于微型化的特点。Web 3.0 时代充分体现了以学习者为主体的学习方式，学习者能够自主选择学习内容、自订学习计划、自主安排学习进度。学习者在泛在的学习环境中可以开展基于不同移动终端的自主学习。原有的整块学习时间被打破，学习者利用零散的生活时间开展片段化学习成为可能。显然，片段化学习确实提高了学习效率，整合了碎片化的时间，然而，片段化学习的效果与“断片”现象等，会不会对片段化学习效果产生影响，对于在线学习资源设计与开发者和学习者来说，都是值得关注的问题。如同大规模免费在线课程一样，微学习与面授学习相结合的混合学习模式充分利用了在线学习资源。如今微课、微视频的教学设计与开发也同样将微学习的方式渗透到每一个坐在课堂中的学习者的学习之中。微课、微视频等微学习资源将如何发挥自身的作用以助力学习者的学习，同样需要从课程等学习资源的设计与开发、学习者分析等多个维度展开研究。

第二节 微学习的内涵与特点解析

微学习（micro-learning），也有学者称之为“微在线学习”（micro-e-Learning），不同学者从多个维度描述了微学习概念的内涵，不仅体现了微学习不同于其他学习方式的显著特征——“微”，还突出了微学习的时代特征、技术特征、核心特征与本质特征。

一、微学习的概念源起与内涵分析

微学习概念的提出及其流行源于奥地利因斯布鲁克大学（University of Innsbruck）倡导的国际“微学习”大会。因斯布鲁克大学的 Hug 和 Lindner 等从 2003 年就开始关注“微学习”。2005 年召开的第一届微学习大会的主题是“微学习：e-Learning 后的新兴概念、实践与技术”。“微学习”国际组织的网站（http://www.microlearning.org）的资料显示，2005—2018 年，国际上已经召开了九届以“微学习”为主题的国际学术会议，2018 年第九届“微学习 9.0”会议的主题是“数字学习 4.0：在线学习与知识管理后将会是什么”（Digital Learning 4.0：What Comes After e-Learning and Knowledge Management），这次会议关注自动化、社交微学习、电子档案、行为测量研究等内容。

对微学习概念内涵的理解，可以从多个维度进行分析（图 1-3），首先是从微教学（micro-teaching）与微学习的比较中理解微学习。从微学习概念提出伊始，就有学者对微学习提出质疑，认为这只是一个新名词，不是新概念。在第一次微学习大会上，Hug 对微学习进行了正名。面对众多专家对微学习的质疑，他对与其相似的概念进行了梳理，提出微学习不同于以往的微教学。他认为，微教学早在 20 世纪 60 年代就被提出，是一个应用在教师专业发展不同阶段的培训概念。微教学是针对一小部分学生开展的 5～15 分钟的短时教学，然后对学生的表现进行评价反馈。他认为，微学习是微教学中站在学生角度的一种学习经验、一种有效的学习方法，也同样适用于小学生。但是如果仅仅认为微学习讨论的是正式教学、教师培训或者教学讨论层面，是远远不够的（Hug，2006）。在另一篇文章（Hug，2005）中，他详细说明了微教学的由来及其研究重点。微教学的方法最早于19世纪60年代由斯坦福大学开发。为了克服教学教育中传统讲授式教学的弊端，Allen和Ryan（1969）根据当时的教育状况，总结出了“教学—批判—再教学—再批判”的模式。他们研究的重点在于教师教育中技能知识的获得，主要在团体教学和辅导领域，在微型课、微片段和实验室中开展，这种方法影响了之后几十年的教学改革。

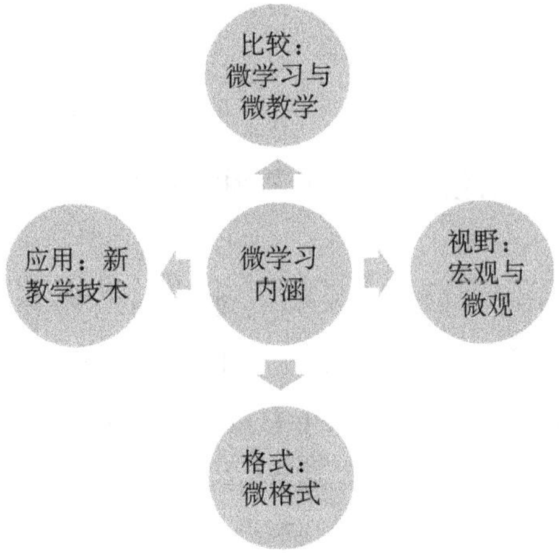

图1-3　微学习的多维内涵理解

如果说上述理解是从“教学”与“学习”的角度，通过对比展开的对微学习内涵的阐述，那么对“微”的理解，则可以转换视角来分析。这时微学习可以被理解为一种隐喻，指各种学习模式、概念或过程的微观方面。这种观点也是Hug所认可的一种观点：“无论学习是指建立和组织知识、改变行为、态度、价值观、心理能力、认知结构、情感反应、行动模式或社会维度的过程，在这所有情况下，我们都有可能在或多或少持续的变化和可持续的行为改变方面，考虑各种微观、中观和宏观方面的观点。”（Hug，2005：4）因此，根据不同语境或话语参考，存在着微观、中观和宏观等方面的不同视角，理解它们需要从概念的同一性方面去把握。比如在语言学习过程中，有人可能会从词汇、短语、句子等微观的角度进行思考，认为与情境或情节等中观方面的表现不一样，当然也会与社会文化细节或复杂语义等宏观方面区分开来；再如在学习组织形式上，可以区分为个人学习、小组学习、组织学习或社会学习等。因此，微学习的出现让在课堂上共同学习的模式走向更加私有化、个人化的学习模式。从这个意义上来说，这也可被理解为一种从宏观到微观的转变。

对微学习的第三个层面的理解则与"微格式"有关。根据维基百科的解释，微格式是采用以万维网为基础的方法来进行语义标记的，它使用超文本标记语言（hyper text markup language，HTML）/可扩展超文本标记语言（extensible HTML，XHTML）支持用于其他目的的标签来传达额外的元数据，以及在网页和其他环境中的其他属性来支持（X）HTML，如简易信息聚合（really simple syndication，RSS）。这种方法允许软件自动处理针对最终用户的信息（如联系信息、地理坐标、日历事件和类似信息）。微格式使得互联网更加智能。以往的技术能够使网页的内容进行一些"自动处理"，但是比较困难，原因在于网页上显示信息的标记标签没有描述信息的含义。微格式可以通过附加语义来弥补这个问题，使得数据项能够被索引、搜索、保存或引用，以便可以重用或组合信息。因此，Thalheimer（2013）提出"订阅学习"的概念，为订阅者提供与学习相关交互的间歇性流（intermittent stream）。这些与学习相关的交互被称为"金块"，即各种与学习相关的事件，包括内容呈现、诊断、基于场景的问题、工作辅助、反思问题、作业、讨论等。"学习金块"的学习时间通常为5～10分钟。随着时间的推移，网页会有意安排一些"金块"学习内容来支持学习。学习者订阅一个或一系列学习金块，称为"主题"。学习主题可以预先设计，既可以根据学习者预期学习需求选择学习金块，也可以根据学习者的表现进行动态创建。订阅学习的技术支持是推送服务，这与微格式提出的RSS订阅服务一脉相承。从RSS到订阅再到可用于学习的"订阅学习"，是对"微学习"的"微格式"维度的一种理解。

而在应用层面理解微学习，则将其作为一种教学技术来对待。微学习的"新"体现在数字媒体环境中的微学习活动。如今随着移动终端的普及，这些微学习活动可以被纳入学习者的日常生活、学习与工作中。而与传统数字学习方式不一样，微学习依赖互联网技术智能分析学习者的学习行为，进行个人偏好的数据收集与整理，依靠媒体技术实现推送服务，大大减少了学习者的信息检索与相关的学习认知负荷。因此，不论是正式学习还是非正式学习，以及商业应用，微学习的方式都使得基于互联网的微学习内容与微学习活动的设计成为研究的重点。因此，如今有关微学习的研究已经走向多领域与多学科的对知识与技能的促进与培养研究，也逐渐与“后”在线学习的其他研究领域相结合，以定性或定量的方式开展相关具体领域的研究。

二、微学习的特征解析

通过对微学习内涵的剖析，可以看出微学习的显著特征在于“微”，即从大、宏到小、微的视角转变。Hug（2005）认为“微”体现在学习时间、学习内容、学习课程、学习形式、学习流程、学习媒介、学习类型等方面（表 1-2）。郑绍红（2015）将对微学习与“微”特征的理解表述为：微学习是以新媒体为技术支持，通过微内容（microcontent）、微时间、微过程、微媒介、微资源而开展的学习活动，具有内容简洁性、形式多样性、载体便捷性、时间灵活性、学习趣味性、资源丰富性等基本特点。学习的泛在性、连通性、生态性和独特性是微学习的四个基本理念。学习对象、学习主体、学习载体、学习环境等是微学习生态系统的基本要素，它们之间相互联系与作用，构成一个复杂的生态层次与结构。因此，微学习将学习过程中的诸多要素进行微型化，将原本冗长的学习内容进行精细化，设计易于学习者在微学习时间内能够习得的内容。当然，微型化不代表简单化，而是从学习者的视角，表现为符合个性需求的精准性与针对性。

表 1-2 微学习的“微”特征表现

维度	表现
学习时间	相对较短的付出，付出代价，时间消耗程度，可测量时间，主观时间等
学习内容	小型或非常小的单元，狭窄的主题，相当简单的问题等
学习课程	课程设置的一小部分，模块的一部分，非正式学习的要素等
学习形式	片段、分面、剧集、知识金块、技能要素等
学习流程	单独的、附带的或实际的、情境的或整合的活动，迭代方法，注意力管理，意识（进入或已在过程）等
学习媒介	面授的，单媒体与多媒体，（跨）媒介，信息对象或学习对象，符号价值，文化资本等
学习类型	重复，积极分子，反思，实用主义者、概念主义者、建构主义者、连接主义者、行为主义者，案例学习、任务学习、实践学习，目标或问题导向的，还有行动学习、课堂学习、企业学习、有意识的学习与无意识的学习等

资料来源：Hug T. 2005. Micro learning and narration：Exploring possibilities of utilization of narrations and storytelling for the designing of “micro units” and didactical micro-learning arrangements. MIT4：The Work of Stories，Proceedings of the Fourth Media in Transition Conference，Cambridge（MA），USA

微学习的时代特征表现在“后”在线学习的情境中。后现代思潮开启了一个新的时代，倡导个性张扬、主导批判与创新，深度演绎着对“以人为本”的终极诠释。后工业、后信息等“后”名词层出不穷，统一指向“用户需求”“个性订制”等关键词。在传统面授学习情境中，依赖于教师教学的微教学的实施仍然离不开教师的授导，这种授导更加倾向于技能的训练，使学习者在短时间内迅速获得某项技能，难以实现真正意义上的自主学习。传统在线学习可以实现学生对学习节奏自定步调，但仍然存在大量将传统面授课堂的“言传身教”复制、粘贴到互联网上的情况，这种情况造成学生在所需学习内容的检索与学习内容的呈现上耗费大量时间、精力。而“后”在线学习情境必将净化在线学习资源，为学习者提供一整套适用于微学习的情境，保证学习内容的精准性、学习媒介的可获得性与可靠性。

微学习的技术特征突出表现在其标签与推送服务上。互联网智能技术不仅能够收集海量的学习者信息，还能够进行数据分析、处理与预测，从而实现个性化的订制服务，智能地推送符合用户需求的信息。微学习内容如何有效、快速地实现其内容的价值，在于其是否能充分采集学习者的学习信息，建立学习者的数据库。微学习系统对学习者的学习行为信息进行采集，如观看哪一类学习资源、点击次数、观看时间等，继而形成有关学习者的静态信息与动态信息，静态信息包括基本信息，而动态信息则需要适时追踪与记录，同时还需要对学习者的学习心理进行分析，并对学习需求进行预测，形成学习者标签，以便于在恰当的时机，针对有特定需求的学习者，选择合适的学习内容推送给学习者。因而微学习资源的设计与开发，从学习者的视角体现了类型丰富、内容精准等特点，能够满足学习者的不同学习需求。

微学习的核心特征体现在以学习者的学习为中心。20 世纪 60 年代出现的微教学，显然是在机器生产的普遍意识下，为了能够快速弥补社会上急缺的技能型人才，将学校或培训机构变成培养技能人才的加工厂，通过短小的教学片段，加之进行集中反复训练，从而使个体掌握一定的技能。这种微教学的方式仍然是以教师的讲解与反复训练、纠正、评价与反馈为主的。而微学习的主体回归学习者本身，微学习环境与技术条件使得任何学习者都可以轻松迈过技术门槛，在任何移动终端满足学习需求。不同学习心理与学习风格的学习者自定步调，选择或被推送合适的学习内容，从而真正实现任何学习者（anyone）在任何时间（anytime）、任何地点（anywhere）学习到任何学习内容（anything）的“4A”学习。

微学习的本质特征在于其真正实现了减少学习者的认知负荷，提高了学习者的学习效率。有实验表明，相对于冗长内容学习，微内容学习能够延长信息的记忆时间达 20%（Giurgiu，2017）。研究者通过对三组学习者的观察分析，发现片段化学习内容更容易为学生接收与记忆，在随后的答题中，片段化学习内容的学习者的正确率明显高于冗长学习内容的学习者的正确率。这也是微教学得以流行的重要原因，虽然二者的主体定位与核心理念不一致，但二者都是为了实现减少学习者的学习认知负荷的目标。尤其是在后在线学习时代，“互联网+”环境日益复杂，既有丰富有效的在线学习资源，也充斥着各种商业信息等干扰学习的信息，降低了学习者的学习效率。智能推送合适的学习资源，能帮助学习者快速进入学习状态，将有限的在线关注精力与时间充分利用起来，发挥微学习的优势，以更好地服务于学习者。

第三节　微学习的相关理论剖析

微学习的相关理论包括基于概念、内涵以及设计与开发的理论，着眼于微学习者的个性订制学习服务。微学习的相关理论涉及认知负荷理论、全纳教育、社会建构主义、联通主义学习理论，以及活动理论，夯实了微学习能够实现有效学习的理论基础，凸显了以学习者为本的出发点与归宿，以及具体设计模型的理论借鉴。

一、“微”之源：基于组块的认知负荷理论

20 世纪中期之后，受到行为主义学习理论的影响，认知负荷与信息加工理论开始发展起来。艾宾浩斯开辟了实验主导的研究方法，帮助我们建立了人对信息的感知、记忆与信息加工的基本原则。他是最早开始研究学习材料的长短变化对学习的影响的，但是他最为著名的研究成果是遗忘和时间的关系，即遗忘曲

线。在信息论、控制论和计算机科学的影响下，认知心理学推动了记忆心理学的发展，将记忆分为感觉记忆、短时记忆（后称为工作记忆，Baddeley & Hitch，1974）和长时记忆，并将控制系统引进记忆过程。显然从感觉记忆进入短时记忆，信息的保存时间是有限的，信息经过加工，需要存储在容量无限的长时记忆里。1956 年，Miller 提出的“神奇的数字 7”就是用来说明短时记忆的容量的。他在《神奇数 7 加减 2：我们加工信息能力的某些限制》中论证了短时记忆的容量大约为 7，并在 5～9 范围内波动。而且他还特别提出，这个数字没有特定的单位，这个单位可能是音节、字幕、单词或数字。他首次提出了“组块”（chunk）的概念。

组块是“指将若干小单位联合成大单位的信息加工，也指这样组成的单位”（杨治良等，1999：44）。短时记忆的容量是以组块来计算的，那么短时记忆的容量就是有限的或固定的组块数。而不同类型的记忆材料所造成的短时记忆容量值也不同：数字类短时记忆容量最大，图形类次之，汉字类第三，而位置类的短时记忆容量最小。信息量小的材料的短时记忆容量明显大于信息量大的材料的短时记忆容量（陈辉，1988）。信息呈现的结构特征也会影响短时记忆的容量，张武田和杨德庄（1987）通过实验发现，字型复杂程度是造成短时记忆容量差异的原因之一。陈辉（1988）也根据视觉形象上的汉字笔画数目的多少影响短时记忆容量的实验，提出结构复杂项目比结构简单项目的短时记忆容量要小。对短时记忆编码的方式，最有影响的是康拉德（Conrad，1963）提出的听觉编码理论，随后，人们发现还有视觉性编码和语义性编码等。从互联网传播的多媒体形态上来看，从音、形、义等形态进行的认知加工最适合进行基于互联网信息的认知与学习。

因此，基于组块的认知负荷理论（cognitive load theory based on chunk）可以成为验证微学习是否有效的理论基础。组块单位存在的短时记忆无法承受过多的信息负荷，一旦超出有限容量，就会造成认知负荷。认知负荷理论早在“微教学”出现时就已证明了“微”的有效性。“组块化”（chunking）可以帮助学习者切分冗长的学习内容，以减少其认知负荷。Miller（1956）认为，绝对判断广度与瞬时记忆广度对我们所能接收、加工与记忆的信息量有着严格的限制。通过把输入的刺激同时编为不同的维度和连续组成一系列组块，我们就能打破（或至少扩展）这种对信息量的局限。因此，减少信息加工巨大的认知负荷可以通过将内容解析成可消化的小单元来解决。Job 和 Ogalo（2012）则从微内容的角度解释微学习，微内容指小的学习单元，为短程的学习活动提供学习内容。微学习体现了基于微内容的知识传播与获取的过程。因此微学习是基于小组块（small chunk）的学习内容开发和灵活的技术上的理念，能够帮助学习者在短时间内快速掌握信息。

同时，认知负荷理论也为微学习的设计与开发提供了理论支撑。关于认知负荷理论对教学设计的建议或原则的研究比较多，Mayer 在认知心理学的基础上，形成了多媒体学习的认知加工模型（图 1-4）。该模型是从文字、声音、图像等多种媒体信息类型的视角对组块的工作记忆进行处理的一种呈现，描述了从外界的多媒体信息呈现，进入记忆加工系统的信息记忆处理过程。在感觉记忆、工作记忆与长时记忆中，不同形式的媒体信息通过不同感官渠道进入相关通道，以实现记忆存储（Mayer，2010）。尽管不同通道负责处理不同类型的信息，但是通道的组块容量问题同样涉及认知负荷的问题。在 Mayer 的教学系统设计中就有关于减少认知负荷的基本原理，减少多余的加工过程，就是把不能为达成教学目标提供支持的认知加工过程消除掉。

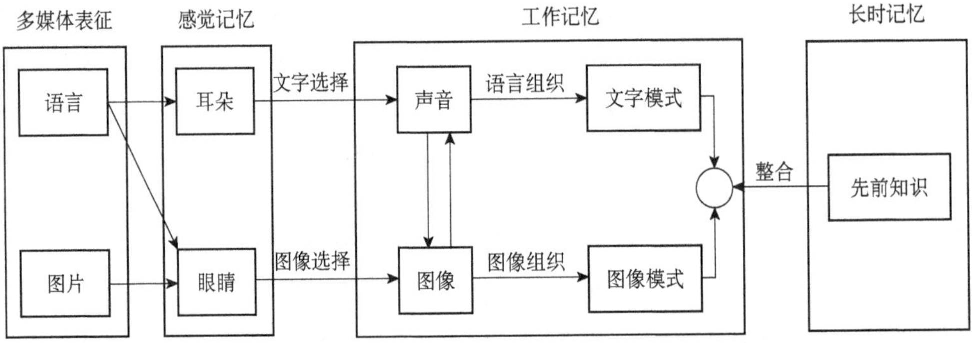

图 1-4　Mayer 的多媒体学习认知理论

van Merrienboer 等（2006）提出了外在认知负荷（extraneous cognitive load）、内在认知负荷（intrinsic cognitive load）和相关认知负荷（germane cognitive load）的概念。

外在认知负荷是学习不需要的认知负荷。劣构的教学设计使学生从事一些与图示获得或规则自动化没有直接关联的活动，将产生外在认知负荷。教学干扰（instructional interventions）也会导致产生外在认知负荷，如使用无效的问题解决策略，整合的学习资源分散在不同时空，或是在完成学习任务时需要搜索信息，但没有支架等，这些都将导致工作记忆的负荷增加。比如，视觉与统计的工作记忆是相对独立的，如果多媒体资源都以视觉化的形式呈现（如文字或图表），必然会增加视觉通道的认知负担；而如果将文字转化为语音，将认知负荷转嫁给听觉通道去处理，就是一种减负（Mousavi，et al.，1995）。因此，在进行微学习的设计与开发时，设计者和开发者应该了解哪些因素可能会形成学习者的外在认知负荷，从而对这些因素进行改良或纠正，以减少外在认知负荷。

内在认知负荷是由学习任务本质与学习者自身专业性的相互作用决定的，既取决于学习任务中交互要素的总量，也取决于学习者自身的专业性。相对于专业性程度高的学习者而言，专业性程度低的学习者的交互要素数量单位（如组块数量）可能是一个或很少。学习内容如果包含太多复杂要素的交互，会给理解带来困难，因此，有效改善的方法是发展认知图示（cognitive schemata），并利用其来整合这些交互要素。因此，在微学习设计与开发过程中，通过提高学习内容与学习者的先行知识（prior knowledge）之间的关联度来帮助学习者建立认知图示至关重要。逐步培养学生的自主性，充分发挥他们的主观能动性，同样是在积累有关学习的知识与技能，从而增强学习的专业性，以此逐步消解内在认知负荷。

外在认知负荷和内在认知负荷是互补的，如果内在认知负荷高，则外在认知负荷必然会低。如果内在认知负荷低，则由教学设计不充分而导致的外在认知负荷必然是高的，因为总体认知负荷是在工作记忆总的限度内的。在微学习设计与开发过程中，设计者和开发者需要对微学习材料与学习者交互的各种微要素进行评估，在内、外认知负荷的动态平衡中保证最低的外在认知负荷。

相关认知负荷最早由 Sweller 等（1998）提出，这个概念可以解释呈现给学习者的多样性材料的有效性。相关认知负荷是指与学习直接有关的，能够帮助学习者建立认知结构和过程并用其来改善学习表现的认知负荷。学习者在任务学习时没有用完所有的学习资源，而把剩余的学习资源用到与学习直接相关的加工中去，在工作记忆中进行更高级的有意识的认知加工，以帮助自己建立图式，这样的加工会增加相关认知负荷。显然这种相关认知负荷不但不会阻碍学习，还会促进学习。相关认知负荷引发了情境干预（contextual intervention）和自我解释（self-explanation）方面的研究。相关认知负荷的研究启示对于微学习的设计与开发极为重要。微学习以微型化的学习资源进入学习者的工作记忆，集中解决了学习者急需学习的问题或任务，能够有效避免产生多余的学习资源。但是任何一种微学习资源都并不是孤立存在的，它与整体学习资源有着若即若离的关系，二者共同指向学习目标或任务的达成。因此，内隐的“多余”学习资源将诱发学习者更高级别的认知加工，反而成为有利的学习资源。而要想在微学习设计与开发时把控这种内隐的“多余”学习资源，就要处理好微学习达成的部分学习目标与整体学习目标的统一性与关联性。

关于认知负荷理论的研究主要集中在学习内容的目标、任务等的类型、复杂程度的差异对认知负荷的影响上。对微学习的认知负荷研究还并未形成通用的设计模型，然而，宏观的认知负荷理论指导下的教学设计研究经验与成果必然能为微学习的设计与开发提供借鉴，成为微学习设计与开发的重要研究基础。

二、“微”之思：全纳教育理念的延伸

全纳教育兴起于特殊教育领域，旨在倡导对特殊儿童的“零拒绝”。特殊儿童应当与普通儿童一样享受在教育上的权利，这种理念的出现是对特殊儿童隔离教育的一种反对，源于人人享有追求“平等与自由”的价值观。1994 年，在联合国教育、科学及文化组织在西班牙召开的“世界特殊教育会议”上，各国达成的《萨拉曼卡宣言》确立了全纳教育的基本理念与实现途径：每一个儿童都有受教育的基本权利；每一个儿童都有独一无二的个人特点、兴趣、能力和学习需要；有特殊教育需要者必须有机会进入普通学校……实施此种全纳型方针的普通学校，是反对歧视、创造欢迎残疾人的社区、建立全纳型社会和实现人人教育的最有效途径。2006 年 12 月 13 日，联合国大会通过了《残疾人权利国际公约》，并于 2007 年 3 月 30 日开放。[①]《残疾人权利国际公约》宣布了全纳教育的权利范围，并且在人权辩论中对全纳教育的目标给予了很多关注。

随着全纳教育概念的普及，人们对全纳教育对象的理解越来越宽泛，disability 的中文翻译是残疾人，极易被简单定位于单一的“残疾人”的范畴，因此，全纳

① 联合国. 残疾人权利国际公约. 2006. http://www.un.org/chinese/disabilities/convention/signature.htm [2018-11-10].

教育被理解为对残疾人实施的平等教育，也被延伸为对特殊学生的平等教育。然而这种理解显然是不充分的，disability 是由前缀 dis 加 ability 组成的，翻译成中文即“没有+能力”。在教育领域，从词意上来说，应该理解为不具备与普通学习者一样的学习能力的学习者。经济合作与发展组织对“平等”的内涵做出阐释，提出四个可以用于教育政策与实践范畴的解释：平等教育机会的获得、平等学习环境或学习方式的获得、平等的学习收获或成果达成、平等的教育成果分享。有特殊需求的学生的范畴覆盖残疾学生、学习困难学生，以及弱势学生（Deluca，2003）。因此，从此意义上来理解全纳教育的内涵就会发现，其面向的对象是一切学习有困难的学生，这种学习困难不仅表现在学习者的身体发展上，还表现在其精神或心智的发展上，包括具有认知障碍与学习障碍的学生。显然后者的比例要大于前者的比例，但后者却往往被忽视了。

在传统的面授课堂，即以教师为中心的课堂上，教师一人在上，下面坐着的都是一样的学生，除了可以用肉眼就可以判断的所谓的“残疾”学生之外，其他学生都是一样的。因此，以统一的学习目标规范教学过程，实施教学评价，难以促进个体个性化的发展与成长。事实上，教师既要对存在认知障碍与学习障碍的学生对症下药，因为不同学生的态度、学习动机、认知风格、学习习惯、学习偏好等都具有鲜明的个性化特征，也需要实施有针对性的教学。如果教师在进行教学设计之初不能充分把握学生的这些特征，那么学生的成长必然会受到阻碍。因此，在今天的教育中，“没有教不会的学生，只有不会教的老师”。全纳教育应该包括每一个学习者，需要关注每一个学习者的个体差异，尊重个体差异，才能给每一个学习者以最好的教育，这应是当下对“平等教育”的新的理解。教育心理学早就告诉我们，学习者的个体差异体现在人在认识、情感、意志等心理活动过程中表现出来的相对稳定而又不同于他人的心理、生理特点上。实施平等教育，就需要在教学与学习的设计与开发中首先分析学习者在心理与生理上表现出的这些个体差异。

从微学习的视角来看，遵循尊重个体差异的平等教育理念的全纳教育，体现在微学习的设计与开发中，则是需要关照信息素养与认知风格的个性差异。微学习环境为学习者开辟了学习的第二课堂，既不同于传统的面授课堂环境，也不同于一般的在线学习环境。这种环境相较于其他环境来说既具广泛性，也更具复杂性。因此，学习者的不同信息素养将影响对微学习环境适应或微学习资源的获取程度，从而造成“信息不对称”的现象。“信息不对称”多见于经济学研究领域，指信息在相互对应的经济个体之间呈不均匀、不对称的分布状态，即有些人对关于某些事情的信息比另外一些人掌握得多一些（辛琳，2001）。主客观的原因造成了信息不对称。在信息获取方面存在信息获取、加工、综合、评价等方面的障碍，必然会影响学习者对微学习资源的获取。比如，从已有的微信公众平台或APP的微学习平台上来看，一般都会有详细的学习说明或使用说明。然而如何快速有效地掌握有效信息，取决于学习者的个体差异。因此在构建微学习平台或环境时，就要充分分析目标学习者的信息素养，以最简单的呈现方式帮助学习者迅速获得学习资源，达成学习目标，从而从技术难度这个层面上来消解不同学习者之间的信息不对称。

此外，学习者的认知风格（cognitive style）差异同样会导致学习的“不平等”。认知风格是心理学领域的概念，表示个体获取与处理信息方式的一种持久的表现。换句话说，个体差异表现在获取某种知识的全部认知过程中，包括感觉、思考、记忆、形成“脑中的图示”（Fleming，1977），以及问题解决。而风格（style）则表示在认知过程中不同程度的技能或能力的表现，即一种个体差异和偏好，存在于获取、存储、处理和使用信息的实际模式或方式中。认知风格是一个可定性或定量研究的变量（Ausburn L，Ausburn F，1978）。Messick（1966）归纳了9个维度的认知风格，Kogan（1971）在此基础上添加了一个“冒险型与谨慎型”（risk taking/cautiousness）维度，Lowenfeld（1945）、Lowenfeld和Brittain（1970）提出视觉和触觉（肌肉运动知觉）维度的认知风格，共形成11个维度的认知风格（表1-3）。

表1-3 11个维度的认知风格

序号	维度名称	内容
1	场独立与场依存	个体以一种分析或整体的方式处理知觉环境的倾向，包含个体将非连续的事物从其背景中分化出来的能力和克服场组织干扰的能力
2	扫描型/聚焦型	个体在对认知刺激进行加工时，注意力和集中力分布强度和广度的差异（Bruner，et al.，1956）
3	类别广度	个体在给事物确定类别范围时，对范围的选择或倾向于广泛包容，或倾向于狭义排他
4	分析性概念型/非分析性概念型	个体倾向于将感知分类的相似性、刺激间的差异性以及概念化的方法作为概念形成的基础

续表

序号	维度名称	内容
5	认知复杂型/认知简约型	以多维且复杂的方式解释世界时个体的认知差异
6	沉思型/冲动型	个体面对刺激时反应的差异，或深思熟虑后选择其较为肯定的答案作为回应，或接收到刺激后迅速做出回应，往往会出现较多错误
7	齐平型/尖锐型	个体将刺激信息同化到个体记忆中时所表现出来的差异。个体或倾向于将新的记忆与相似的记忆相混合，或倾向于将新的技艺作为独立的知识或经验存储于记忆当中
8	拘泥型/变通型	在刺激场中，个体面对矛盾和认知的外在干扰时的不同处理方式，包含在外界刺激的干扰下，个体有选择性地保持注意力的能力和专注于中心任务的能力
9	对与常规不一致或不现实经验的容忍	个体对与常规不一致的感知体验的接受程度
10	冒险型/谨慎型	个体选择高收益/低概率和低收益/高概率所产生的差异
11	视觉型/触觉型	个体对视觉或运动感知接收器的输入和处理的偏好与能力

资料来源：Ausburn L，Ausburn F. 1978. Cognitive styles：Some information and implications for instructional design. Educational Communication and Technology，26（4）：337-354

虽然学习者的个体差异表现在各个维度上，然而正如 Ausburn L 和 Ausburn F（1978）所说，学习者的个体差异不应该导致学习上的差异。这种期望的实现依赖于教学者或学习资源的设计与开发者，他们应该从对学习者各方面个体差异的分析入手，如使用认知风格量表进行学前预测，了解学习者的学情，设计符合有不同学习需求学习者的学习资源。微学习由于其微型化信息呈现与传播的特点，在实现符合个性学习需要方面更具有可操作性，比如，针对视觉型认知风格的学习者，可以以视听结合的方式（如视频学习资源）呈现学习内容，这种方式也适用于具有阅读障碍的学习者；而针对感知运动型认知风格的学习者，则可以设计更多交互型的微学习资源，重在学习者的参与。

由全纳教育而延伸出的尊重个体差异的教育理念，应当成为微学习设计与开发的首要指导思想，成为需要考虑的第一要素，以便于发挥微学习的优势，促进学习者学习效率的提高与学习效果的改善。

三、“微”之构：社会建构主义

20 世纪 80 年代兴起的建构主义（constructivism）是继认知学习理论之后学

习理论的新发展，学习者学习心理研究的新突破，对教学设计产生了深远的影响。随着越来越多研究者的关注，建构主义逐渐发展为六种理论倾向的建构主义：激进建构主义、社会建构主义、信息加工建构主义、社会建构论、控制论系统观和对待中介行为的社会文化观点（莱斯利 · P. 斯特弗，杰里 · 盖尔，2002）。这些理论对于师生角色定位有共同的观点：以学生为中心，强调学生对知识的主动发现、主动探索和主动建构，教师只对学生的意义建构起帮助和促进作用。而在维果斯基的心理发展理论基础上形成的社会建构主义更关注学习和知识建构背后的社会文化机制（陈琦，刘儒德，2005）。因而，社会建构主义对学习的重新认识主要体现在学习的社会文化背景，以及学习者的个体与群体的意义建构上，对教学的影响则凸显在关注学习情境创设的重要性，以及学习者的自我学习与群体学习促进个体的意义建构上。

社会建构主义认为，人和社会相互联系且密不可分，个体是在一定的社会文化背景下与他人的互动中主动建构知识的（王文静，2001）。社会文化背景在教学过程中被理解为教学的情境设计。学习者要想完成对所学知识的意义建构，最好的方法就是在现实世界的真实环境中亲身感受和体验。因此，在建构主义学习理论指导下的教学设计应是针对学习情境的设计。在传统教学中，知识的学习脱离了实际应用情境，建构主义所倡导的情境性教学则弥补了这一缺陷。在学习过程中，学习者在理解较为抽象的知识时，需要联系生活中的直接经验来帮助理解，化抽象为具体。例如，学生在教材中接触到抽象概念，同时也在日常生活中积累了相关的直接经验，那么在理解抽象概念时就能理论联系实际，更易理解和掌握抽象概念。学生参与到某一真实的实践活动中，可以利用原有认知结构中的有关经验去同化和顺应当前学习到的新知识，从而赋予新知识某种意义。美国温特贝尔特大学的认知和技术课题小组（Cognition and Technology Group at Vanderbilt）于 1992 年提出了一种典型的情境性学习模式——抛锚式教学，也称“基于问题的教学”。这种教学方法是将学习活动与某一有意义的大情境结合起来，让学生在真实的问题情境中解决问题，从而探索并深度理解蕴含在问题背后的知识与原理，并在教育教学中得到广泛的应用。

社会建构主义认为，意义建构发生在真实情境下，发生在学习者与同伴、教师、专家等人的交流过程中。每个学生都拥有独特的知识、文化背景，都有自己擅长的知识领域，因此协作学习能让学习者相互学习和相互帮助。教师作为课堂的设计者，可以在教学中进行示范、演示或者提供各种支持学生自主学习和协作学习的工具和信息资源以帮助学生完成任务，然后逐步减少外部支持以实现学生的完全独立，这一教学可称为"支架性教学"。它是在学生"最近发展区"基础上搭建的概念框架，用来帮助学生智力的攀升与发展，把学习者的"最近发展区"转换为现实。学习者与周围环境的交互作用，对于学习内容的理解起着关键性的作用，而每个学习者又都或多或少会受到外界环境的影响，进而影响学习效果。所以，学习者应根据自己的实际情况和独特的学习需求，在合适的时间和地点对学习内容进行选择、加工和处理，并在一定的实践共同体中通过交互和协作实现自身独特的意义建构（Wenger，2004）。

建构主义的教学方法尽管有多种不同的形式，但是又有共性。教学环节的学习环境设计包含四个要素："情境""协作""会话""意义建构"（何克抗，1997）。意义建构可以说是整个教学环节的终极目标，真实情境的创设、协作学习以及沟通会话都是围绕这一终极目标来设计的。所以，社会建构主义对教学方法的指导可以体现在对真实情境、协作学习、沟通会话、意义建构等因素的重视上，进而体现学生的中心地位。微学习的时代特征正是在后在线学习情境中通过促进学习者个体知识的意义建构体现出来的，其核心特征即以学习者为中心。因此，社会建构主义的学习理论对微学习的建构具有指导意义。

从学习情境上来看，在一个微学习过程中，学习情境可以被理解为针对这个单元或片段知识的设计体现情境性，也应当包含建立真实的学习共同体的学习情境，以帮助学习者实现在学习共同体中获得个人意义建构。微学习在时空上不受限制，在形式上短小精悍，在内容上突出重点，对片段化的知识进行情境化组织，体现微学习资源的情境性，需要充分挖掘知识与学习者的真实世界之间的联系，从学习者的真实世界的细节或微片段入手，进行学习情境的创设，激发学习者强烈的学习需要和学习动力，如技能的回顾与联系、情感关联带来的触动等。同时，微学习环境是微学习的依托，不仅包含支撑微媒介传输数据的有线和无线通信网络，更强调微学习者与微内容之间、微学习者与辅导者之间以及微学习者之间的互动关系（张振虹等，2013）。这种互动关系体现了真实的学习情境的创设，构建了真实的学习共同体。学习者不再是终端某个唯一的学习者，而是可以通过微学习资源的媒体或工具支持实现与共同体中其他成员的无缝交流。

从以学习者为中心的个体自主探究建构知识来看，微学习内容的设计以满足学习者的个性化学习需求为出发点与归宿。内容设计重点突出，契合学习需要，并在较短时间内又能体现“最近发展区”的内容设计要求。在内容呈现、情境设计与互动交流中留有学习空间，也为建立片段化知识与整体知识的联系打下了基础，因为微学习资源尽管在形式上存在片段化的特点，但在知识结构上却存在一种能够维持和激发学生学习动机和兴趣的隐性关联（刘刚等，2014）。而在微学习环境与工具的支持下，微学习充分考虑到了学习者自主学习的简易性与便捷性，确保知识引导环节与服务支持无缝融入等。

四、“微”之的：联通主义学习理论

Siemens（2005）对当前学习的变化，以及行为主义、认知主义与建构主义的局限性进行分析后，提出了联通主义学习理论（connectivism learning theory）。他指出，当前的学习存在这样一种趋势：学习逐渐呈现出领域多样性与终身性的特征、非正式学习与正式学习的融合、个人学习与组织学习的联结、技术对学习产生巨大影响等，因此，“怎么学”（know-how）与“学什么”（know-what）需要“从哪里学”（know-where）方面加以补充。“怎么学”是学习方式的变革，“学什么”是不断变化的学习需求，而“从哪里学”则是指从哪里找到想要学习的知识。

在这种新的形势下，行为主义、认知主义与建构主义等学习理论需要探索一些新的问题。

1）当知识不再通过线性方式获得时，学习理论将受到怎样的影响？

2）当技术取代学习者从事许多认知操作（信息存储与检索）时，学习理论需要做出怎样的调整？

3）我们该如何与快速进化发展的信息生态保持一致的步调？

4）学习理论如何表述缺乏整体理解时所需要操作的情况呢？

5）网络的影响与学习的复杂性理论是什么？

6）混沌作为一种复杂的学习认知过程模式，其影响是什么？

7）随着对不同知识领域间相互联系的认知的增加，如何看待作为学习任务的各系统与生态理论？

因此，Siemens 提出了一种理论假设——联通主义学习理论，该理论的基本观点包括：学习与知识是建立在观点的多样性上的；学习就是一个连接特殊节点或不同信息源的过程；学习可能存在于非人的对象中；持续学习的能力比当前学习的知识更重要；需要培养与保持各种联结来促进持续性学习；意识到不同领域、不同观点与不同概念之间的联系的能力，而且是一种核心能力；流通（精确的、最新的知识）是所有联通主义学习活动的目的；决策本身是一种学习过程；选择学习内容，根据不断变化的实际情况理解新信息的意义。由于影响决策的信息改变，今天的正确答案到了明天就有可能是错误的。

联通主义学习理论是在信息时代快速发展的背景下产生的，技术会影响信息的产生、传播等，使得知识半衰期（指从知识的习得到知识的废弃所经历的时间段）不断缩减。根据美国培训与信息协会的统计，20 世纪末至 21 世纪初，全球知识量增长了一倍，并正以每 18 个月翻一番的速度递增（Gonzalez，2004）。面对不断递增的知识与有限的学习时间的矛盾，我们不可能学会所有的知识，但是我们应当学会“从哪里学”的技能，利用知识联结的节点，根据已知快速找到未知——我们要学习的知识。这种知识联结的网络更加确定了组织学习或集体学习的必要性。在组织间，学习个体之间的信息交换可以帮助个体快速找到需要学习的知识。信息的联结也使得人与人之间的联结更加紧密。

每一个微学习片段都是由一个个知识点组成的，微学习内容的组织就是将整个知识体系分解为有着内在逻辑关系的若干知识点，这些知识点自成一体，而又与其他知识点有机联系在一起。而从一个知识点的学习到另一个知识点的学习，则需要学习者在智能技术的辅助下学会自己查找所要学习的知识的技能。尽管微学习内容之间由于内在逻辑关系形成了一个完整的特定领域的知识体系，然而一个个微学习知识点本身也极具独立性与发散性，为跨领域的知识联结提供了可能。因此，从片段的微学习内容中获得的知识不仅是知识本身，还有获取与该知识联结的其他相同或相关领域知识的可能。

对于微学习者个体来说，通过持续的微学习，将知识点有效地串联起来，形成一个以知识点为基础的知识网络，体现了知识的丰富性及其内部的关联性，这也符合人的认知特性，便于建立新的内在认知图式。而对于组织学习或集体学习而言，微学习共同体的相互影响又形成了学习同伴的网络。这对于跨领域的知识的学习，以及寻求学习途径的能力培养都有重要意义（图 1-5）。每一个学习者都构成了知识网络的一个节点，通过人际交互形成的以个体为载体的知识网络，形成了学习共同体。微学习活动中学习共同体的建立，有利于发挥组织学习或集体学习的优势，促进个体微学习的知识获得。

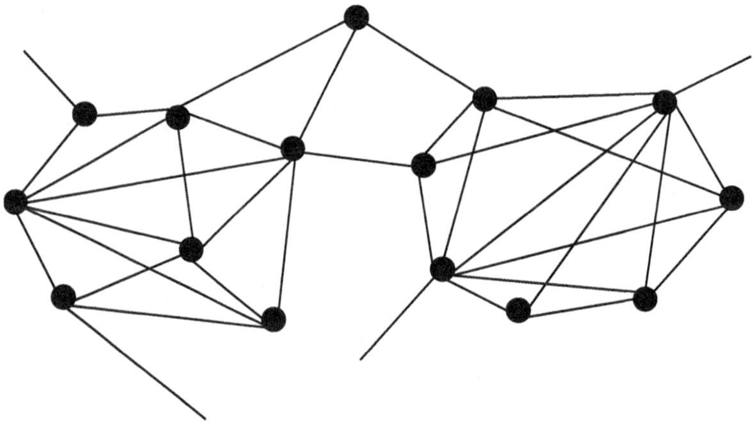

图 1-5　联通主义学习理论的启示

微学习将知识进行片段化处理的方式，符合联通主义学习理论对知识节点及其联结的相互关系的解释。微学习就是基于一个个知识点的学习，在持续学习的状态下，将微小部分的知识不断累积，在学习者个体与集体学习内部建立知识网络，以达成整体学习的目标。这种整体知识体系涉及一个知识领域，然而又不限定于一个知识领域。学习者可以根据自我学习的兴趣与知识需求寻找到某一节点与其他相关领域知识的节点之间的联结，这种联结正是由于学习者的学习需求而变得更有意义。因此，面对信息流通与知识的快速增长，微学习就是基于知识节点与联结，对学习内容、学习方法与学习途径等的一种创新。

五、“微”之行：活动学习理论的行动纲领

活动学习理论来源于活动理论，并被广泛应用于当前的教育教学活动中。然而，活动学习理论也极易被简单地理解为某种教学活动，如从学习目标上对学习活动进行分类，分为德育活动、智育活动、体育活动与美育活动等，在课程实施过程中的某某活动的说法，影响了对活动学习理论的深刻理解。事实上，活动理论起源于康德与黑格尔的古典哲学。关于活动理论，马克思与恩格斯也提出了人

的活动是人的感性活动，应从实践的角度去理解活动。后由维果斯基提出活动理论，列昂捷夫（Leont'ev）和鲁里亚（Luria）逐步深化了活动理论。其中维果斯基与“后”维果斯基的学者发展了文化历史活动理论（cultural historical activity theory，CHAT）。维果斯基的主要观点是，行为、学习和意义建构是以文化为中介的，而不是从个人认知中获得的（Vygostsky，1978）。Engeström 则发展了 CHAT，提出了活动理论的三个发展阶段。这被称为维果斯基的第一代活动理论，这一理论集中体现了维果斯基的观点。他从概念性与实践性的视角，将活动概念理解为个人与以文化人工物或工具为中介的客体与主体链接（Engeström，2001）。

第二代活动理论受到 Leont'ev（1978）理论的重要影响，强调学习的社会基础，以及情境化的个体与集体活动处于一个共同活动系统（collective activity system）中。他强调了个人及其学习被认为是内部认知活动被置于个人主体与他/她所处的社区所形成的复杂社会互动的学习情境中。这种分析将个体关注学习、意义建构或实践的重心转移到了“共同活动系统”上。Engeström 的主要贡献是将活动理论发展成为一个模型，这个模型可以连接代表个体、集体活动和他们之间的文化中介，以及共同/社会系统的活动系统中的诸多要素。他将这些要素称为社区（community）、规则（rule）和劳动分工（division of labor）（图 1-6）。他的这一模型体现了社会系统识别意义建构和实践活动的经验与过程的特色基础。其中，客体（object）是活动的目标，他将客体描绘成一个椭圆形，目的在于指出活动系统里可能存在的运动、矛盾、压力和潜在的变化。中介物（mediating artefact）是工具和符号的概念化，也在表达一个包含话语空间的活动系统，这个话语空间更广泛的意义在于调解客体、意义建构和结果（outcome）系统之间的关系。社会文化要素构成了这个模型的基础，也更加明确了该模型不仅需要关注社会维度，还需要关注强大的动力，包括描述关于共同系统的那些离题的争论。Grossman 等（1999）、Valencia 等（2009）和 Gutierréz（2008）将活动理论的研究焦点转移到特征形成的动力学上，研究“人们日常实践的社会组织如何支持与限制人们认知和社会发展”（Gutierrez，2008）的问题。分析框架促使研究者去研究社会学习系统的不同要素，来理解社会活动和发展的类型（Doecke，Kostagritz，2005）。

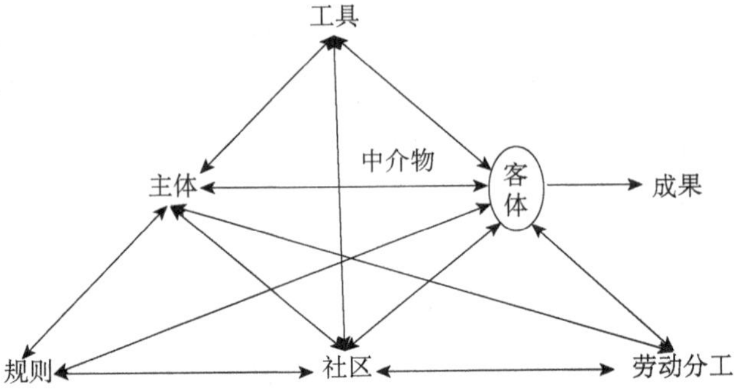

图 1-6　人类活动系统的结构（Engeström，1987）

在第三代活动理论中，Engeström（2001）提出了一个概念工具来理解对话、多种观点和交互活动系统网络。第三代活动理论是一个连接的活动系统，包含至少两个交互活动系统作为可以分析的单元（图 1-7）。针对这个模型，Engeström 还提出了五个重要原则。

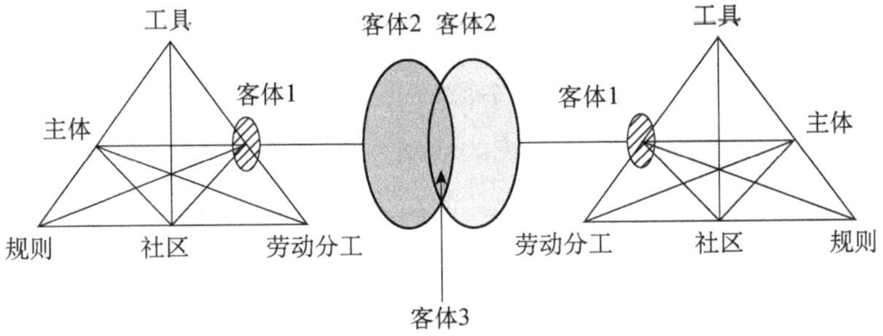

图 1-7　第三代活动理论：两个交互活动系统（Engeström，2001）

第一个原则是最核心的分析单位是共同的、人工中介的和客体导向的活动系统。在持续的交互中，参与者在不同的学习情境中都有机会在重要工具和人工物的目的和意义上，以及共享的和新的客体与他们共享的活动成果上达成共识。

第二个原则是个体和交叉活动系统的“多种声音”起源于参与者的多维历史背景、劳动分工、规则与社区形态，这就需要协商与翻译。

第三个原则是历史性。每一个活动情境都有一种文化历史背景，学习产生的变化需要考虑到这种背景的影响。

第四个原则是矛盾，被定义为活动系统中要素之间长期积累的结构化的压力。为达成功能化的系统，必须从矛盾走向共识。

第五个原则是延伸的转变，这要求活动的客体和动机要从共同体活动中被重新概念化，以形成新的建构和意义。

Engeström 的活动系统网络模型拓展了实践领域中分离系统各客体之间的空间。这是一种以对话的方式来引导空间的交互，这种空间交互可能支持每个分离系统要素之间的批判性理解的合作发展和它们内部的动力，包括压力和矛盾，还可能支持共享的结果。第三代活动理论提供了一个有意义的理论基础，加深了我们对连接综合性大学和学校的专业经验领域的理解。职前专业经验在一个单个活动系统框架里被分析（Bloomfield，2009），活动理论在教师教育领域中的研究生发了第三代活动理论，形成了专业经验基础上的活动理论。

将活动理论应用到微学习情境中，相关要素对应微学习过程中的众多关键要素。“工具”对应微学习工具，微学习工具是支持学习开展的必要资源、环境、软件工具等。“主体”对应学习者主体，对微学习者的分析，需要从学习者的个体差异入手，研究学习者的学习准备、认知差异等。而“客体”则对应微学习目标并直接指向学习结果。对微学习目标的设计，必须符合学习者的学习需求，体现个性差异，因而微学习目标应当具有开放性与发展性的特征。而从微学习结果的呈现上，则需对照微学习目标的设定而设计。“社区”对应学习共同体，强调社会建构的微学习不能脱离集体的学习情境，微学习工具支持下的微学习情境要既能够发挥集体智慧，又能够促进个体的意义建构。“规则”则对应学习群体中的规则，从客观上规定了微学习过程中的学习要求，体现了微学习过程的时间、活动等要求。因此，活动理论将成为微学习设计与开发的行动纲领与实施指南。依据活动理论对学习的指导意义，学习活动能够促进意义建构，从学习活动系统的诸要素以及不同系统的交互关系出发，可以研究和开发出微学习设计的具体活动模型。

从论证微学习有效性的根源入手，探索基于“组块”的认知负荷理论，能够为微学习方式的优势提供理论支撑，同时也可借鉴已有认知负荷理论对教学设计的启示，为微学习的设计与开发提供基本理论与原则。而从“以人为本”的核心理念出发，体现以学习者为中心的微学习设计也必然关注个体差异，在本质上体现尊重个体差异的全纳教育理念下，微学习是一种体现个性订制的学习，但同时需要思考微学习者的公平教育问题。因此，微学习设计与开发过程中的学习者分析，需要充分体现学习者的综合素养与认知风格。微学习的学习建构是建立在社会建构主义理论的基础之上的，个体与集体的共同参与促进了碎片化知识的整合。而基于节点学习的联通主义则从学习理论的层面为微学习提供了剖析知识点之间的联结关系的工具。微学习正是从小到大、由微到宏，创新学习内容、学习方式、学习途径，最终达成信息时代学习的目标。活动理论则为微学习的设计与开发提供了行动指导与框架，对应微学习设计与开发中的各个要素及其相互关系，便于构建微学习的活动学习理论模型。微学习的相关理论从支撑微学习的理论基础到引导微学习构建微学习设计，从而更好地从学习者的视角出发，而又回归到微学习者的意义建构上，为微学习的设计与开发及其传播理论与模型的建构提供了支持。

第二章

微学习资源的构成与要素

对微学习的解构是对微学习要素的分析。微学习作为学习者在后信息时代的一种新型学习方式，是在充分尊重学习者个性学习需要的基础上，对学习者的主观学习要素与客观资源要素等的整合。从学习者主体而言，学习者需要掌握学习的主动权，选择符合个性学习需要的学习资源，以实现后泛在学习的目标。学习者个体学习特征与学习需要构成微学习的主体要素。而从客观支持学习的服务与条件来看，作为“巧妇之米”的微学习资源是微学习的客体要素。在微学习资源的设计与开发中，必然需要围绕学习的主体要素，着眼于微学习资源的要素解构，开展微学习内容、微学习工具、微学习环境与微学习评价等要素的特征分析及设计研究。

第一节　从教学到学习：微学习要素及微学习资源特征剖析

教学过程要素说曾是一个热门研究话题，这缘于影响教学的因素众多，在教学经验不断积累的过程中，人们发现很多因素都具有重要的作用，因此也就不难理解会出现多个教学要素说。从学习者的视角来看待学习过程，同样存在这样的问题，即影响学习的要素太多，难以一一枚举。而在微学习过程中，微学习要素可以被理解为微学习内容、微学习工具、微学习环境与微学习评价，然而这些要素又与其他复杂的影响因素相互交织，难以严格区分。剖析微学习资源的概念，从微学习资源的视角统整各个微学习要素，对其特征进行剖析，进而探索微学习资源的设计与开发，显然是微学习研究的核心部分。

一、从教学到学习过程的要素分析

从教学过程的视角来看，关于一个教学过程的构成要素，已有研究中存在三要素说，即“教师、学生和教材”或“人员、信息、物质”（顾明远，1990：184），还有四要素说，即“教师、学生、教学内容和教学手段”（南京师范大学教育系，1984：376）；五要素说，即“教师、学生、教材、工具、方法”；六要素说，即“教师、学生、教学内容、教学工具、时间、空间”（郝恂，龙太国，1997）；七要素说，即“学生、教学目的、教学内容、教学方法、教学环境、教学反馈和教师”（李秉德，1989）。教学过程的要素说逐渐意识到教学过程中的诸多影响因素都可能影响到教学的发生、过程与结果。越来越多有关教学的因素被纳入教学要素中，这也反映了有关教学过程研究的深刻性、全面性与整体性。因此可以说，只要与教学相关的因素，都可能会对教学产生影响。

从教学设计的维度来考察教学过程中的影响因素，教学要素的说法又有所改变。在 ADDIE（analysis-design-development-implementation-evaluation）经典教学设计模式（图 2-1）中，分析是教学设计的第一个环节，分析的内容包括对学习者的学情分析、学习需要分析；设计环节包括教学目标设计、教学活动设计、教学评价设计与教学媒体选择；开发环节则为教学活动的开展提供学习资源支持；实施则是对整个教学活动真正开展的一种预估，为开展正式的教学活动提供实施方案；而评价则应贯穿于整个教学设计活动中，表现为过程性评价与总结性评价。在这个过程中，学习者、学习需要、教学目标、教学活动、教学内容、教学资源、教学实施、教学评价等要素是在教学设计过程中必须进行预设的，因而这些因素也可以构成教学过程的要素。

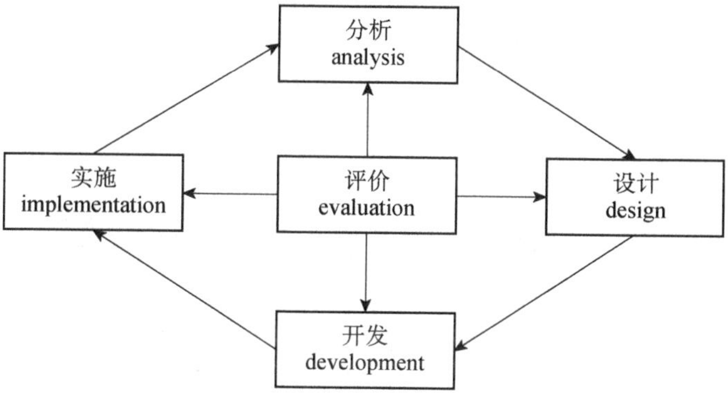

图 2-1　ADDIE 教学设计模式

教学设计模型中的另一个经典模式是 Dick 等的教学设计模式（Dick，et al.，2001）。在此模式（图 2-2）中，从教学设计的各个步骤来看，教学目标、学习者、教学策略、教学资源、教学方法、教学评价等体现在各个设计环节中，在反复对这些教学因素进行设计、修改与评估的过程中，形成对教学的最终设计。这些因素都对教学过程与教学结果实现最优化构成影响，因此，有关教学策略等的教学因素也可以被纳入教学要素中。

从现有的关于教学要素的归纳中，可以对教学要素进行基于“主体-工具-客体”的分类（图 2-3）。在教学过程中，有关“主体”的要素包括学生与教师，有关“客体”的要素包括教学内容。学生与教师都希望达成对教学内容的掌握，即在主体与客体的交互过程中实现教学目标。因此，构建主体-客体互动或沟通的中介可以理解为“工具”要素，其包括教学资源、教学环境、教学方法、教学媒体、教学策略等。教学过程中的主体要达成客体目标，离不开中介工具的支持。

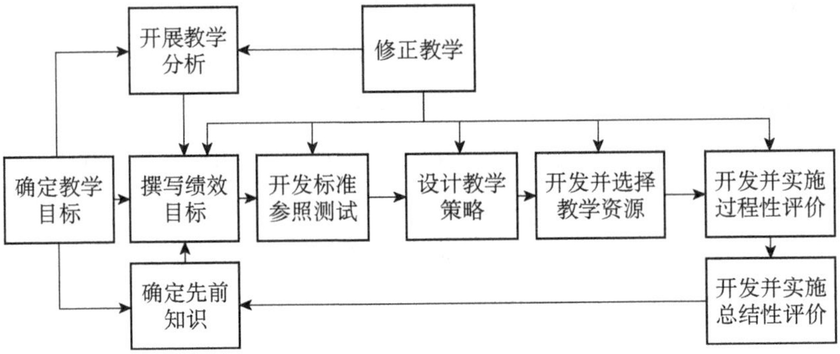

图 2-2　Dick 等的教学设计模式

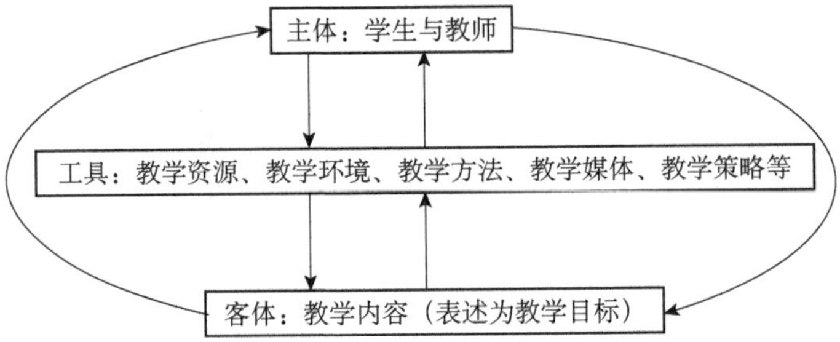

图 2-3　“主体-工具-客体”教学要素分类

围绕教学层面的教学研究，站在教师或教学设计者的角度，对教学过程中的要素进行充分的设计与评估。在倡导“以学生为中心”教学理念的教学设计过程中，教学过程应体现“以学生为中心”的原则，并将其贯穿于整个教学设计的各个环节中，这一原则也体现在对教学要素的分析与设计上，如在对学习者进行分析时，更多关注学生的先前知识、认知特点、学习偏好等，通过设计工具来评估学生的学习需求与学习特点。而站在“客体-教学内容（目标）”的角度进行教学评价时，则不再以基于教学内容的设计方式来开展评价设计，从评价工具的设计、评价内容的开发到评价方法的选择等环节体现“以学生为中心”，将发展性评价贯穿整个评价过程，评价手段也体现了过程性评价与总结性评价的整合，一切从学生的学习需要与发展的视角展开评价。然而，这些仍然是站在教师或设计者如何去设计的角度开展教学的。

教师或教学设计者根据自身的教学经验去假设学生的学习过程，由此进行教学设计。如果从学生的视角看待整个教学过程，则需要以学生的学习过程为研究对象，解决学生在即将开始学习的过程中可能开展的学习步骤，以及可能遇到的困难或问题。因此从一个学生开始学习到达成学习目标的整个学习过程来看，首先学生会去选择需要学习的内容，特定学习内容必然与学习需要（将要学习到的知识与已有知识之间的差距）相关，在确定了学习需要之后，学生会筛选符合学习需要的学习内容，即从主体到客体的过程。然而在学习内容选择过程中，学生也必然要考虑学习到这些学习内容的必要条件有哪些？这些学习内容所处的环境如何？如何获取这些学习内容？何时何地学习这些内容？即学生对学习工具、学习环境、学习时空进行充分评估后，会整合学习需求选择适合的学习内容展开学习。最后学生在学习的过程中会不断进行学习反思与评价，这种反思与评价来自三个方面：第一，对客体的学习内容进行反思与评估。这些学习内容是不是满足了我的学习需求？第二，对获取学习内容的中介工具进行反思与评价。获取学习内容的方法或工具是否简单易操作？学习环境等因素能够帮助自己完成学习计划、达成学习目标吗？第三，对学习结果进行反思与评估。自己的预期学习目标是否达成？学习内容是否满足了自己的学习需要？对学习内容的掌握情况如何？因此，学习过程的要素包括学习者、学习需要、学习内容、学习工具、学习环境与学习评价等（图 2-4）。

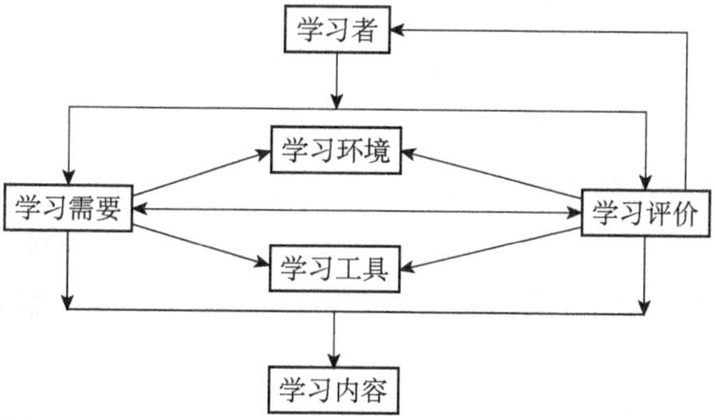

图 2-4　学习者视角下的学习要素

二、微学习的要素与微学习资源特征分析

根据对微学习的内涵理解与特征分析，微学习是一种相对于“微教学”的、

基于“微格式”的在线学习方式，或是从学习的视角将微学习理解为从宏观视角到微观视角的转变。微学习的显著特征是“微”，体现在学习时间、学习内容、微课程、微形式、微流程、微媒介、微类型等方面。微学习是在“后”在线学习的情境中，突出标签与推送服务的，是以学习者的学习为中心的，旨在减少学习者的认知负荷，提高学习者学习效率的一种新型在线学习方式。微学习是契合了学习者碎片化学习的需要，从学习者的视角选择学习方式，合理安排学习进度，以达成学习目标的学习方式。而从客体学习支持与服务来看，微学习的学习要素必然包括微学习内容、微学习工具、微学习环境、微学习评价，微学习的特征也将映射出微学习中的各个要素的特征。

微学习内容的设计是“微格式”的，体现内容的片段化，然而在学习目标的达成上，又能体现系统性与整体性。因此，微格式化的学习内容如何从片段化的知识要点切入，形成对系统知识的意义建构，是微学习内容研究的重要方面。微学习的展开离不开微学习工具的支持，微学习工具具有指导、辅助学习者进行微学习的功能，在学习者意义建构过程中提供合适的支架，达成学习目标。而微学习中的微学习环境是一个在线学习环境，在这个学习环境中，学习者能迅速找到需要学习的学习内容。该学习环境还能够支持多种交互工具，便于学习者更好地开展学习。微学习环境体现微学习的“微”特点，支持学习内容的部分与整体的有效整合，在设计上需要体现便于学习者个体在群体或社区学习中进行碎片化知识处理、交互、加工的意义建构。微学习评价的对象、内容与方式应当从学习者出发，体现微学习过程中对各个要素的评价。

从学习者视角分析微学习的构成要素，可以为科学而有效地开展微学习设计提供框架。这些要素是微学习设计过程中必须关注与思考的环节，然而在设计过程中，我们会发现，这些要素的概念界限并不是那么明显，如学习需要、学习内容与学习评价，学习内容取决于学习需要，学习评价来源于学习需要，也可能作用于学习内容。而学习工具与学习环境又是整合在一起的设计对象，学习工具必须与学习环境构建相契合，而学习环境中离不开学习工具的使用。有关学习中的其他要素，如学习目标等又与学习需要、学习评价等密不可分，因此需要从整合的视角，将这些要素加以重构，这样不仅能从整体概念上进行准确把握，又能在具体设计过程中分解出相关要素。因此选择“微学习资源”的角度，可以将这些要素加以重新整合、分析，以便在微学习设计与开发中更好地统筹设计（图 2-5）。

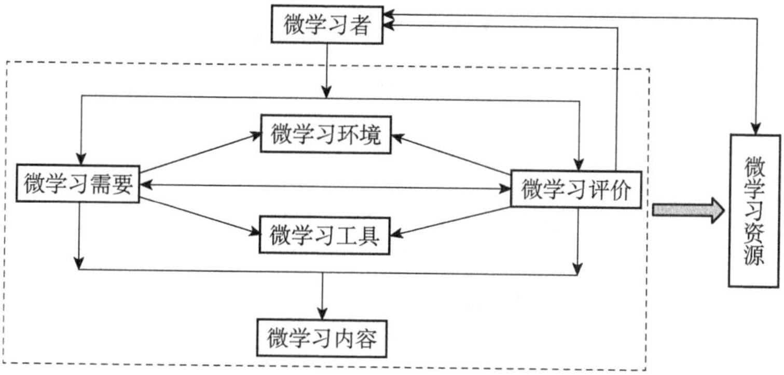

图 2-5 微学习资源构成图示

对于学习资源的概念界定是多元而开放的，李克东（2002：267-268）认为，教育资源是“支持学习的资源，包括支持学与教的系统和教学材料与环境”。丁兴富（2009：152）认为，资源包括材料和环境，即除了各种各样用于教与学的实物设施、设备和材料之外，有利于教与学的社会活动、环境和情境也是教育资源或学习资源的组成部分；同时他认为教育资源、教与学的资源和学习资源表述意义相似。因而可以说，学习资源包括信息、人员、材料、设备、技巧和环境（谢新观，1999：334）。由此可以将微学习资源理解为包括微学习内容、微学习工具、微学习环境以及微学习评价等一切支持学习者学习的资源。微学习得以开展，不仅需要微学习资源的支持，还需要微学习活动的支持。因此，微学习过程是一个微学习者在微学习资源支持条件下开展微学习活动的过程。微学习的开展与微学习者、微学习资源、微学习活动等密切相关，这些要素也是微学习过程得以顺利开展的要素（图 2-6）。显然，微学习者处于微学习诸要素的中心。一切微学习资源与微学习活动的设计、开发与实施都是围绕微学习者展开的。在强调共同体的群体学习时，微学习者的构成是“个体+群体”的结构，在个体与群体的相互促进、知识建构中获得新的知识或技能（赵丽，2016）。微学习资源是微学习者开展微学习的必要条件，也是微学习活动得以开展的充分条件，即离开微学习资源，微学习者则没有微学习内容可学，也无法在微学习情境中开展微学习，也没有其他有利于微学习开展的工具、条件或资源支持。微学习活动是微学习设计者从微学习者的学习需要出发，在现有的微学习资源基础上开发的，可以帮助微学习者顺利开展微学习的一系列学习活动。微学习者在开展微学习时，根据微学习活动对微学习资源的组织开展依循学习规律的学习，从而在短时间内获得显著的学习效果。因而微学习活动的设计与实施是建立在丰富、充分的微学习资源基础之上的，微学习资源是整个微学习开展的“重中之重”，是核心要素。

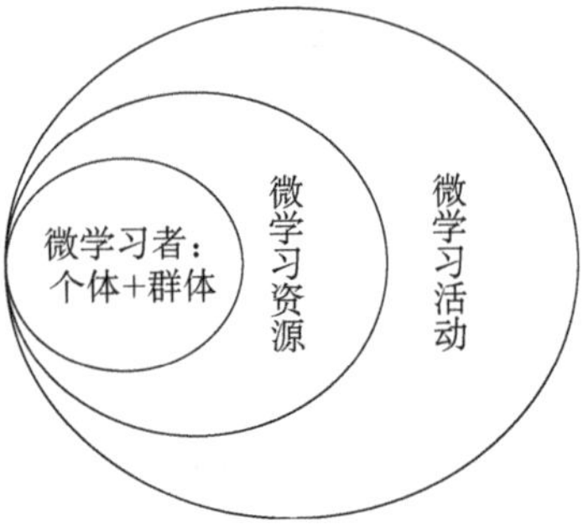

图 2-6 微学习相关要素及关系图

微学习资源的主要特征体现在“微”上，“微”也并不否定资源的丰富性，而是从学习者移动学习的需求出发，体现在容量与时间的微型上。在微学习中，微学习资源承担着连接学习材料、学习内容与学习者的任务。在学习材料、学习内容与学习者之间的动态连接中，微学习资源映射微学习的特征而呈现出开放与共享、动态与智能、连通与自适应、进化与再生的特征，体现了学习资源微型化学习与传播的优势。

微学习资源由于网络互联而实现开放与共享，微型资源的内容存储容量小，传播速度较快，能够迅速为跨区域的学习者提供学习资源。但是微小并不代表学习内容的信息量少，微型资源是整个学习内容的片段，这些片段是个别或几个知识点的呈现，是有组织的、符合知识点内在逻辑的整体内容的有机部分。因而知识片段的分解，能够有效克服传统学习资源知识与内容的信息量大所带来的学习困难，也能满足不同学习认知水平与学习需求的学习者的要求，学习者根据自己的学习需要，选择自身薄弱或感兴趣的知识片段在短时间内进行自主学习。将微学习资源的呈现时间设计在学习者的注意力集中时间范围内，也能克服学习者注意力时间有限的问题。

微学习资源的动态与智能性则体现在，微型资源实现及时更新与个性智能推送等服务能够迅速响应学习者的需求。目前微博、微信等传播平台能够及时更新并推送微学习资源，占用学习者的碎片化时间，便于学习者快速获得知识；将学习者的学习与生活资源进行无缝对接，从生活习惯中勾画学习兴趣与偏好，能够及时更新与智能推送更多具有主题性、批判性的与现实问题紧密联系的拓展性微学习资源。

微学习资源的连通与自适应性则更能体现微型化学习资源存储量小而又能体现核心价值内容的优势，在不同连通环境下，相比于其他一般学习资源，微学习资源传输速度快、下载耗时短，既能迅速连通，又能自适应不同终端设备，针对学习者自主学习进度、学习偏好的差异，使学习者能在任何时间、任何地点学习成为可能。微学习内容以片段式的微学习资源方式重构学习内容的知识体系，在内容上突出重点，在形式上短小精悍，在技术上实现连通顺畅，以及与任何设备兼容，为学习内容的重难点分解与具体问题提供解决方案。

微学习资源的进化与再生特征则体现了资源的从共享到共生的特点。微学习资源的进化与再生进一步优化了已有的微学习资源。微学习者角色的转变使得他们从学习资源的消费者转变为学习资源的创造者。在学习活动的实施中，学习者根据在线学习的评价制度，从容地完成学习任务，提交学习作业，开展同伴互学，积极参与在线提问、评价与反馈。这些对已有学习资源的反馈与解读形成了新的学习资源，为新一轮的学习者快速掌握知识提供了帮助。微学习资源的建设方式易于被信息时代的学习者所掌握，他们能够从容自如地参与到微学习资源的建设中，与资源建设者共同创生新的微学习资源。

第二节　微学习内容：零存整取的碎片化学习

从对微学习资源的概念分析中可以发现，在复杂的微学习过程中，支持学习者开展微学习的微学习资源的构成要素众多，其中微学习内容、微学习工具、微学习环境与微学习评价是微学习资源的重要组成部分。微学习内容是微学习开展的重要信息来源，没有微学习内容，正如“巧妇无米”，因而内容的量与质的问题也将直接影响微学习效果。微学习内容的设计与开发应当着眼于客观设计要求与学习者对微学习内容的主观需求，发挥微学习内容的优势，充分体现以学习者为中心，满足学习者零存整取的碎片化学习需求。本节从已有微学习内容的开发模型分析入手，探索微学习内容的开发策略，为微学习资源的设计与开发提供借鉴。

一、微内容的出现

Web 3.0 时代互联网技术支持下的在线信息以“微”而“短”的组块内容呈现，这种微小的内容被称为“微内容”。微内容最早由 Nielsen 于 1998 年提出，他在《微内容：如何撰写大标题、页题目和主题栏》(*Microcontent: How to Write Headlines, Page Titles, and Subject Lines*) 一文中，提出微内容应该是能够被清晰表述的一粒粒“珍珠”。他认为，在线信息的标题要求是不同于印刷物上的标题要求的，因为标题使用的场所不同，主要原因在于，在线信息的标题是脱离整个文章信息的，可能需要链接到文章主体，而即便标题与信息内容连在一起，人们也习惯“一眼”扫下来，而不愿再多看。这样的在线阅读习惯必然要求在线文章的标题要足够吸引人，否则用户是永远不会打开这篇文章或是仔细读下去的。因此，他给出撰写微内容的建议，即微内容的长度应当限制在 40～60 个字符，是长内容的超短摘要，使用直白的语言，不需要修饰等。如今，微内容已经被理解为呈现在线信息内容的主要方式。在线信息的长度受到单一主题、软件和设备的物理和技术的限制而以微格式发布。微内容被越来越多地用于传递某一个主要观点或概念，可以在网络浏览器、电子邮件、永久链接中通过手持终端获得。微内容是以微格式显示的可以被用户即刻感知的信息，比如，用户不需要上下翻页，在一个屏幕内就可以看完整条信息。微内容有明确的重点，能够清晰地说明一个特定的主题或一种观点。微内容在呈现时应当具有鲜明的结构，包括标题、主题、作者、时间、标签、链接地址等，便于用户查找。

微内容的广泛应用，正是从信息用户使用的视角出发，从“标题”的“微”走向真正意义上的“内容”的“微”。这种微内容的出现与流行主要来自用户与互联网环境主客体的双重因素。如今的“互联网+”环境使得用户进行网络浏览与阅读的时空得以延伸，使随时随地获取信息成为可能。社交平台的微型化使得学习资源以碎片化形式呈现，便于学习者能够在碎片化的时间内获取有效信息。网络工具的简易性也为移动阅读提供了可能。而从主观上来说，用户网络浏览或阅读集中表现出短时间、快节奏、高效率的特点，因此，“互联网+”环境迎合了用户的使用特性，无缝链接到用户的生活中，快速有效地传播商业、时事与学习等信息。

二、微学习内容的客观设计要求

微内容在教育中的应用使得微学习内容得以产生。客观上，在移动学习的大力推动下，学习内容需要转移至适合移动学习的设备上，这就意味着从“大屏幕”转移到“小屏幕”上，而在小屏幕上如何能一眼看完全屏也是微内容需要解决的问题。微学习内容体现了鲜明的“零存整取”的特点，即通过片段时间的微学习，经过较长一段时间的积累，形成对某一类微学习内容的掌握，从而实现“1+1＞2”的学习效果，日积月累的一个个“小目标”的实现，将促成“宏大”学习内容和学习目标的实现。

微学习内容的特点首先表现在学习目标上，微学习内容的学习目标不同于整体学习内容的学习目标。微学习内容的学习目标可以被视为整体学习目标的逐个分解，而每一个微学习内容体现的小目标要与最终的学习目标形成必要的联系，既要体现彼此互为支撑的特点，又要实现由易而难、由量变到质变的过程。微学习内容特定的微学习目标，并不是简单地吸引学习者来阅读，而是需要在学习后达成某种改变，并且达成最终的“大目标”。其次在呈现特定单位的信息上，也不能简单地采用“短字符”“简易语言表述”“新鲜内容”的方法，微学习内容呈现的是关于某类知识的一个单元、一个模块或一个相对独立的知识点。尽管从微学习内容的设计经验来看，标题的简洁性与趣味性将有利于吸引读者的关注，但是，因为微学习内容的总体容量是有限的，能够直接表达微学习内容的关键词，不仅需要体现在标题上，还需要体现在具体内容上。最后，微学习内容必须体现一定的教学法或教学原则，旨在帮助或让学习者获得知识。从学习者视角出发的微学习内容设计与开发，融入已有的教学设计理论、学习理论、传播理论等对教学与学习的影响，必然可以优化微学习内容的设计。而微学习内容的微学习者分析、结构组织与传播等都有着不同于以往学习内容的特点，因此，如何在微学习内容的设计中既能充分反映以往教学设计的重要经验，又能体现微学习独特的学习特征，需要从与微学习相关的重要理论中寻求支持。

三、学习者对微学习内容的主观需求

从本质上来说，微学习内容的选择与组织取决于学习者本身，由于微学习内容呈现的是某个具体的知识点或教学片段，因而这些知识点与片段必然是整个学习内容的重要组成部分。这些学习内容以微格式的形式呈现，主要原因在于片段化的学习内容能够帮助学习者在短时间内只接收某一具体的学习内容，学习者根据自身的学习进度，可以反复学习，再与其他知识点进行有效联系，多次观看，可以提升学习质量，达成掌握知识的目标。因此，微学习内容的设计与开发必然要从学习者的主观学习需求出发，也必然要回归学习者的主观学习需求。

第一，从时空上来说，越来越多的学习者使用手持终端设备开展与工作、生活、学习相关的活动，因而，随时随地的移动学习已成普遍现象。学习者开展移动学习的特点主要体现在时空上的自由度，这种自由使得学习者可以在零碎的空余时间内采用移动终端设备开展学习活动。

第二，学习者开展微学习，一方面可以解决非正式学习的需求；另一方面也可以将微学习作为正式学习的重要补充。学习者对“学习”概念的理解实际上是“正式学习”，即在课堂中跟着教师开展的学习。事实上，正式学习“是指在学校的学历教育和参加工作后的继续教育（岗位学习、文件学习、听报告讲座、参加培训等这种以单项为主的学习，有的可以取得相应的结业证书）”（余胜泉，毛芳，2005）。非正式学习是相对于正式学习而提出的概念，“指在非正式学习时间和场所发生的、通过非教学性质的社会交往来传递和渗透知识，由学习者自我发起、自我调控、自我负责的学习，主要指做中学、玩中学、游中学，如沙龙、读书、聚会、打球等”（余胜泉，毛芳，2005）。微学习内容的设计与开发应当从学习者正式学习与非正式学习的需求出发，关注并分析当前不同学段、不同年龄学习者的正式学习与非正式学习活动，满足学习者不同学习形式的需要。

第三，从学习效率上来说，短时间内对重点知识内容的学习，能够帮助学习者快速掌握知识点，然而要能够实现零存整取的最终学习目标，还要依赖于学习者能够对分解的知识坚持进行反复学习，并加以融会贯通，既能从效率上体现学习进度的增速，又能从结果上体现学习效果的提升。

四、微学习内容的设计模型分析

微内容是一个专有的名词，特指可在线传播的微型内容。其在学习领域的应用使得微学习内容的概念得以流行。关于微学习内容的设计与开发的研究并不是很多，其中，Souza 和 Amaral（2014）从教学与多媒体语言的视角提出了“微学习内容的生产”（production of educational microcontent，PEM）模型。该模型将微学习内容表述为“educational microcontent”，把微学习内容视为一种学习产品，从生产者即教学者与设计者的角度，以多媒体语言呈现并设计微格式的学习内容。该模型从教学设计的诸多模型中借鉴了科学的理念与方法，形成了一套相对完整的设计流程。该模型主要包括两个部分：第一个部分探索教学过程结构中的主要活动；第二个部分重点在于阐释多媒体语言结构过程设计的主要活动。第一部分具体包括七个步骤（表 2-1），第二部分包括三个步骤（表 2-2）。在分析了两个部分的具体步骤与活动后，他们开发了微学习内容的设计流程，形成了从教学角度以多媒体语言形式呈现的 PEM 模型（图 2-7）。该模型将教学过程架构与多媒体语言结构过程联系起来，明确了完整的微学习内容的开发流程。

表 2-1　教学过程结构中的主要活动

步骤	活动
1	组建微学习内容的开发团队
2	确定微学习内容的核心主题
3	制定教学策略以达成主题要求
4	讨论并选择必要内容，完成微学习内容的编辑
5	在备选内容中确定最终内容，再编辑微学习内容
6	选择教学资料，支持微学习内容的结构化编辑
7	开发教学框架，组织教学内容，能够适用于移动设备。主要活动包括：分析并选择教学材料；与专家讨论可选资源；选择合适的微学习内容传播媒体；准备情景化的教学设计，以 ADDIE 模式开展微学习内容的教学设计

资料来源：Souza M I，Amaral S F. 2014. Educational microcontent for mobile learning virtual environments. Creative Education，5（9）：672-681

表 2-2 多媒体语言结构过程设计的主要活动

步骤	活动
1	分析微学习内容，以符号化形式呈现重点内容、参考内容与解释的内容
2	确定多媒体语言，分析使用、整合哪些多媒体语言来表达微学习内容
3	调整表现微学习内容的多媒体语言设计

资料来源：Souza M I，Amaral S F. 2014. Educational microcontent for mobile learning virtual environments. Creative Education，5（9）：672-681

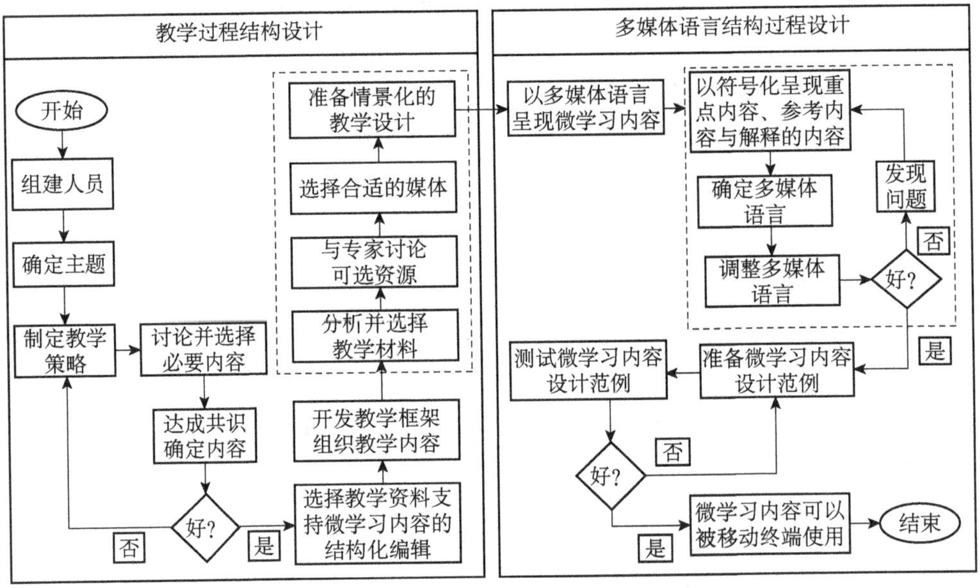

图 2-7 微学习内容的生产模型（PEM 模型）

左侧虚线框表示教学过程结构设计的核心步骤，右侧虚线框表示多媒体语言结构过程设计的核心过程

微学习内容的设计与开发需要兼顾客观设计要求与学习者对微学习内容的主观需求，因而 PEM 模型既有其可供具体开发团队直接借鉴的部分，也存在使用上的一些限制。其优势体现在四个方面：第一，直观性与可操作性是其显著特征，对于一个微学习内容的设计与开发者来说，遵循 PEM 模型的流程或步骤，就可以实现对某个微学习内容的开发。第二，该模型突出多种媒体的组合凸显了微学习内容在线传播所需的微格式，因此，对于构成微格式的要素，也必须从媒体的角度进行分析与构架。第三，在传统教学设计模式中，都会有“实施”（implementation）这一环节，在这个模型中，也有对开发出的范例进行测试的环

节，即预实施。测试报告对于专家团队的再次讨论与修订开发过程极有帮助，因而，对于相对稳定的建设团队而言，这种预实施的必要性就愈加突出。第四，不论是在图 2-7 左侧部分教学过程结构设计中，还是在右侧的多媒体语言结构过程设计中，都突出了团队开发的意义协商，即先在反复讨论、协商后形成共识，再开展具体的微学习内容框架开发。事实上，这些协商与讨论体现了在设计过程中评价的作用。在课程开发研究中，Guba 和 Lincoln（1989）提出的第四代“回应、协商、共同建构”课程开发评价模式将与课程有关的利益相关者均纳入评价对象与主体中，以回应、协商达到共同建构评价的共识。第四代课程开发评价模式提出的“回应、协商、共同建构”理念体现了科学的评价理念，可以作为微学习内容设计与开发的重要参照。在微学习内容开发的团队建设中，不仅要容纳专业开发人员，还要有内容开发的利益相关者加入，各类不同的利益相关者群体由于各自利益归属不同，因而对微学习内容产生的心理预期与倾向不同，要达到某种共识，可以通过协商的方式，以达到共同的心理建构。PEM 模型的建构过程体现了这种评价理念，并在具体的开发环节中予以执行。

同时，我们也应看到从教学角度切入的微学习内容模型开发仅关注了具体的学习内容，而脱离了学习者的学习需要和必要特征分析。因而，仅仅从微学习内容的开发角度而言，这只是微学习内容开发的一个环节。在组建团队、确定主题开始之前，需要开展的工作还包括学习者分析、学习环境构建、学习工具设计、学习评价设计等。PEM 模型是一个针对已确定的主题开展的微学习内容设计与开发模型，因而对于设计与开发学习者需要学习的对象而言，其需要考虑微学习资源的整体设计与开发。另外，PEM 模型的重点在于将多种媒体的整合作为微学习内容的载体，微学习内容的媒体选择需要考虑其可在线传播的格式。微学习内容开发还需要考虑其他客观条件的限制。尽管该模式提及了移动设备，但是对移动设备的分析并没有体现具体内容，仅仅关注从大屏幕转移到小屏幕，而在具体问题上，如界面的视觉设计、呈现的网站或某种平台等没有进行细致的分析。对于微学习平台而言，不仅需要考察移动设备的传输与显示问题，更需要分析不同微学习平台在移动设备上的功能能否被激活等问题。

PEM 模型沿袭了传统教学设计理论研究的理念与方法，从微学习内容自身的负载格式与传播方面提出了微学习内容的设计与开发流程。该模型开发于 2009 年，互联网技术在此后的十年时间里发生了巨大的变化，技术的力量同样影响着微学习内容的开发与传播，因而该模型虽然在某些具体环节中还存在一些需要解决的问题，但仍在解决今天的教育与学习问题上发挥着优势。分析 PEM 模型将为后续开展微学习资源的整体设计与开发提供有益借鉴。

第三节 微学习工具：在线免费工具应用

Web 2.0 实现了用户的身份转变，用户从互联网信息的消费者自然过渡为信息的生产者，真正成为互联网信息的主人。然而在人与机器的交互中，需要借助工具进行互动，工具起到了中介的作用。在线学习同样离不开在线学习工具，因而，微学习工具为微学习活动的开展提供了必要的支持。传统在线学习工具在教育教学中得以广泛应用，特别是 Web 2.0 工具能够为学习者的信息检索、分析、加工、发布、评价与互动等提供帮助。用于微学习环境的微学习工具如何能够支持微学习的开展，必然要满足学习者的需要，以及适应微学习环境的匹配要求。而微学习工具的设计体现在整体的微学习设计中，需要兼顾与其他微学习要素的要求，发挥微学习工具的价值。

一、从 Web 2.0 工具说起

工具对人类历史的发展有着重要的作用与意义，人类在认识自然与改造自然的过程中，或多或少地都在跟人与自然沟通的中介——工具打交道。《当代汉语词典》对工具的解释为：泛指生产劳动中使用的器具；比喻用以达到某种目的的事物或手段。心理学家从心理学的角度解释工具，将语言、符号等都归于工具一类。人们对工具的认识逐渐延伸，将工具理解为一种符号、中介、方法或手段等。而学习工具既包括器物层面的工具，也包括旨在达到、完成或促进学习的手段或方法，其作用是帮助学习者更好地开展学习活动，或可理解为学习者与学习资源之间实现互动的中介。不同研究者从不同维度对学习工具进行了阐释与分类。张建伟和孙燕青（2005：16-17）认为，学习工具有两个基本特性：一个是

中介特性，即学习工具实现了人与学习资源之间的交互；另一个是认知特性，即学习工具延伸与拓展了人的认知能力。因而他们认为学习者与学习工具之间进行了某种认知分工，以共同完成特定的认知任务。祝智庭等（2015）从学科的视角，将学习工具分为通用工具和学科工具。钟志贤（2008）根据学习工具的功能，将其分为效能工具、信息工具、交流工具、情境工具、认知工具、评价工具。

在线学习工具就是一种能够帮助学习者实现在线学习活动的工具，其首要特征就是交互性，这也正是在线学习工具在 Web 2.0 时代兴起的原因。尽管对 Web 2.0 的定义和描述有很多，但是 Web 2.0 的特征可以基本概括为互联网信息的联结（connection）、合作（cooperation）、社会交互（social-interaction）、分享（sharing）、综合（synthesis）与发展（development），而要实现这些功能则依赖于 Web 2.0 工具的使用。Web 2.0 工具使得信息的生产者变成了消费者，而信息的消费者变成了生产者（Buffington，2008；Drexler，et al.，2008；Grosseck，2009；Huang，et al.，2009；Rosen，Nelson，2008；Thomas，Li，2008）。如前所述，Web 1.0 时代的互联网信息只能供用户浏览与阅读，而 Web 2.0 时代的互联网信息的编辑与创造不再与用户无关，用户可以使用 Web 2.0 工具，如博客、wiki 等进行互联网信息的编写。这些工具能够为用户提供不同类型的服务，满足用户不同的有关互联网信息的获取、加工、分析、评论等需求，这些服务既包括日常生活所需的日历提醒重要事件、杂志订阅、做笔记、写作、照片编辑与存储、社交等，也包括学习所需的功能，如帮助做笔记与梳理知识点的思维导图类工具，帮助记录学习过程与撰写学习反思的博客，文字、图片、音频、视频编辑与制作的工具，获取在线学习资源的工具等。随着人们需求的不断增长，Web 2.0 工具逐步增多，而且诸多工具不再以软件的形式需要付费才能安装到本地计算机上，用户可以直接在互联网上在线免费使用。Peltier-Davis（2011）认为 Web 2.0 工具帮助用户实现与在线信息的社交，包括建议、学习、社区分享等。他提出 101 种 Web 2.0 工具，不仅从 A 到 Z 的顺序依次介绍了各种 Web 2.0 工具，而且也对各种 Web 2.0 工具进行了分类。Web 2.0 工具可以分为视频（video）类、内容管理服务（content management service）类、社交服务（social networking service）类、搜索引擎（search engine）类、在线发布服务（online publishing service）类、即时通信服务（instance messaging service）类、在线会议服务（web conferencing service）类、创造性工具（productivity tool）类、图片处理服务（photo hosting service）类、开放资源（open source）类、问答服务（question-and-answer service）类、数字图书馆（digital library）类、课程管理（course management）类等。这些工具既可以作为学生在线学习的帮手，也可以作为辅助正式学习的工具。

二、Web 2.0 工具的教育应用

Web 2.0 工具在教育中的应用广泛，覆盖各个年龄段的学习者。在学习中借助相关 Web 2.0 工具开展学习信息的分享与合作，能够提升学生的技术素养、合作意识与创新能力。Web 1.0 时代的互联网技术是掌握在专业人员手上的专门知识与技能，而如今互联网技术素养成为普通人必备的素养之一，学会使用技术成为可能，首先是对学习者的学习能力提出新的要求，同时又体现出技术难度的降低。因而，Web 2.0 时代对技术素养的认识与理解也必然需要更新，需要从广度与深度上重新认识普适意义上的技术素养概念。对于 Web 2.0 工具而言，学习者对其掌握的评价重在是否会应用。Web 2.0 工具可以使学习者参与学习讨论，在互动中培养合作意识、批判意识。这种在线互动与交流是即时的，体现信息的即时性。因而从学习者学习的社会建构意义上来看，群体的合作学习能够促进有意义的个人知识建构。在群体知识建构的过程中，学习者的合作能力得到提升；在互动讨论的过程中，学习者思维的敏捷性、开放性与批判性也得到发展。

有关 Web 2.0 工具的教育应用在实践层面得到了广泛发展。各类 Web 2.0 工具可以为学习者提供不同服务与支持。Rahimi 等（2012）将 9 种 Web 2.0 工具应用到个人学习环境（personal learning environment，PLE）中。在学习者个人学习系统（图 2-8）中，学习者在与网络技术、学习活动、其他学习者、社交网络中的学习同伴的不断交互中，形成了个人的知识建构。其中，网络技术扮演着中介的角色，发挥着连通的作用；其他学习者与社交网络中的学习同伴则帮助个人学习者开展知识的群体建构，通过交流、分享与互动，促进集体智慧的迸发；学习者开展的各项学习活动紧扣其最终达成的学习目标，通过在活动中学习、体验，促进个体知识的生成与内化。

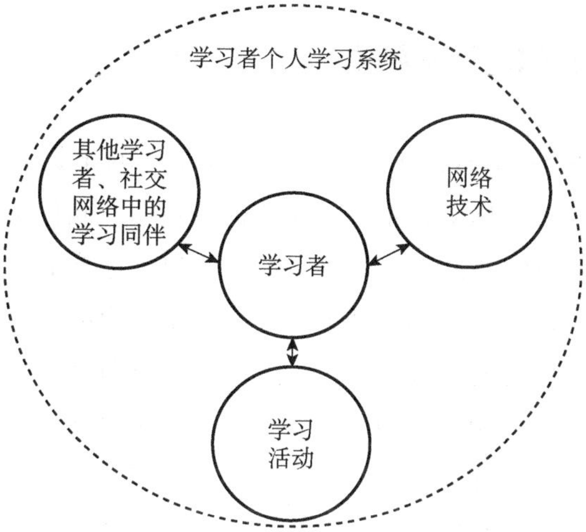

图 2-8 学习者个人学习系统

Rahimi 等在学习者个人学习系统搭建的基础上，设计了一次基于互联网的学习活动，整个学习活动的过程与结果都体现在学生的博客中。在这个学习过程中，学习者使用了 9 种 Web 2.0 工具，完成了博客记录、文档共享编辑、视频导入等学习活动，充分发挥了不同 Web 2.0 工具的支持与服务功能（表 2-3）。

表 2-3 支持学习的 Web 2.0 工具

工具名称	功能
iGoogle	个人首页制作
Mindmeister	思维导图
Google Docs	文档创建与分享
Google Sites	wiki 项目，学生网站
Wordpress and Blogger	博客系统
Twitter	微博
Prezi	展示报告
Free website building and hosting tools	制作最终浏览导航
Youtube	视频内容

资料来源：Rahimi E，van den Berg J，Veen W. 2012. Designing and implementing PLEs in a secondary school using Web 2.0 tool. The Personal Learning Environment（PLE）Conference，Melbourne，Australia：Public Knowledge Project

三、从 Web 2.0 工具到微学习工具

毫无疑问，Web 2.0 工具作为一种支持在线学习的工具，可以支持学习者开展微学习活动。微学习工具也需要能够支持在线互动、同伴学习、合作分享的功能，这种学习工具提供的功能能够帮助微学习者更好地开展个人学习。然而微学习开展的平台更多的是移动终端，开展的场所是不固定的，开展学习的时间也是不确定的，并且是碎片化的。微学习工具不仅需要具备能够支持微学习者有效开展学习的一般在线工具的功能，同时这些在线学习工具还要能够支持在移动终端的便捷使用。微学习工具支持的个人学习系统或环境显然也不能脱离整个学习环境或情境的支持。在设计与应用微学习工具时，应当从微学习者所需工具服务的类型与特征出发，从整体上架构微学习工具的设计。

微学习工具是能够支持学习者在移动终端上顺利获得微学习资源而开展微学习活动的一系列工具。微学习工具能够被使用的前提是其能在微学习设备中得到便捷使用。从现有的 Web 2.0 工具来看，大部分工具已经能够以 APP 的形式应用于移动终端。对应用软件的 APP 设计与改造使在移动终端使用这些软件成为可能，这些 APP 基本实现了个人电脑端工具的功能，然而在使用的效果，以及对微学习资源或平台的无缝接入方面的相关研究还不是很多。

从微学习者开展微学习活动的整个过程来看，首先微学习者要能获取微学习资源，因而可在移动终端使用的浏览器或专门的资源平台提供必要的接口，方便学习者进入。其次在观看环境上，需要有工具支持学习者在观看时对所需要的文字、图片、音频、视频的顺利阅读，在正常播放与暂停、前进、后退、重复播放时的速度与呈现质量上均能提高学习者的满意度。而在笔记、反思与互动环节，需要有工具支持即时的文字、图片等形式的输入，也便于学习者及时查看互动信息。最后在评价环节上，如何在移动终端上顺利开展测试或调查，甚至提交作业，这些功能的实现都依赖于适合移动终端的在线学习工具的支持。因此，从满足学习者的学习需求来看，微学习工具首先应当包含信息查询与检索工具、发布工具、同步交流工具、异步交流工具、写作或笔记工具，除此之外，还应当包括一些辅助工具，如思维导图工具、计算统计工具、计划制订工具、日程工具、事务提醒工具，以及简易图形、图像、音视频处理工具等。而作为微学习活动开展的平

台，应当在设计上包含这些工具，或者允许相关工具的APP能够无缝接入。

在设计微学习工具时，为了更好地为学习者开展微学习活动服务，微学习工具并不是游离于整体学习环境或背景之外的，而是作为微学习的一部分，应当被纳入整体设计的框架中进行设计与思考。学习者开展微学习活动，除了个人学习系统之外，必然还包含可供学习者学习的对象系统。在微学习者学习对象系统中，围绕微学习内容而协调微学习目标、微学习评价以及微学习任务、指导、作业的相互关系。微学习者学习对象系统并不是以微学习目标为中心的，而是着眼于更优质的微学习内容设计，旨在为学习者提供丰富的、实用的微学习内容。因而，围绕微学习内容的微学习评价、微学习任务等，旨在帮助学习者达成对微学习内容的掌握。微学习工具作为学习者直接的工具支持，首先直接作用于学习者个人的学习环境中，帮助其实现微学习活动，并能够支持学习者与其他学习者、学习同伴进行有效的互动交流。同时教师或设计者、微学习环境，以及围绕微学习内容形成的学习对象，也依赖于通过微学习工具与学习者的个人学习环境形成联系。虽然教师或设计者看似游离于学生直接或间接的学习系统之外，然而教学设计是在学习发生之前的研究工作，因而更加需要教师或设计者对各个系统与环境进行充分的剖析，以形成恰当的教学设计，为学习者提供可学习的对象、学习工具、学习环境与学习活动等（图2-9）。

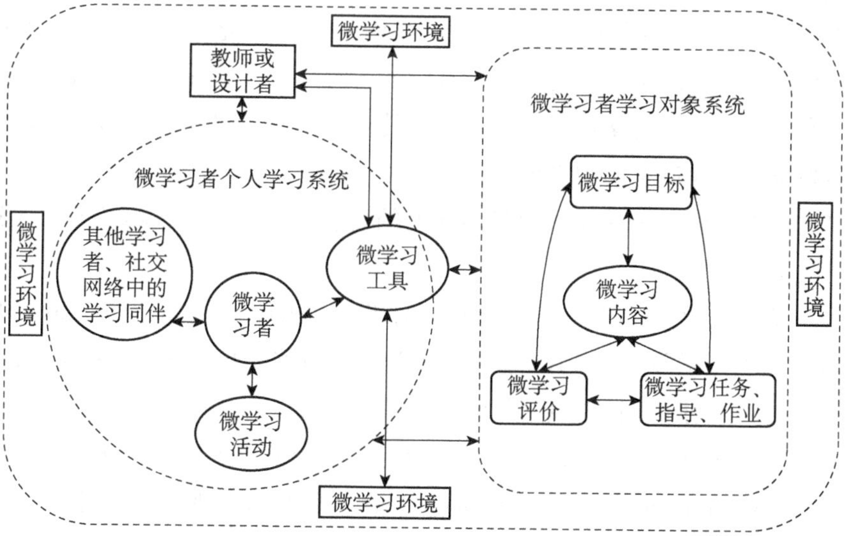

图2-9　基于个人学习系统的微学习工具与微学习整体设计的关系

第四节 微学习环境：后泛在学习环境的建构

学习环境对于学习过程与学习结果的重要性历来受到研究者的关注，从对传统实体课堂学习环境的研究开始，大量的研究就集中在课堂学习环境如何影响学习效果上。随着时代的发展，学习环境得到拓展与延伸，人们对学习环境的认识也不断发展与演进，人们从更加宽广的视野看待学习环境的构成。学习环境是开展学习活动所依赖的重要学习空间，微学习环境同样为微学习的开展提供了重要的环境基础。微学习所需要的环境支持是对实体课堂环境的重构与后泛在学习环境的构建。在后信息时代，如何体现后泛在学习环境的建构，还是需要从学习者的个性化学习需求出发进行研究。

一、课堂学习环境研究的发展历程

古时有“孟母三迁”，说明了学习环境对人的影响。而今，受到教育学与心理学理论发展的重要影响与启发，从课堂内的学习环境到课堂外的学习活动环境，再到今天的在线学习环境，学习环境的研究历经了多个发展阶段。学习环境评价研究的深入，使得学习环境逐渐成为能够符合学习者学习的合适的环境，从而在客观条件上促进了学习者的学习。

根据对国内外关于课堂学习环境研究的梳理，课堂学习环境的研究大致有三条研究线索。

第一条线索是从心理学研究的启发逐步展开的。一般认为，Lewin 开启了心理学研究视角的课堂学习环境研究先河。20 世纪 30 年代，Lewin 将物理学中“场”的概念移植到了心理学领域，认为人的行为是由个人与环境的相互作用决定的，即 $B=f(P, E)$，其中，B 为行为（behavior），P 为人（person），E 为环境（environment）。这里的环境指的是一个人的心理环境，不仅包括个体客观存在的外部地理或社会环境，还包括对个体行为有影响的一切事实。

Lewin 揭示了环境与个体间的互动关系是人的行为的重要影响因素，这对后续的研究者有极大的启发。Murray 的“需要-压力”理论也强调行为是个体与其所处环境相互作用的结果，但他把个人因素 P 称为需要，把环境因素 E 称为压力，需要就是为个体行为提供方向和动力的组织倾向，压力则是支持或阻碍个体表达或满足需要的外部环境。需要与压力是两个相互补充但不一定是相互支持的概念。

由心理学研究开启的学习环境研究逐步将研究焦点聚焦在课堂学习环境的测量与评价上，这是课堂学习环境研究的第二条线索。对课堂学习环境研究的方法主要有客观与主观两种方法。客观研究方法主要是研究者对课堂学习环境进行直接观察的方法，而主观研究方法则是以生活于环境中的教师和学生的感受来评价课堂学习环境对教学过程与教学结果影响的方法（Wong，et al.，1997）。Wade（1935）主张确立个人外显行为的指标来进行课堂行为研究，而记录材料则要符合客观性和准确性的要求。他率先开发了准确观察和记录幼儿社会行为的技术，这种技术还被用于记录特定的社会情境以及收集研究资料和创设心理测量情境。在此基础上，他还进行了学校环境评价工具的研究与开发工作，设计了一个学校环境评价问卷并开发了相关的研究方法与技术，出版了关于学校环境评价方法的第一部专著——《作为学生环境的一部分的中学测量》（*A Measurement of the Secondary School as a Part of the Pupil's Environment*）。Fraser（1986）在他的《课堂环境》（*Classroom Environment*）一书中概述了课堂学习环境研究的发展过程，其中在评价研究方面，他提到 Rosenshine 把课堂学习环境的策略指标分为“低推论”和“高推论”两种：低推论是以具体的、外显的环境现象为基础的变量；而高推论则强调被试对课堂实践意义的判断以及他对这些事件的感受。Anderson 等（1946）对 23 种教师行为和 7 种学生行为进行了研究，他们认为，教师和学生的行为可以概括为社会整合（socially integrative）行为和支配（dominative）行为两类。社会整合行为有利于学生独立性和创造性的发展；而支配行为则会使学生的行为变得压抑，并缺乏独立性。Fraser（1986）还提到了 20 世纪 60 年代以后，课堂学习环境的评价逐渐采用访谈和问卷的方法。其中问卷方法的应用最为广泛，他列举了四条使用学生问卷评价的优势。随后，关于课堂学习环境评价的研究，有学者从课堂的社会情感气氛维度，从社会心理气氛的人际关系、个人发展与目标定向、系统的维持与变革三大维度，以及课堂学习环境与学生发展维度等视角开展了大量的从宏观理论建构到微观测量的研究（屈智勇，2002）。

关于课堂学习环境研究的第三条线索则是从系统论、结构论的维度，对环境的整体结构、环境在教学系统中的构成，以及对教学过程和结果影响的研究，这体现了课堂学习环境对学习的重要影响，以及环境因素或其构成对整个教学的影响。Siegel 于 1967 年提出了教学的格式塔结构，他认为教学结构包括课程、学习者、学习环境和教育者四个因素。Walberg 和 Cooley 将教学过程理解为三个领域：教学、学习者的先天能力和学习环境。Harnischfeger 和 Wiley 则认为学生的成绩与教学过程和背景变量有着直接或间接的联系，教学过程即课堂环境，背景变量则包括学生的先天素质和课程的特点（转引自：Fraser，1986）。Moos 把人文社会环境分为三个维度：一是关系维度，包括人际关系的类型和强度，以及人与人之间互相帮助与支持的程度；二是个人发展维度，是指环境中所具有的自我增强和发展的方向与方式；三是环境的维持和变革维度，包括维持环境的有序性和结构性、达成期望及对变化的控制。而从生态学视角进行整体教学环境建构的研究，则把学校视为一种重要的生态环境，研究学校生态环境中个体与环境的关系及构成要素。早在 20 世纪 40 年代，巴克和赖特认为，人类行为的生态环境由物理环境和行为程序构成。1964 年，巴克和冈普对学校规模与学生行为的关系进行了细致的研究。随后关于学校生态环境的研究不仅从范围上不断拓展，从深度上也不断向纵深发展。华盛顿大学的 Goodlad 提出，学校是一个文化生态系统（cultural ecosystem），期望从管理的视角，统筹各种生态因子，建立一个健康的生态系统（healthy ecosystem）（转引自：陆根书，杨兆芳，2008）。

二、学习环境的研究及其构成

互联网技术的发展及其应用已经从信息服务发展到信息交互，并逐步发展为信息订制。互联网环境也在不知不觉中渗透到学习领域，在学习过程中，我们需要利用互联网获取学习资源、交流学习心得、共享学习成果等。关于学习环境的研究从课堂走到了课外，从课外走到了互联网上。学习环境在教育学与心理学发展的推动下，伴随着互联网技术的不断进步，特别是 Web 3.0 技术的推动，不断向更加普世化而又个性化、智能化、友好化的方向发展。

中国知网的数据显示，自 2001 年虚拟学习环境的研究开始，到 2008 年提出个人学习环境，再到2012年，智慧学习环境的研究逐渐增多（塔卫刚，2018），人们对学习环境的认识也不再局限于物理环境等狭隘的场域观点，认为学习环境是一个基于多种多样的物的要素、人的要素而动态构成的信息环境，借助所有感官，如学习者的视觉、听觉、触觉等体验到的信息总体（钟启泉，2015）。学习环境是一种教学隐喻，是为了促进学习者发展特别是高阶能力发展而创设的学习空间。学习环境支持以学习者为中心的学习方式，是一个学习者在学习目标达成与问题解决活动中，可以使用多样的工具和信息资源并互相合作和支持的场所（钟志贤，2005）。美国21世纪合作学习组织发布的《21世纪学习环境白皮书》中对21世纪的学习环境的理解是，在今天这样一个被互联网技术推动的世界中，学习环境可以是虚拟的、在线的、远程的，换言之，学习环境已经不再仅仅是以往所理解的物化、真实的环境。学习环境成为学习的一个支持系统，可以为帮助人们更好地学习而组织必要条件，为每一个学习者的独特学习需要提供支持，支持能够促进有效学习的积极人际关系的建立。因而学习环境可以被理解为一个系统结构、一套工具、不同的社区，旨在帮助学生和教育者获得21世纪所需的知识与技能。在这个环境中，技术、空间、时间、文化和政策等构成学习的物理学习空间和技术系统，这些都将影响学习者的正式学习与非正式学习。

在课堂学习环境研究过程中，研究者从各自的研究视角开发了不同的学习环境测量工具，这些工具的维度可以说构成了学习环境的要素（表2-4），这些环境要素多数从学习者个体或群体的内在心理维度切入，强调了主体参与或卷入学习环境对学习的影响。

表2-4　学习环境的测量工具

工具（量表）名称	维度
学习环境调查问卷（Learning Environment Inventory，LEI）	团结/凝聚力，多样性，冲突/摩擦，速度，偏爱，难度，派别，竞争，满意，正式性，冷漠，物理环境，目标定向，民主，无组织（Fraser，et al.，1982）
课堂环境量表（Classroom Environment Scale，CES）	卷入，任务定向，团结，竞争，教师支持，教师控制，创新，规则明确，有序和组织（Moos，Trickett，1987）
个性化课堂环境调查问卷（Individualized Classroom Environment Questionnaire，ICEQ）	人格化，独立性，参与，差别化/分化（Fraser，1985）

续表

工具（量表）名称	维度
我的班级调查问卷（My Class Questionnaire Inventory，MCI）	团结，竞争，冲突，困难，满意（Fraser，et al.，1982）
建构主义课堂环境调查问卷（Constructivism Learning Environment Scale，CLES）	个人相关性，批判的声音，科学不确定性，共享控制权，学生协商（Taylor，et al.，1997）
科学实验课堂环境调查问卷（Science Laboratory Environment Inventory，SLEI）	学生凝聚力，开放性，物理环境，融合，规则明确（Fraser，et al.，1992）
教师互动风格问卷（Questionnaire on Teachers' Interaction，QTI）	帮助/友好，领导，理解，责任与自由，不满，不确定性，帮教，严格（Wobbles，Levy，1993）
班级中发生什么调查（What is Happening in This Class，WIHIC）	学生冲突，调查，教师支持，任务取向，参与，合作，权益（Aldridge， Fraser，2000）

资料来源：陆根书，杨兆芳. 2008. 学习环境研究及其发展趋势述评. 高等工程教育研究，2：55-61

20 世纪 90 年代至 21 世纪初，研究者受到学习理论发展的影响，逐步呈现出对“建构主义”学习环境的认同。他们逐步达成共识，认为学习环境是一种学习空间/场所，支持自主、探究、协作或问题解决，体现学习者主导的系统等。通过对学习环境的定义或理解，可以将学习环境的构成整理为不同的要素观（表 2-5）。

表 2-5　学习环境的要素观

要素观	组成要素
四要素观	情境、资源、工具、支架
五要素观	任务呈现情境、信息库、符号簿、建构工具、任务管理者
六要素观	问题/项目空间、信息资源、认知工具、相关案例、学习共同体、社会性支持
认知学徒	内容、方法、序列、社会性
学习生态	外部社会文化环境层、学习活动、信息资源、技术、学习社群

资料来源：钟志贤. 2005. 论学习环境设计. 电化教育研究，147（7）：35-41

对比表 2-4 和表 2-5 可以看出，在不同历史阶段，研究者对学习环境的研究发生了巨大变化。首先，在对学习者的关注程度上，在强调以学习者为中心的建构主义学习理论的指导下，学习环境的要素观并没有指向具体的学习者，在部分要素观中用“学习共同体”与“学习社群”来描述对学习者的关注。对学习环境的研究从关注学习者的参与或卷入、体验等逐步转向系统观与整体论的视角。学习环境不再是学习者可以体验的学习环境，而是设计者需要综合考虑而进行的环境设计。这一点是当前学习环境研究逐步扩大研究范畴的结果，当前研究将所有可能与学习有关的学习支持都纳入学习环境的范畴，“普适”有余，“个性”不足。其次，当前学习环境的要素观无不突出学习的任务、问题、项目或活动，以学习活动开展串联学习环境的设计，而与关注课堂教学目标的达成形成了鲜明的对比。唯目标的学习环境旨在帮助学习者快速、有效地达成既定学习目标，而忽视了教学过程、学习情境、群体学习交互等可能带给学习者的收获。因而，学习环境的要素观不论是基于任务、问题、项目，还是基于活动的学习环境设计，都能将情境、资源与工具等整合到系统设计中，体现活动过程、情境感染与群体智慧。因而，从上述两点分析来看，当前学习环境的变化使得研究者关注的焦点也发生了变化，然而在关注学习者的学习体验与以活动为过程的两个设计原则上，需要统整学习环境研究的相关理论，拓展关于“学习环境”概念的理解，在具体的学习环境设计中体现以学习者为中心与活动体验过程。

三、后泛在学习环境的重构

泛在学习可以被通俗地理解为“无处不在”的学习，可以实现“4A”的学习目标——任何人在任何时间和任何地点可以学习到任何想要学习的内容。国内外学者从各自的研究视角对泛在学习进行了定义（表 2-6），泛在学习被理解为一种学习方式、一种学习工具、一种学习环境、一个学习过程等。研究者对于泛在学习是一种学习环境，或者说泛在学习依赖于一种泛在环境的说法，已经达成共识。由泛在计算等技术所形成的学习工具及其构建的学习环境，使得泛在学习得以实现。从这些定义中不难看出，泛在学习具有泛在性、适应性、即时性、社会性、交互性与无缝性等特征（陈敏等，2018）。泛在性表现为泛在的学习行为、学习接口、学习支持服务；适应性表现为学习内容能自适应不同的移动设备，能够为学习者提供个性化的支持；即时性表现为获取信息的即时性；社会性则表现为便于泛在地互动；交互性表现为师生、生生间的同步或异步交流顺畅；无缝性表现为无缝地支持学习行为与过程。

表 2-6　泛在学习的定义

作者	定义
白娟，鬲淑芳（2003）	泛在学习是一种学习方式，学习者可以在近乎无限的数据库中摄取知识，也可以与学伴和教师交流
付道明，徐福荫（2007）	普适计算环境的泛在学习是指在信息空间与物理空间相融合的空间里，学习的发生、学习的需求以及学习资源无处不在，学习者可以得到普适计算环境随时、随地的支持
梁瑞仪，李康（2009）	让学生在基于无缝链接的信息环境中随时随地自由化学习
肖君等（2015）	泛在学习旨在构建一种智能的、无处不在的学习环境，信息可以主动以某种方式呈现给学习者
段春雨，蔡建东（2016）	泛在学习是利用信息技术创设一种学习环境，在此环境中，学习者可以随时、随地、随意地使用手边的数字设备或工具进行各种学习活动
Gros 等（2016）	泛在学习是学习者可以在任何时间、任何地点、任何情境中使用任何设备实施的学习过程
Virtanen 等（2017）	泛在学习环境增强了在任何时间、任何地点进行情境感知和无缝学习经验的获得感

泛在学习的提出，一方面体现了学习者的学习需要，另一方面也说明了当前的技术或环境在积极响应学习者的个性化学习需求下而不断发展，从而能够支持开展泛在学习活动。泛在学习使得学习者可以在任何时间与任何地点开展学习，将学习的主动权让位于学习者，延伸了学习时空，拓展了学习渠道，便于开展非正式学习，并实现终身学习。不仅如此，泛在的概念还体现在传统的教室环境中。受到泛在学习理念的影响，当前的面授学习环境也发生了变化。在《新媒体联盟地平线报告（2017 高等教育版）》（*NMC Horizon Report：2017 Higher Education Edition*）中，“重新设计学习空间”（redesigning learning spaces）成为未来 3～5 年推动高等教育发展的技术。这里的学习空间主要是指实体课堂，数字化战略推动实体课堂的学习空间得以重新设计，注重新型实体课堂学习空间的互动性、移动性、灵活性与支持多设备使用等。而对于在线合作项目的开展，则借助互联网技术，提高通信效果，帮助实现在线合作研究。利用虚拟现实技术，在 3D 技术支持下实现仿真，重现真实世界的工作和社会环境。通过建立自适应的学习空间，改善现有的实体课堂，使得学习空间逐步满足不同学习者的需要。而在该报告中，重构学习空间的实现年限缩短了，加快重构学习空间刻不容缓。学习空间被理解为积极学习的必要条件，因而高等教育中的“积极学习教室”（active learning classroom）应当被推广，它将与“创客空间”（makerspace）一起

帮助学习者发现、解决问题，创造知识。尽管有众多研究表明“积极学习教室”能够促进学习，但是仍然有一些研究者认为过分依赖“积极学习教室”可能会产生不良后果，比如，给教师带来空间适应困难，或造成技术负担等。同时，在一些学校，只能有一小部分教室被改造为“积极学习教室”，这样也会造成学生共享学习空间的不平等。鉴于此，该报告还为政策制定者、管理者或实践者提出了一些建议。

不论是改造教室学习环境，还是打通正式学习与非正式学习时空的通道，都体现了泛在学习环境的优势及其对学习产生的影响。“4A”学习环境的构建毫无疑问为微学习提供了重要基础，符合微学习中“微”的显著特征。泛在学习环境的变化促进了微学习的形成，而微学习的学习需要则反过来推动了泛在学习环境的进一步重构。微学习体现的“后”时代特征，就是在线学习环境符合个性化学习的要求。在后信息时代，用户对信息的个性化需求同样体现在微学习中。因而后泛在学习环境的重构应当成为实现微学习活动的必要条件。对“后”时代的理解是多元的，从文化形态上来说，它体现了创新、批判，以及在此基础上而凸显的个性化呈现与表达；从学习方式上来说，它则体现了学习者把握学习的主动权，将非正式学习与正式学习融通，“随心所欲”地利用碎片化时间学习零散的内容。微学习的后泛在学习环境延续了泛在学习环境的重要特征，并且在个性化学习支持以及符合学习者需求的学习资源的主动支持服务上的特点更加突出。如果说泛在学习是在泛在计算、移动互联网技术等支持下产生并逐渐形成的一种学习方式、学习环境，那么后泛在学习则是在互联网智能技术等支持下逐步满足学习者个性化学习方式的一种学习环境。因此，支持微学习的后泛在学习环境在实体或虚拟环境中的重构与搭建，应当将个人订制与智能服务的后信息时代特色服务同样体现在微学习中。

因此，综合对学习环境的认识，以及微学习环境的后泛在性特征，对微学习环境的研究应不仅仅局限于通常意义上的教室学习环境、在线学习系统或平台等时空意义上的环境，还应包括微学习内容的学习情境、微学习群体学习的互动空间、微学习共同体的形成、微学习共同体的学习氛围，以及在微学习过程中微学习者个体与群体所形成的共同的学习文化等。在创设微学习环境的过程中，需要结合微学习资源的其他相关构成要素，充分体现微学习环境的这些独特表现，以突出微学习的优势。

第五节　微学习评价：部分与整体的意义建构

对微学习的评价，从宏观视野上着眼于发展性评价，关注终身学习目标，促进知识的整体意义建构，促进人的全面发展。在具体的微学习设计与开发过程中，应兼顾过程与结果的基于目标分类的微学习评价设计，达成相应微学习内容的阶段目标与总体目标、当前目标与长远目标。因而，在进行微学习评价设计时，必须首先明确评价原则、评价标准、评价主体、评价对象等，在不同评价主体间建立联系的桥梁，进行共同协商、建构，使得评价最终为最大程度地满足学习者的个性化学习需求服务。

一、着眼于发展性评价的终身学习的整体意义建构

在2015年国际教育信息化大会上，习近平总书记发来贺信，强调因应信息技术的发展，推动教育变革和创新，构建网络化、数字化、个性化、终身化的教育体系，建设“人人皆学、处处能学、时时可学”的学习型社会。[①]微学习有效利用学习者的碎片化、非正式的学习时间，将学习内容进行片段化处理，形成个性化订制的微学习内容，通过移动互联网技术，实现在任何移动终端学习的可能，为正式学习与非正式学习提供了新的学习方式，也为学习者的终身学习提供了一种新的模式。因而，微学习的评价在宏观目标上应当着眼于发展性评价，关注学习者终身学习的目标，以促进知识的整体建构。

发展性评价的理念是在对行为目标的结果性、生成性目标的过程性进行评价的基础上发展起来的。对目标研究的主要贡献起源于泰勒的《课程与教学的基本原理》，他所倡导的行为目标取向的课程与教学研究成果影响深刻，由于特定历

① 新华网. 习近平致信祝贺国际教育信息化大会开幕. http://www.xinhuanet.com/politics/2015-05/23/c_1115383960.htm［2018-12-03］.

史时期的社会需要，他的研究成果在当时的课程发展中取得了较好的效果。行为目标取向的代表人物主要有博比特（Bobbitt）和泰勒。博比特在《怎样编制课程》（1924 年）中具体列出了 10 个领域中的 800 多个目标，将课程目标具体化、精确化是课程科学化的反映。而泰勒提出的四步课程与教学模式，在确定课程与教学目标之后，后续的步骤都是围绕该课程与教学目标展开的。行为目标取向充分迎合了美国当时的“刺激—反应”这一行为主义学习理论的观点。在今天看来，这种课程目标取向完全忽视了课程实施过程中学生因个体差异而可能发生的变化以及教师的主观能动性。随着人们对课程与教学研究的反思，人们对行为目标取向的批判日益激烈，由此形成了第二种课程与教学目标取向，即生成性目标或称为展开性目标，其代表人物是杜威和斯滕豪斯。根据杜威的“教育即生长”的观点，生成性目标更加强调课程实施过程中教师可以根据课堂教学的实际情况而提出相应的目标。杜威认为，目的不应该是预先规定的，而应该是教育经验的结果。斯滕豪斯（1989）则指出，课程必须建立在对课堂教学研究的基础上。他充分强调了教师的研究作用，教师应该是课程的主要研究者，而不是被动的实施者。他们都充分强调了课程主体在课程实施过程中的重要作用。而产生于 20 世纪 80 年代之后的表现性目标（其代表人物主要是艾斯纳），则体现了目标的开放性，关注人的个性发展。其强调以人为主要关注对象，注重人的主观创造性、个性化的特征，同时关注不同课程的具体情境。从此，人们对目标的看法不再是封闭的结果，而是开放的过程与结果（表 2-7）。

表 2-7　教育目标的三种取向

目标取向	流行时间	代表人物	主要观点
行为目标	20 世纪 60—70 年代	博比特、泰勒	目标具体化与精确性，注重结果
生成性目标	20 世纪 70 年代	杜威、斯滕豪斯	目标的过程生成性，强调过程
表现性目标	20 世纪 80 年代	艾斯纳	目标的开放性，关注人的个性发展

终身学习的发展性评价以人的全面发展为终极目标，因而这种发展性目标首先应当承认个体间存在的差异性，而人的发展又由于这种差异性而存在发展目标的要求不一。对于每一个个体而言，能够达到个体发展的目标就是成功的学习。微学习在短时间内为不同个体呈现适合的学习内容。学习者根据各自的学习需要“各取所需”，自定步调，以达成个性化的学习目标。因而微学习的评价方式正体

现了发展性评价的要求。然而在发展性目标的原则下，关注具体微学习活动的阶段性目标与生成性目标同样具有重要意义，这为可能发生的发展性变化提供了重要基础。因此正如艾斯纳提出的，应根据特定教学活动来设定不同的目标，如行为活动有行为目标，解决问题的活动有解决问题的目标，表现性活动有表现性目标，发展性活动有发展性目标，而这些微学习目标最终指向对个体的终身学习的发展性评价上。

二、兼顾过程与结果的微学习评价的目标分类

从目标的维度考察评价的原则与方法，则必然涉及传统课程与教学研究领域，泰勒围绕目标达成而提出了“课程与教学的基本原理”。这样的课程与教学方法或模式遭到后世学者的极力批判，唯目标的教学过程显然会忽视过程发展以及每个学生的个体发展差异。关于目标的评价被不断排斥，然而不论是在过程评价还是结果评价中，目标仍然是一个重要的评价依据，关键在于如何看待与评价目标。对课程、教学的评价与对学习的评价一样，关键在于采取科学、正确的原则、方法，面对合适的对象开展评价，由此才能摸索出符合人的发展的评价模式。从过程的视角进行目标实现的整合评价，显然能够兼顾“过程”与“目标”各自的缺陷。因而，回顾泰勒在制订任何课程和教学计划时必须回答的四个问题，可以将这四个问题梳理成基于“结果与过程”维度的目标类型（表 2-8）。

表 2-8　泰勒关于教学目标问题的目标类型

问题	目标类型
学校应该达到哪些教育目标？	终极目标
如何选择可能有助于达到这些目标的学习经验？	过程目标
如何为有效的教学组织学习经验？	过程目标
如何评价学习经验的有效性？	过程目标、终极目标

“学校应该达到哪些教育目标？”这是一个需要回答关于教育结果的问题，因而属于终极目标。而在此过程中，进行达成这些目标的学习经验的选择和组织，显然要时刻对比终极目标，而完成过程目标需要在设计过程中对学习经验的

有效性进行选择、组织和反复评估，因而评价学习经验的有效性则体现了过程目标与终极目标的整合。泰勒关于教学或课程开发所列出的这四个问题，成为教学或课程设计的主要问题，也可视为可借鉴的重要流程。对于微学习的设计与开发而言，不仅需要思考这些问题，如“某一片段的学习应该达到哪些阶段性的微学习目标”“如何选择可能有助于达到这些微目标的微学习经验”“如何为有效的学习组织微学习经验”“如何评价微学习经验的有效性”等，还需要将其对应相应的目标类型，思考片段式的学习经验，以实现微学习设计与开发的过程目标与终极目标。微学习的过程目标的达成，需要运用评价来提升片段式微学习内容的有效性，从而达成掌握碎片化知识的目标。而微学习的终极目标的达成，则依赖于微小目标的不断累积，最终形成部分促进整体的意义建构，实现知识体系的个人知识建构。因而对于微学习的目标评价，不仅体现在一个完整的微学习过程中的兼容过程与结果的评价上，还体现在微学习目标与整个知识体系的过程目标与终极目标的达成评价上。

从“目标分类”的维度谈及评价，不得不提及应用最为广泛的布鲁姆的“教育目标分类”。他在《教育目标分类学：认知领域》（1956）中，将认知领域中人的认知教育目标按照由简单到复杂、由低级到高级的顺序分为知道（knowledge）、领会（comprehension）、应用（application）、分析（analysis）、综合（synthesis）与评价（evaluation）。1964 年，克拉斯沃尔、布鲁姆和马西亚出版的《教育目标分类学：情感领域》将情感领域的教育目标分为接受（注意）（receiving，attending）、反应（responding）、价值判断（valuing）、组织（organization）、价值观念或价值复合体的个性化（characterization by a value or value complex）。在认知与情感领域目标分类的基础上，哈罗（Harrow）和辛普森（Simpson）于 1972 年分别对动作技能领域的教育目标进行了分类。克拉斯沃尔和斯特瓦特在 1973 年对上述二人的动作技能领域的教育目标分类进行了归纳，形成了动作技能领域的五类教育目标。不同知识领域的教育目标分类如表 2-9 所示。

表 2-9　不同知识领域的教育目标分类

知识领域	产生时间	代表人物	具体分类
认知领域	1956 年	布鲁姆、克拉斯沃尔等	知道、领会、应用、分析、综合与评价
情感领域	1964 年	克拉斯沃尔、布鲁姆、马西亚	接受（注意）、反应、价值判断、组织、价值观念或价值复合体的个性化

续表

知识领域	产生时间	代表人物	具体分类
动作领域	1972 年	哈罗	反射动作、基本动作、知觉能力、体能、技巧动作、有意义的沟通
	1972 年	辛普森	知觉、准备、指导的反映、机械练习、复杂的外显反应、适应、创造
	1973 年	克拉斯沃尔、斯特瓦特	基本动作（外力动作、操作动作、肢体动作）； 准备：提示的敏感性、提示和行为选择、定势； 动作技能发展：心理映象转化为动觉、正确行为的形成； 动作模式发展：动作模式的形成、动作模式的完成； 修改和创造动作模式：修改动作模式、选择和修改动作模式

在行为取向的目标分类基础上，关注生成性与发展性目标，后续有关课程目标制定的研究体现了课程目标具体化与灵活性的特点，形成了多种维度的个性化创新，其中日本学者梶田叡一于 1982 年在其《创造生动活泼的学校教育》中，根据不同知识领域的教育目标分类提出了达成、提高与体验三种目标（表 2-10）。

表 2-10　三种知识领域的三种目标

知识领域	达成目标	提高目标	体验目标
认知领域	知识、理解等	逻辑思维能力、创造性等	发现等
情感领域	兴趣、爱好等	态度、价值观等	感触、感动等
动作技能领域	技能、技术等	熟练等	技术成就等

微学习过程与结果的目标评价，显然也需要依据微学习内容的知识在不同领域的分类来开展相应的评价。针对认知领域的微学习内容，需要达成从知道到评价的哪一个层级的目标，应该同时兼顾达成目标、提高目标与体验目标的层级要求，体现微学习内容评价的全面性。同样，针对动作技能和情感领域的微学习内容，应该达成哪种分类的哪项目标，也需要进行过程目标与终极目标的确定与设计。

三、微学习评价的设计与方法

微学习评价是在满足个性化学习需求的原则或标准下而开展的，主要由学习者和微学习设计与开发者实施的，针对微学习资源的评价过程。因而微学习评价需要综合考虑评价原则、评价主体与评价对象等因素进行设计。而在具体方法或流程上，则需要依据评价主体的不同，在共同协商、建构的基础上最终实现满足个性化学习需求的目标（图 2-10）。

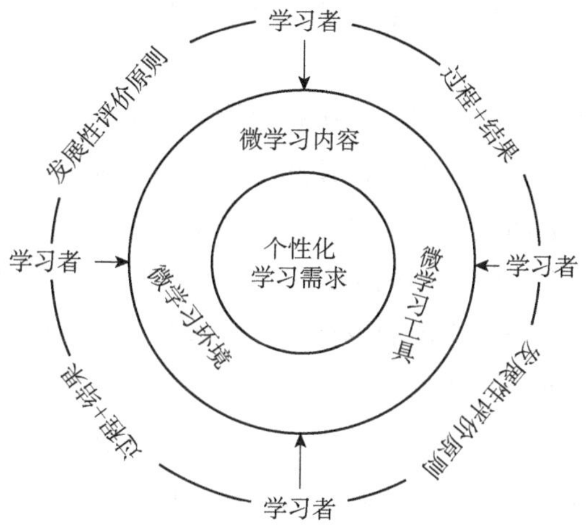

图 2-10　微学习评价的设计

（一）微学习评价的设计

关于评价问题，必然涉及采取什么样的评价原则、由谁来评价什么内容、以达成什么样的评价标准，因此关于评价原则、评价标准、评价主体、评价对象等问题，同样是微学习评价需要明确的诸多问题。

第一，必须确立评价原则。在微学习中，评价原则必然是围绕学习者终身学习的发展而确立的更加开放的、长远的原则，同时又是能体现过程与结果、兼顾当前目标与长远目标的原则。评价原则应既能关注学习者在微学习过程中的主要体验，又能着眼于具体的、微小的目标累积，以逐步达成微学习的长远目标与终极目标。如在一个单元学习或片段学习过程中，学习者通过多次反复学习与训练，既能充分把握这个单元或片段的学习内容，又能在今后的更多单元或片段内容的学习中做到对单元或片段内容知识的融会贯通，做到有意义的整体建构。

第二，必须确立评价标准。评价标准是评价的依据，学习过程设计或结果达成的依据是整个评价实施的基本前提。在微学习过程中，对于每一个学习者个体而言，开展微学习活动的目的是满足个性化学习需求，这种个性化学习需求对学习环境、学习内容、学习工具等都提出了能够适应与匹配个性学习的要求。因而，不论哪个评价主体，不论开展针对什么样的评价对象的评价，都是以学习者的个性化学习需求为标准而开展的评价。微学习者的个性化学习需求体现了后泛在学习的特点，在评价过程与结果的呈现中，需要对照这些特点对相应的评价内容进行评估。

第三，要厘清评价主体的问题。从利益相关者角度而言，教育教学研究与实施的各个利益相关主体主要有教育行政部门、学校管理部门、外部评价专家，还有关注教育发展的社会团体、家长以及教师与学生等，他们都是评价的主体（卢立涛，2008）。微学习发生的场域涉及正式学习与非正式学习，因而其利益相关主体较多，但是学习者与微学习的设计与开发者是微学习的主要评价主体。学习者在微学习过程中开展的自我学习过程与结果的评价，既是在审视微学习内容、微学习工具与微学习环境等是否能够满足自我的个性化学习需求，也是在匹配自我学习需求这一评价标准的过程中评价自己学习的效果如何，是否掌握了认知、技能或情感等相应类型的知识。将微学习的设计与开发者作为评价主体，也是以学习者的个性化学习需求为标准，审查微学习的设计与开发过程及其呈现的微学习内容是否能够被学习者采纳，微学习工具或微学习环境能够支持学习者满足相应的学习需求，并开展对学习者学习过程与结果的评价设计，帮助学习者检查是否达成个人的学习需求。

第四，要确定微学习的评价对象。不论哪个评价主体，都需要有相应的评价对象以开展评价。显然，从学习者或微学习的设计与开发者的视角而言，共同的评价对象是微学习资源。微学习资源是学习者的学习对象和重要的学习支撑，微学习资源的价值与作用决定了学习者是否能够利用这些学习资源达成学习需要。学习者作为评价主体直接关心的问题是微学习资源的有效性，同样作为微学习的设计与开发者，他们在设计与开发过程中，需要反复评价微学习资源是否能够在学习者开展微学习活动过程中发挥应有的作用。

微学习评价的设计在发展性评价与兼顾过程与结果的评价原则基础上，以满足个性化学习需求为主要标准，关注正式学习与非正式学习，促进人的终身学习与全面发展。评价的主体主要是每一个学习个体与微学习的设计与开发者，而评价的对象则是微学习资源，包括微学习内容、微学习工具、微学习环境等。因而，微学习资源的设计与开发是整个微学习从设计到实施，以及对学习者产生影响的重要环节。

（二）微学习评价的方法

评价研究历来是一个重点与难点的问题。学习是一个极其复杂的问题，每一个影响因素都有可能对学习过程与结果产生正向或负向的影响。而涉及学习评价的主体较多，不同学习者又存在着个性化学习需求，因而“众口难调”，对评价的设计、实施与结果的表达都是一个挑战。从现有研究来看，评价方法主要有量和质的评价方法，或称为科学实证主义取向与人文主义取向的评价方法。量化评价的认识论基础是科学实证主义，19 世纪中叶，孔德以自然科学为基础创立实证主义哲学，之后实证主义的量化方法被运用到社会学的研究中，唯理性至上，主张以科学、精确为衡量标准的评价，以实验处理的方式对待学习评价。量化评价方式强调信度与效度及相关干扰因素的影响，完全排除主观的个人价值取向。这种课程评价方式以静止与固定的方式看待评价对象，以精确的数据来呈现评价结果，忽视了个性发展的不同可能空间。倡导“走向生命关怀的教育研究”，呼唤采用以人文科学为基础的质的评价方式对待学习过程。因而在学习评价中，评价对象不可能孤立存在，必然与其他事物产生联系，需综合考虑相关影响因素，以描述性的方式、发展的眼光，从整体上对学习进行评价。

根据已有关于评价方法的研究，顾巴（Guba）和林肯（Lincoln）（1989）提出了“共同心理建构”，由此形成了第四代评价方式。他们认为，由于各个评价主体的价值观不同，对学习效果的关注点不同，因而“心理建构”也会不同，而要获得一个较为满意的评价结果，需要通过不断的协商、对话和交流，以各个利益相关者为主体，对评价进行价值判断，缩小分歧的差距，以整合形成一个较为统一的共识。根据他们对评价的时代划分，第一代为“测量时代”，第二代为“描述时代”，第三代为“判断时代”，第四代为二人所创立的“回应、协商、共同的心理建构时代”（表 2-11）。从这四代评价模式中可以看出，课程评价的评价价值取向、评价方法、评价主体及评价对象都发生了变化，总体而言，每一代的评价模式都试图弥补前一代评价模式的不足。这些评价模式所呈现的评价步骤可以为不同评价主体开展对微学习资源的设计与实施评价提供可操作的依据。

表 2-11　四代评价模式的时间、代表人物及成果、主要观点

名称	时间	代表人物及成果	主要观点
测量时代	19 世纪末—20 世纪 30 年代	英国高尔顿的《英国的科学家：他们的秉赋与教养》、法国比奈的“智商测验”、德国冯特的实验心理研究成果和美国桑代克的《心理及社会测量理论》，以及第一次世界大战后的“科学管理运动”	统计、测量技术运用于教育，把评价简单地等同于测量或书面测试
描述时代	20 世纪 30 年代，美国进步教育协会主持的八年研究	泰勒的《课程与教学的基本原理》	评价应该是一个过程，而不仅仅是一两个测验。评价过程中不仅要报告学生的成绩，更要描述教育目标与教育结果的一致程度，从而发现问题，改进课程教材、教学方法、教育方案
判断时代	1957 年以后，美国因苏联卫星上天而发动教育改革	1967 年斯泰克的《评价的面貌》	对已经确定的目标需要进行评价与判断，判断应成为评价的一项基本活动。同时需要建立科学、客观的“价值中立”的判断标准，评价者要成为“最客观的判断者”
回应、协商、共同的心理建构时代	1973 年，1989 年	1973 年斯泰克的《计划评价：特别是回应性评价》率先提出“回应评价”，1989 年顾巴和林肯的《第四代评价》发展了回应评价模式	回应、协商、共同的心理建构

“测量时代”的评价步骤围绕测量展开，可以归纳为选择测量工具、组织测量、提供测量数据（图 2-11），因而书面的纸笔测验成为衡量学习效果与课程质量的重要方法。

图 2-11　“测量时代”评价步骤

泰勒反对将单一的“纸笔测验”作为评价的唯一方式，问卷、观察、交谈、样品收集、记录分析等都可以为是否达到目标提供评价的依据。以泰勒为代表的“描述时代”的评价步骤为：①目标二维分析：行为标题和内容标题；②使学生有机会表现教育目标所隐含的那种行为的情境；③设计一个在这个实验情境中获得学生行为记录的手段；④确定将要用来概括或评估所得到的行为记录的名称或单位；⑤确定这些分等或做结论的方法是否客观。

以斯泰克为代表的“判断时代”的评价流程（图 2-12）以评价主体秉持的相关理论为基础，从先在因素、实施因素和结果因素三个层面对描述矩阵和判断矩阵进行填充，以形成判断结果。

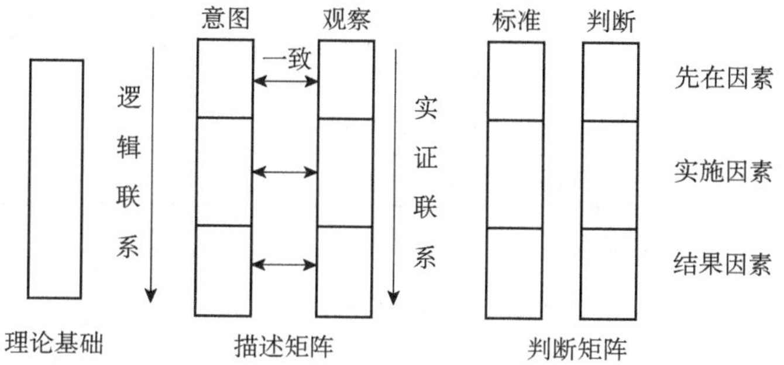

图 2-12　“判断时代”斯泰克的评价流程

第四代“回应、协商、共同的心理建构时代”的评价模式将与课程有关的利益相关者均纳入评价对象与主体中，以回应、协商的方式达成评价共识。第四代评价模式中的利益相关者分为评价的代理人/推动者、受益者和受害者，各类不同的利益相关者由于各自利益归属不同，因而对评价产生的心理预期与倾向不同，为达成某种共识，可通过协商的方式，从而达到共同的心理建构。因而其评价步骤的实施最终体现了整个过程的再循环，直到形成最终的共同建构（表 2-12）。

表 2-12　回应、协商、共同的心理建构评价步骤

步骤	行为	具体做法
1	制订协议	与评价的资助者或评价结果的使用者制订协议
2	组织评价	挑选和培训评价人员；做好深入现场、获取信息的安排；做好评价的后勤安排；评估当地的政治、文化等影响因素
3	明辨各方利益相关者	明晰评价的代理人/推动者、受益者、受害者；研究评价活动策略；判断局限与优势；形成有关制约条件
4	达成每一方的共识	建立诠释辩证的循环体系；找出本组的特点；形成共同建构；检验可信度
5	以新信息增进理解、扩大共识	再次形成诠释辩证循环图；广泛使用已有信息；进行观察、座谈和文献分析；形成评价者的初步建构
6	查明提出的担心和问题	对各方提出的担心和问题进行整理、分类；找出共同点；搁置共同点，提出不同点
7	对未解决的问题进行优先协商排序	在不同点中确定优先协商问题；确定过程与方法；列出优先问题，检验可信度

续表

步骤	行为	具体做法
8	收集信息，增进认识的复杂性	收集信息，培训协商人员；利用进一步的诠释循环收集信息
9	准备协商方案	培训协商人员；提出解释、支持和反驳的意见；检验协商方案
10	进行协商	针对不同方面的意见建立诠释循环图；通过协商建立共同建构；检验可信度；决定应采取的行动
11	提出报告	案例总报告；各利益方报告
12	再循环	做整个过程的再循环

在微学习评价过程（图 2-13）中，开展微学习评价的主体不同，由此形成相对独立的两个评价体系：以学习者为评价主体开展的评价，主要从建立符合个性化学习需求的标准体系入手，再对微学习资源与学习者自我学习的过程和结果开展自我评价；以微学习的设计与开发者为评价主体的评价，同样需要建立符合个性化学习需求的指标体系，对微学习资源与学习者进行评价设计与实施，为微学习的设计与开发过程提供建议，也从学习者的学习效果，即学习结果上验证微学习开发的有效性。尽管在现实的微学习过程中，微学习的学习者跟其设计与开发者之间并未有太多机会进行交流，然而通过师生、生生等的交流与反馈，需要及时地在学习过程与结果评价中开展学习者与微学习的设计与开发者之间的协商与沟通，以形成共同的心理建构，促进最终个性化学习需求的满足。

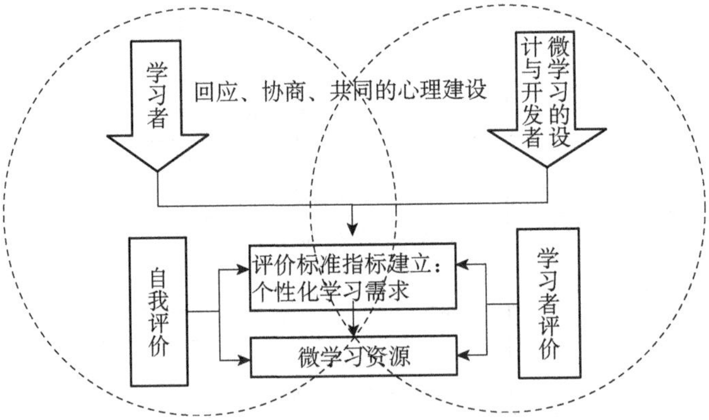

图 2-13　微学习评价过程

第三章 微学习资源的设计与开发

微学习资源的设计与开发是在活动学习理论的支持下，基于微学习资源设计与开发的影响要素进行的活动开发模型的建构。微学习资源设计与开发模型包括微学习者模型的建立与分析系统，以及微学习资源的组织与服务系统。微学习资源的开发过程包含复杂的要素与各个子系统的设计环节，使得微学习资源的设计与开发成为一项复杂的系统工程。然而，微学习系统的成功开发并不仅仅是对微学习资源的完整呈现，还包括对微学习资源的实施过程的预判，以及对微学习资源的使用与学习的反馈。从“持续使用意愿”维度开展信息系统使用研究，可以为微学习资源的开发、反思、修订、完善提供可靠的依据。

第一节　理论基础：活动理论的设计思维

活动理论中的学习理论体现了社会建构主义思想对学习的影响。剖析微学习资源设计与开发的影响因素，对应活动理论中的各个要素，可以看出活动理论能有效支持微学习资源的设计与开发。

一、微学习资源设计与开发的影响因素

从设计的思维进行教学的预设，形成了教学设计的理论与实践研究。传统教学设计理论模式，如 ADDIE 模式（图 2-1）、Dick 的教学设计模式（图 2-2）以及 Morrison 等的教学设计模式（图 3-1）等，得到了广泛的应用。尽管这些教学设计模型存在显著差异，但是它们都试图将教学设计中的诸要素包容在内，且予以明确的说明。这些要素首先是学习者的分析，在大部分教学设计环节中，这个要素的分析通常也是教学设计的起点或核心问题。其他相关要素，如内容组织、媒体遴选、策略选择、评价设计等，构成了教学设计的各个环节，成为设计过程中不可缺少的部分。从传统教学设计到在线学习设计，再到微学习设计，同样离不开对这些要素的分析，缺少任一环节，都将影响教学实施或学习活动的开展。

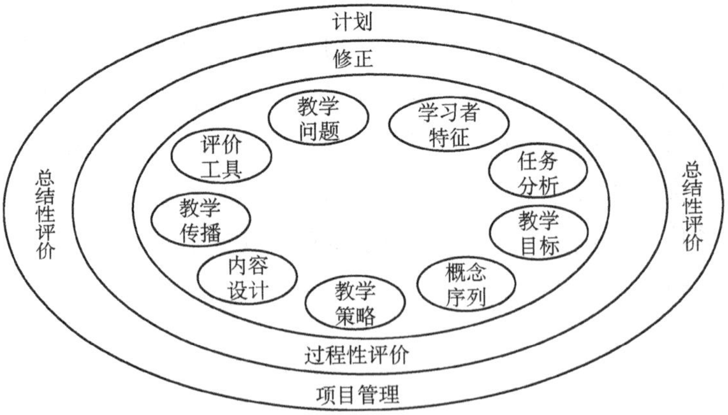

图 3-1　Morrison 等的教学设计模式

在微学习资源设计与开发过程中，这些要素同样构成了微学习设计的重要环节。从微学习资源的构成要素来看，微学习内容、微学习环境、微学习工具与微学习评价是微学习资源设计与开发必须关注的重要内容。微学习资源的设计与开发体现在对微学习内容的选择与组织、微学习环境的创设与构建、微学习工具的选择与设计，以及微学习评价的设计与实施上。对于微学习资源的设计与开发者来说，着眼于微学习资源的设计要素成为最为重要的任务。然而，仅仅从微学习资源的构成来分析微学习资源设计与开发的要素还不全面，这些要素可以被视为微学习资源设计与开发的内部影响因素。对微学习者的分析则构成了微学习资源设计与开发的重要外部影响因素。对微学习者与微学习资源构成的内外之分，仅仅是从内部组织与构成的视角进行划分的，但并不代表外部影响因素所发挥的价值与作用低于内部影响因素的作用。微学习者分析是微学习资源设计与开发的核心之一，既是设计与开发的起点，也是需要达成的最终目标，因而决定了微学习资源的整体设计与开发。如图 3-2 所示，在微学习资源设计与开发的影响因素中，也体现了外部影响因素——微学习者（微学习需要）的中心地位。微学习资源具体内部要素的设计与开发又为学习者量身订制适合的微学习资源，以满足学习者的学习需要。因此，由微学习者、微学习需要、微学习内容、微学习环境、微学习工具、微学习评价等共同构成微学习资源设计与开发的重要因素。各个环节的设计与开发相互映射，达成动态统一的系统结构。因此，微学习资源的设计与开发是一个既需要充分研究各个内外部影响因素，而又能体现各个因素之间相互关系的整体设计方案。

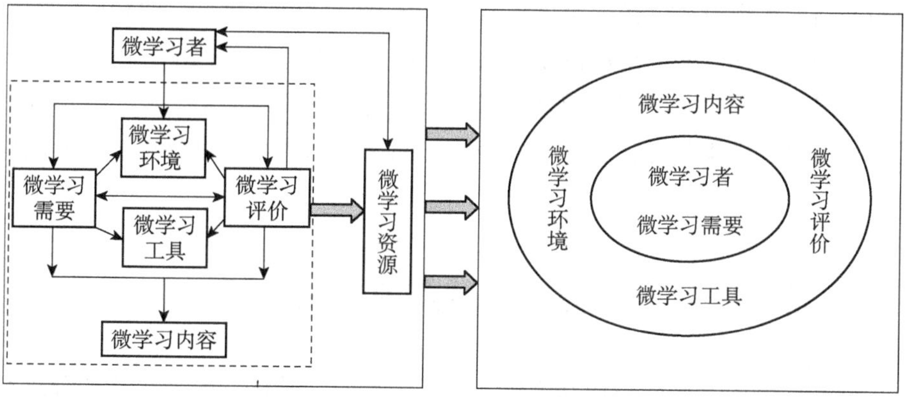

图 3-2　微学习资源设计与开发的影响因素

微学习资源的外部影响因素，也是微学习资源设计与开发的核心之一，是围绕微学习者分析而展开的，包括对学习者的认知风格、学习偏好、学习兴趣、先前知识（prior knowledge）状态等分析基础上的微学习需要分析。学习需要是教学设计研究中的一个特指概念，指学习者的实际学习状况与期望状况之间的差距。从先前知识掌握的情况来看，学习需要可以被理解为学习者感兴趣或想要学习的内容与先前掌握的知识之间的差距。在微学习活动开展的过程中，对微学习者进行分析更加复杂。由于微学习者来自不同的专业领域，他们所掌握的知识与学习技能不同，认知风格与学习偏好的差距也较大，所需要的学习资源从呈现形式、传播渠道等方面都存在较大差异，相对于正式学习中的学习者而言，他们对先前知识与技能的掌握也存在基础不一的情况，因此微学习资源的设计与开发如何能够体现微学习的优势，服务于个性化学习需求的满足，体现个人订制与推送等，对微学习者的个性化分析尤为重要。

微学习资源的内部因素则构成微学习资源的各个要素。这些要素围绕微学习者的分析，在微学习内容、微学习环境、微学习工具与微学习评价方面都需要体现微学习者分析的结果。在微学习内容的选择与组织上，需要充分体现适合学习者学习需要的特点，而在组织上，则需要将片段化知识与整体知识体系建立必要的联系。在微学习环境的设计上，需要体现满足学习者不同学习偏好与认知方式的便利性与友好性，带给学习者轻松愉悦的整体学习体验，从而提升学习效果。在微学习工具的选择上，需要提供必要的学习支架，便于学习者更好地开展微学习活动。从技术难度与支持服务上，需要充分考虑到不同学习者的先前工具使用技能的不同，体现较低的技术难度，从而实现较高的服务质量。而在微学习评价方面，紧扣个性化学习需求的满足，从各个影响要素的反思入手，不仅关注微学习者的学习体验，也关注微学习者的学习效果与后续学习期望。积极关注各个环节的评价给设计带来的反馈，从而实现设计的诸多循环与反复修正，以形成最佳的设计。

二、基于活动理论的微学习资源要素分析

在活动理论中，基于主体与客体、工具、规则、社区与分工结构的理念在社会建构的学习理论与实践探索中得到了发展，三代活动理论的成果就是实践应用

的重要理论成果。在微学习活动中，微学习者为了满足个性化学习需求，选择适合的微学习内容，在微学习环境中，借助微学习工具，在交流互动中开展有效的微学习活动，这充分体现了学习者的中心地位。自主学习是在探索学习内容、适应学习环境、学会使用学习工具、交流与分享的基础上，在共同体的学习中逐步形成个体的知识建构过程。从主体与客体、工具、规则与分工来看，微学习者是活动设计中的主体，微学习需要是学习的起因或动力，因微学习需要而开发适合的微学习内容是微学习者学习的对象，因而微学习内容构成活动过程的客体。微学习内容与微学习需要的匹配程度使得微学习需要成为微学习内容设计的主要依据，微学习内容的目标达成，也即微学习需要的满足，直接指向微学习结果，是微学习活动的最终表现形式。活动过程中的工具则对应“微学习工具”这一要素，对其他构成微学习活动的要素产生重要的支持作用。从不同意义对社区与微学习环境进行理解，社区的概念与微学习环境的概念不能等同，然而在强调社区环境对学习的意义建构时，可以将社区理解为一种共同学习的学习情境、学习共同体、学习氛围或学习文化等，这与微学习环境所需要构建的情境意义相对应，因此可以将活动理论中的社区理解为微学习活动中的微学习环境。微学习环境不仅为微学习者提供平台、空间等环境，还包括微学习共同体的建立、基于真实情境的微学习活动、良好的微学习氛围与文化等。微学习评价由于其特定的评价原则、多元的评价主体，贯穿于微学习的各个要素中，如同活动理论中的中介物，修正并调节微学习资源设计与开发的各个要素及其相互关系，使得整个微学习活动设计更趋科学、合理。

活动理论中的“规则”和“劳动分工”要素，虽然未能对应微学习资源设计与开发中的某个具体要素，但却是开展微学习活动的必要条件。规则是微学习活动开展过程中必要的约定，如微学习活动中的学习规范要求、奖惩规则、学习交流的制度与原则、评价标准或规范等，这些规则是为了保障微学习活动得以顺利开展的必要制约条件。活动理论中的“劳动分工”要素指社区群体在完成活动过程中的分工与合作。在活动理论中，个体与群体的劳动分工体现了共同体的分工与合作，通过分工与合作建立共同的社区文化，并顺利完成活动。身处面授的课堂学习环境或在线学习环境的学习者，一般有相对固定的学伴，比如注册该门课程的所有学生构成了学习者群体。在学习过程中，以任务、项目或活动的方式开展学习设计需要学习共同体中的成员既有分工，也有合作。在活动理论的社会建构主义意义上，知识具有社会性的特征，知识分布或存在于共同体中。依据分布式认知的原理，学习共同体就是为完成真实任务、问题或活动，由具有共同信念、共同目标的学习者及其助学者（包括教师、专家、辅导者等）共同构成的团体，在知识共享和同伴支持的基础上，通过参与、交流、协作、反思等活动，成员之间形成相互影响、相互促进的人际关系，以达到有意义学习的目的（杨丽波等，2006）。学习者与其他人相互依赖、探究、交流和协作，呈现出一种紧密的人际关系网络。对于微学习者来说，利用碎片化的时间学习片段性的知识内容，并不代表微学习者的自主学习是一个人在学习。一个单元或片段的学习仅仅是微学习的一个部分，微学习的设计恰恰是为了顺利完成对整个知识体系的掌握。学习者通过对看似碎片化的知识点进行短暂学习，实际上是对有逻辑关系或连续片段的微学习资源的有效积累。因此，对于单个微学习内容来说，微学习者停留的时间可能是短暂的，没有交流与互动，但是在完成终极目标的过程中，需要与其他微学习者随时相互交流、分享，从而有助于个体的知识建构。微学习的主题、项目或活动设计，同样需要微学习共同体分工与合作共同完成。

在活动理论的支持下，可以将微学习资源设计与开发的要素分解为活动过程中的主体、客体、结果、工具、社区、中介物，并在活动学习过程中体现有效的规则与合理的基于活动的“劳动分工”。在进行微学习资源设计与开发的活动学习设计时，充分体现活动理论以活动来设计学习过程的特点，实现个体知识的社会建构意义（图 3-3）。

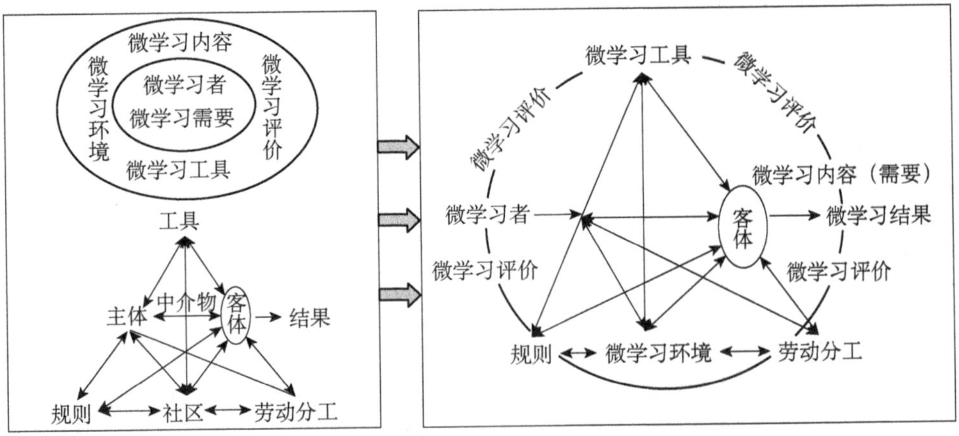

图 3-3　基于活动理论的微学习资源构成

第二节 模型构建：微学习资源的活动开发模型

微学习资源的设计与开发是一个系统的行动过程，在对微学习资源的构成要素进行分析的基础上，需要在微学习资源的活动开发模型中体现系统构成及其功能，并能够提供可操作性的设计步骤。因而从系统与模型的意义出发，微学习资源的活动开发模型体现了微学习资源各要素的系统构成及功能，以及在一个行动方案中实施这些要素的具体操作步骤。

一、微学习资源设计与开发的活动学习设计

在微学习资源设计与开发中，各个要素的关系在活动理论的支持下显得更加明晰。因而在微学习资源的活动学习设计中，关注微学习者分析、微学习内容组织、微学习环境创设、微学习工具选择与微学习评价的设计及其相互关系，并在设计过程中表现规则意识，依据主题、项目或活动而设计的情境学习体现活动的分工与合作。根据复杂关系的系统建构，可以将微学习资源设计与开发的活动学习设计分为五大系统，包括微学习者模型的建立与分析系统、微学习内容的动态组织系统、微学习环境的创设系统、微学习工具的支持服务系统、微学习评价的设计与实施系统（图 3-4）。微学习者模型的建立与分析系统包括模型建立与分析两个部分：在建立部分，主要建立微学习者的特征数据库；而在分析部分，重点在于实施个性化学习需求的分析，以便于微学习内容的设计与开发，并实现最终的个性化推送服务。微学习内容的动态组织系统依据微学习者模型的建立与分析系统得出的结果，开展丰富的以主题、项目、活动为表征的内容选择与组织，以适合的内容与形式呈现给微学习者。微学习环境的创设系统搭建便于微学习者开展活动学习的环境，包括微学习内容的呈现与阅读环境、学习共同体的学习环境、活动学习的学习情境等。微学习工具的支持服务系统包括支持微学习需要的内容查询、获取、存储、交流等，在学习共同体中的发布、共享等，以及辅助个

人学习的思维、事务、写作等支持工具。而在微学习评价的设计与实施系统中，设计评价标准体系，制定相关学习活动规则，体现个人与集体的分工与合作的有效性，并将过程与目标结合，关注过程的微小目标实现和长期累积，达成最终学习需要的满足，实现预设的学习结果。

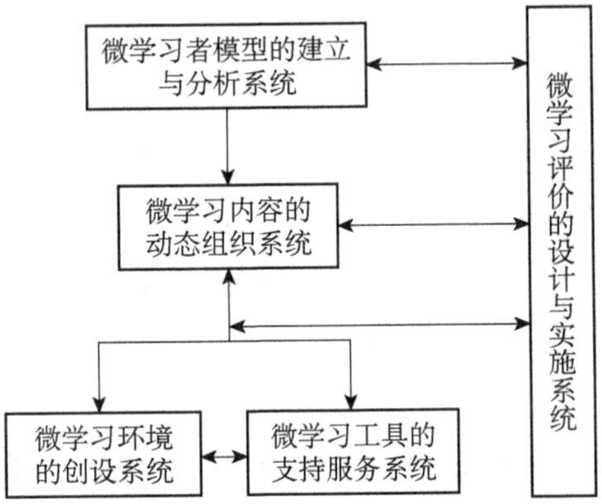

图 3-4 微学习资源设计与开发的活动学习设计系统

二、微学习资源设计与开发的活动学习设计流程

微学习资源设计与开发的活动学习设计主要包含五个系统设计，是微学习活动的重要组成部分。依据组成要素，从微学习者分析出发，可以将微学习资源设计与开发的活动设计系统分解为若干步骤，从而形成具有较强操作性的活动设计流程（图 3-5）。

微学习者的分析是微学习资源设计与开发的起点，是对微学习者的个性化学习需求的分析，以此作为微学习内容选择的依据，在反复论证后形成合适的微学习内容并进行下一步开发。微学习内容体现了部分与整体的建构关系，各个片段式内容相互关联而又指向整体的学习内容，而学习内容与学习目标相对应，各个微学习目标也因此彼此连接，同时指向最终的学习目标。微学习内容确定之后，将进行微学习环境的创设，包括创设微学习活动平台、营造学习情境与制定学习规则等。在微学习活动设计中，围绕微学习内容进行恰当的微学习活动主题或任务设计，在微学习者自主学习与学习共同体交互学习中实现分工协作。在此过程中，充分考虑到微学习活动的顺利开展，进行必要的微学习工具的支持服务设

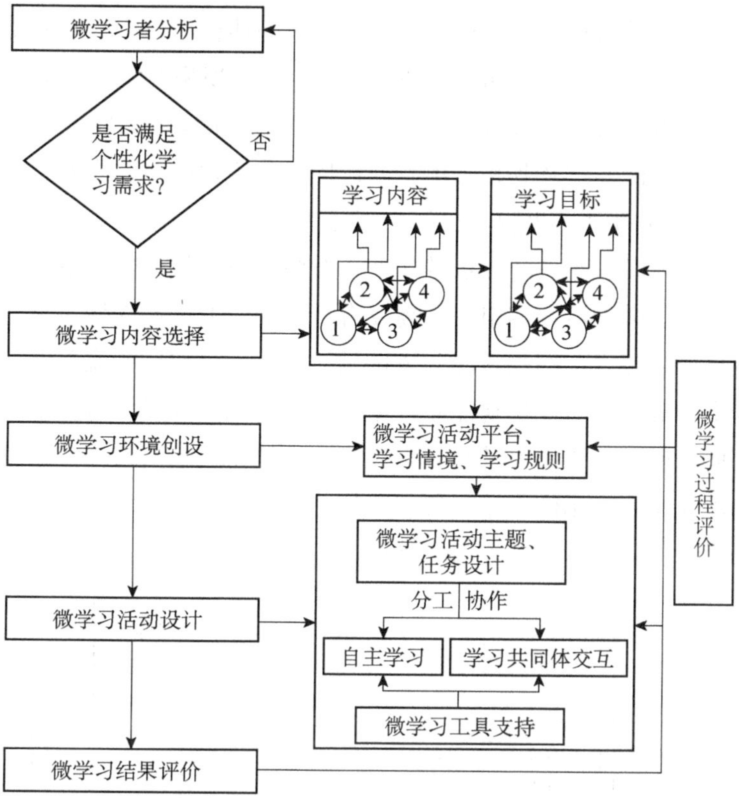

图 3-5 微学习资源设计与开发的活动学习设计流程

计。而在对微学习结果评价中，将微学习评价的形成性评价与总结性评价相结合，统整到微学习资源设计与开发的各个环节中。

三、微学习资源设计与开发的模型建立

系统是由若干个相互联系、相互作用的要素与部分所组成的、具有一定结构和功能的有机整体。一个系统可以包含若干个更小的系统，而它自身又从属于更大的系统（彭克宏，1989）。而模型一般指仿照实物原型按比例缩制的模拟品，可作为比照或模仿的典型或模范。模型也指一种严密表达基本理论结构的方式，通常有图式和公式两种表达方式（车文博，2001）。因而在微学习资源的设计与开发中，结合系统与模型的意义，可以将微学习资源设计与开发模型进行解析，

包括系统模块、设计流程与功能模块。系统模块描述整个模型的组成要素，设计流程说明步骤与设计过程，而功能模块则解释了整个模型各系统或步骤的功能。

在微学习资源设计与开发模型（图 3-6）中，系统模块的要素体现在设计流程的各个步骤中，而要素及其相关关系的作用与价值则体现在要素的功能上。通过设计流程所展现的要素功能，包括学习诊断、内容组织、学习策略与学习评价。学习诊断是对学习起点与终点的诊断，对微学习者的诊断结果为微学习内容组织提供依据，而微学习内容组织则需要有合适的学习策略支持。学习策略的支持表现在活动或任务设计的微学习环境创设、具体活动或任务流程设计、微学习工具的服务支持等。学习评价功能则与学习诊断共同为满足学习者个性化学习需求服务。因此，微学习资源设计与开发模型中系统所表示的结构、流程所展示的步骤以及功能模块所揭示的作用，使得该模型的组织结构与功能划分更加清晰明确，也使得设计步骤更具指导性与可操作性。

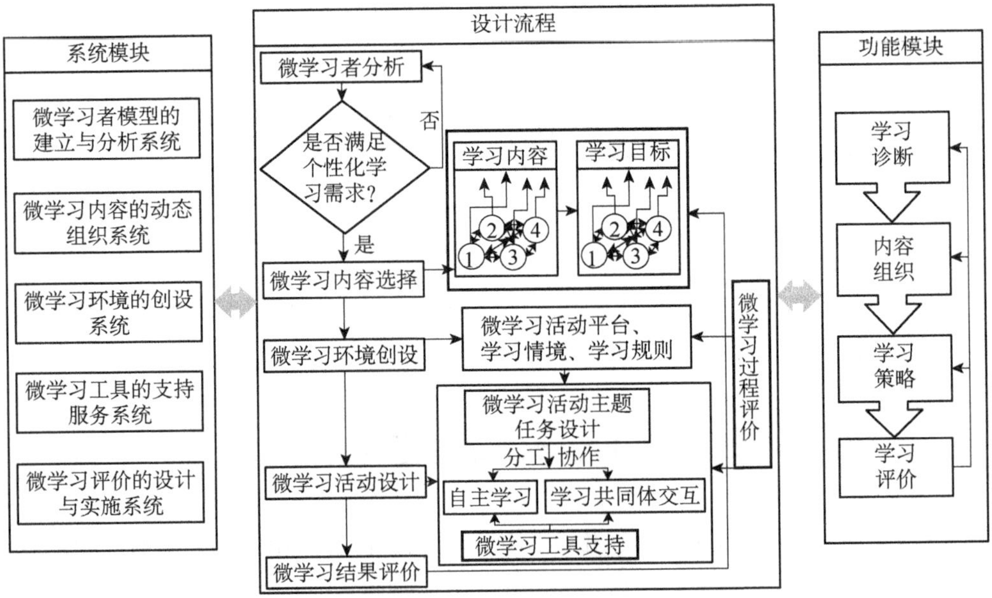

图 3-6 微学习资源设计与开发模型

第三节　系统分析：微学习资源设计与开发模型的解析

在微学习资源设计与开发模型中，微学习者模型的建立与分析系统、微学习内容的动态组织系统、微学习环境的创设系统、微学习工具的支持服务系统、微学习评价的设计与实施系统等构成了系统模块。通过剖析这些系统的构成，解析系统构成要素以及相关功能，进一步明晰微学习资源设计与开发流程。

一、微学习者模型的建立与分析系统

互联网技术不仅能够为在线学习者提供交互的技术与平台，促进学习者的社会意义建构，而且能够通过对学习者的信息与行为分析，进行有效的个性化支持与服务。因此，在线学习者的模型建立与学习行为分析研究逐渐发展并成熟起来。根据对在线学习者的特征模型研究成果进行分析（王改花，傅钢善，2018），在线学习者的特征研究首先集中在理论模型建构上，如 Graf 等（2008）建立的虚拟学习环境下的学习者模型，其要素包括先前知识、学习风格与认知风格；谢幼如和尹睿（2010）提出的网络环境下学习者分析框架，包括学习者的学习起点水平、学习风格、信息素养与自我效能感。其次集中在对特定影响因素的深入理论研究或实证研究上。如研究人口学和社会文化因素对学习效果的影响，以及学习者的认知因素、情感因素、动力因素、其他因素对在线学习的影响。

对于微学习者来说，作为一类特殊的在线学习者，互联网技术赋予微学习者更大的学习自由度与便利性。微学习者在碎片化的时间里学习片段化的学习内容，微学习的后泛在性使得对微学习者的分析更加关注在线学习者的特征累积与行为分析。因此，综合已有在线学习者的特征分析研究成果，依据术语使用的规范性以及微学习的诸多特征，对微学习者模型微学习中基本特征的采集，除了基本人口学信息的采集，如账号（姓名）、性别、年龄、地区/学校信息、社会背景等之外，还包括微学习者的先前知识（prior knowledge）、认知风格（cognitive style）、学习兴趣（learning interest）、学习偏好（learning preference）等（表 3-1）。

表 3-1 微学习者特征要素

要素名称	要素内容
基本人口学信息	账号（姓名）、性别、年龄、地区/学校信息、社会背景等
先前知识	知识水平、技术水平、情感态度、学习准备等达到的程度
认知风格	11 个维度的认知风格类型（Ausburn L，Ausburn F，1978）
学习兴趣	正式学习与非正式学习过程中表现出的长期学习兴趣、短期学习兴趣
学习偏好	学习时间、学习地点、学习平台、媒体类型、学习工具、交流互动等

微学习者特征要素中的人口学信息是学习者的自然特征，体现了特定的教育、生活、文化等背景，为微学习资源设计提供相对稳定与可靠的信息。先前知识包括微学习者的知识水平、技术水平、情感态度、学习准备等达到的程度。从认知、技能、情感等维度的表现可以评价微学习者先前的知识状态，为进行微学习需要分析提供基础。而学习准备的程度则从行为与心理，以及其他客观因素，如时间、地点、可获取的准备条件等多个方面，构成先前知识的一个补充，是微学习开展的必要条件。而对认知风格的特征描述则依赖于大量关于认知风格的研究成果，使用心理学测量的量表等工具获得微学习者特征。学习兴趣作为微学习者的一个重要特征体现在短期学习兴趣与长期学习兴趣上。微学习者的学习兴趣的产生、持续直至消亡，将极大地影响微学习活动的顺利完成。学习偏好反映了微学习者独特的个性化学习需求，对学习偏好的特征采集包括对学习时间、学习地点、学习平台、媒体类型、学习工具、交流互动等偏好的采集，其将影响微学习资源的内容表现形式、媒体选择、学习工具支持等设计。

微学习者模型的建立与分析系统（图 3-7）不仅需要对微学习基本特征进行采集，还需要动态地开展微学习者学习行为分析。根据 Verbert 等（2012）对学习者学习行为的类型分析，学习者的操作行为包括尝试、创造/删除、撰写/修改、选择/不选择、搜索、接收/发送、注册/不注册、接收/拒绝、添加/移除、打开/关闭、寻求帮助、评价、标记/注释、存储/下载、登录/退出等。在 IMS 学习者信息包装信息模式规范（Information Management System Learner Information Packaging Information Model Specification，2001）中，在线学习者的学习行为包括搜索行为、浏览行为、标注行为、测试行为、异步交流、同步会话。Verbert

等对学习行为的分类体现了学习者具体的操作行为。通过对这些具体行为数据的采集，可以分析出有用的信息，因而可以将 IMS 学习者信息包装信息模式规范中的学习行为理解为具体行为数据分析后的行为信息汇集，如搜索行为是通过具体的打开、撰写、添加、搜索等行为完成的。微学习者在移动终端的泛在学习不仅需要关注上述学习行为，还需要收集符合微学习特征的学习行为，包括使用设备信息、学习地点的实时采集、通过登录/退出时间采集学习时间等，以收集微学习者的学习偏好等信息。因此，在进行微学习者学习行为数据库建设的过程中，既需要记录原始的操作行为数据，也需要进行学习行为的初步分析，再将信息分析结果与微学习者学习特征一一对应。因而对测试行为的分析结果直接与学习者的先前知识有关，而认知风格则同搜索行为、浏览行为、标注行为、异步交流、同步会话有关，学习兴趣与浏览行为有关，学习偏好则可能与搜索行为、标注行为等有关。动态监测学习者的学习行为，可以使对学习者特征的描述逐步完善。

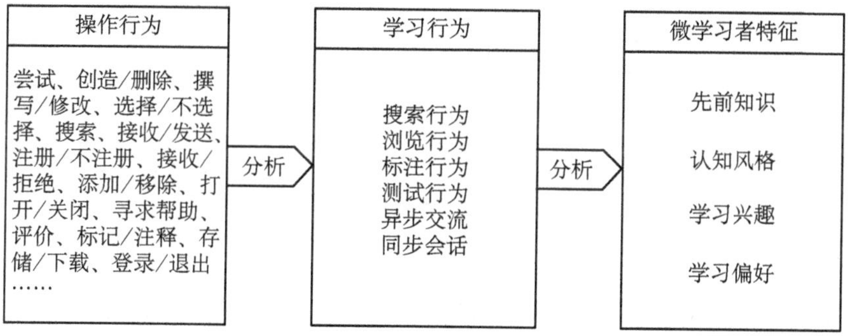

图 3-7 微学习者模型的建立与分析系统

二、微学习资源的组织与服务系统解析

微学习资源的组织与服务系统包括微学习内容的动态组织系统、微学习环境的创设系统、微学习工具的支持服务系统与微学习评价的设计与实施系统。微学习内容的动态组织系统是将整个知识体系以微学习内容为中心进行有效组织，进而根据学习者的学习特征进行个性化的学习推送与服务（图 3-8）。微学习内容动态组织系统是一个较为复杂的设计系统，包括从微学习者模型的建立与分析系统中进行微学习者特征分析，抽取聚焦在具体某个微学习者身上的个性化学习特

征，以此为依据进行微学习内容的组织策略选择。根据微学习者的先前知识、认知风格、学习兴趣、学习偏好，使用不同策略进行微学习内容的组织推送，如对视觉型认知风格的微学习者，需要使用可视化的结构进行内容的组织；而对触觉型认知风格的微学习者，则需要体现认知的交互性，创设真实的学习情境，提供可以互动的学习方式。再选择恰当的微学习内容呈现策略，在微学习环境创设、微学习工具支持下，使用相应的媒体类型呈现微学习内容，如选择不同形式的微场景制作工具，以网页图文结合或动画方式呈现微学习内容。微学习内容的动态组织系统还包括进行微学习内容的推送服务，在推送信息的形式与内容、时间与地点等方面依据学习者学习行为所反映的学习特征进行个性化推送。在推送服务上，体现微学习内容的部分与整体关系，关注微学习内容推送的连续性与关联性。最后，通过与学习者学习行为分析的结果进行对比，以反馈机制，核查微学习内容动态组织的有效性。

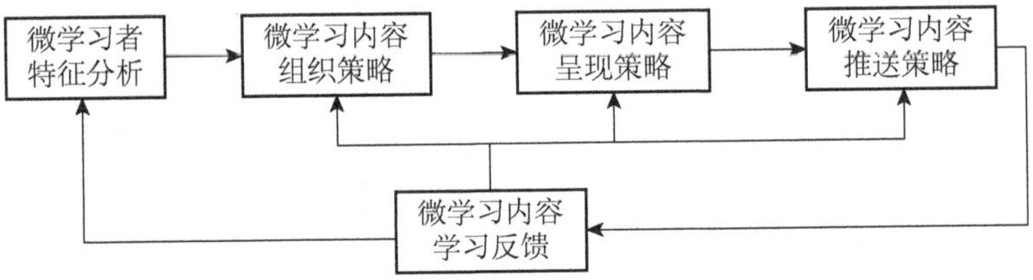

图 3-8 微学习内容的动态组织系统

微学习环境的创设系统为微学习提供学习平台、学习情境、学习社区等学习环境支持。微学习平台的创建，主要通过使用已有平台搭建或自主搭建。从现有的研究来看，使用已有的且与学习者惯常使用的媒体平台结合，在微信公众平台上进行微学习资源开发的研究较多。因此，为满足个性化学习需求，学习平台的选择或创建需要结合微学习者特征，如学习兴趣、学习偏好等进行学习平台的页面、结构、交互等各方面设计。对于微学习情境的营造，一方面需要结合微学习内容的主题或活动来进行学习情境的创设；另一方面需要从微学习者的日常学习偏好与学习情境出发，让碎片化的内容融入学习情境。以主题或活动为主的任务学习体现主题突出、个体学习与交流共享的结合，在微学习社区互动上体现个性化的推荐与基于微内容与微技术的交互。

微学习工具的支持服务系统不仅包括具体的互联网技术应用工具，还包括微学习的策略与方法支持。在应用工具支持上，从移动终端的设备匹配上，首先确保工具使用的流畅性，继而从支持微学习者的知识获取、技能掌握与情感体验等出发提供工具服务，如思维导图类、即时通信类、在线会议类、视频类、音频类、图片处理类、内容管理系统类、搜索引擎类、在线发布服务类、资源管理类等工具。在微学习的策略与方法支持上，结合微学习者特征，根据微学习内容的动态组织特性，进行学习策略与方法的授导，辅以规则导向与合作策略，如辅以脚手架、建立认知的最近发展区以及师徒制、小组合作等策略，帮助微学习者顺利完成微学习过程。

微学习评价的设计与实施系统包括微学习的过程评价与结果评价。微学习的过程评价设计从微学习者的学习需要出发，对微学习内容进行必要的评价，从匹配性上进行对比，以选择出合适的微学习内容供微学习者学习。微学习者的学习自我体验与其在学习过程中的交互，可以及时反馈出微学习环境与微学习工具的支持与服务效能。而微学习结果的评价则需回到微学习需要上，判断是否满足了个性化学习需求。考虑到评价主体的不同，应以协商评价等方式开展过程与结果、当前目标与最终目标相结合的发展性评价。

第四节　系统实现：微学习资源的学习过程与反馈

微学习资源的设计与开发过程是一个不断修订与完善的过程，因而离不开基于微学习资源而展开的微学习活动的实施环节。在实施环节中，细致地分析各个学习环节可能涉及的学习活动，能够帮助开发者更好地反思微学习资源系统的问题，以便及时修订。基于电子阅读 APP 的阅读活动是一个典型的微学习活动，以此为个案，从持续使用意愿维度探索学习者在使用系统之后对微学习系统的评价，可以为微学习资源开发的后续反思与微学习资源系统的修订提供依据。

一、微学习资源开发系统的实现：微学习活动的实施环节

微学习资源的设计与开发以微学习者的个性化学习需求为起点与终点，以微

学习资源的构成要素形成若干开发的子系统，依据各系统的功能定位，最终设计并开发出符合个性化学习需求的微学习资源。微学习者微学习活动的实施过程则实现了微学习资源的开发价值。教学设计中不论是 ADDIE 模型的实施环节，还是 Morrison 等的模式与 Dick 等的模式中的修正环节，都需要对整个微学习资源的设计与开发进行预实施或修订。微学习资源设计与开发的实施阶段同样重要，在微学习活动实施过程中，围绕微学习者的学习行为，可以进一步收集微学习者的学习特征信息。从结果中反思前期设计与实施过程中的问题，将会优化整个微学习资源的设计与开发。

图 3-9 展示了微学习活动的实施过程。微学习者的微学习活动首先从某个移动设备终端选择适合的微学习平台展开。目前比较成熟的微学习平台主要有微信公众平台、微博平台等。自主设计与开发的微学习平台如一些移动终端的 APP，在自主研发中需要成熟的技术支持与用户反馈，增加了开发者的工作负荷。从节约时间等开发成本来看，选择通用的微学习平台成为微学习资源开发者的首选，而商业应用的 APP 开发则比较多，如外语学习 APP、电子阅读 APP 等。微学习平台是微学习者开展微学习活动的基础，平台的设备兼容性、使用便利性等因素决定了微学习者是否能够持续使用该平台。微学习平台包含了整个微学习资源的设计与开发要素，体现了微学习活动的过程。平台首页界面的导航设计体现了微学习内容的组织与推荐，而微学习内容呈现的界面则体现了微学习内容媒体的选择与表达。微学习平台还是微学习环境创设的结果，学习社区、学习情境与界面氛围等都突出了环境的支持作用。微学习工具的支持与服务也必须体现在与微学习平台的兼容上，便于微学习者适时使用。

微学习者选择了适合的微学习平台之后，将在该平台上进行用户注册，这一环节体现了初步的微学习者信息采集。尽管大多数用户注册获得的学习者信息主要是人口学信息，但是为了获得更多的有关微学习者的先前知识、认知风格、学习兴趣、学习偏好等具体个性化学习特征，在注册阶段可以进行相关的个性化学习特征调查，以问卷或量表的方式采集有关认知风格等信息将为后续的个性化学习服务提供帮助。在认知风格方面，比较成熟的量表是 Riding（1991）的认知风格分析（cognitive styles analysis）测试，还有从学习风格维度建立的 Felder-Silverman 认知风格模型（Felder，Silverman，1988）。借鉴成熟的测试量表或问卷，根据特定微学习者进行量表或问卷的改良，可以在注册阶段或微学习活动开展前进行测试，以确定微学习者的认知风格等个性化学习特征信息，便于更好地开展个性化的微学习资源呈现与推送服务。

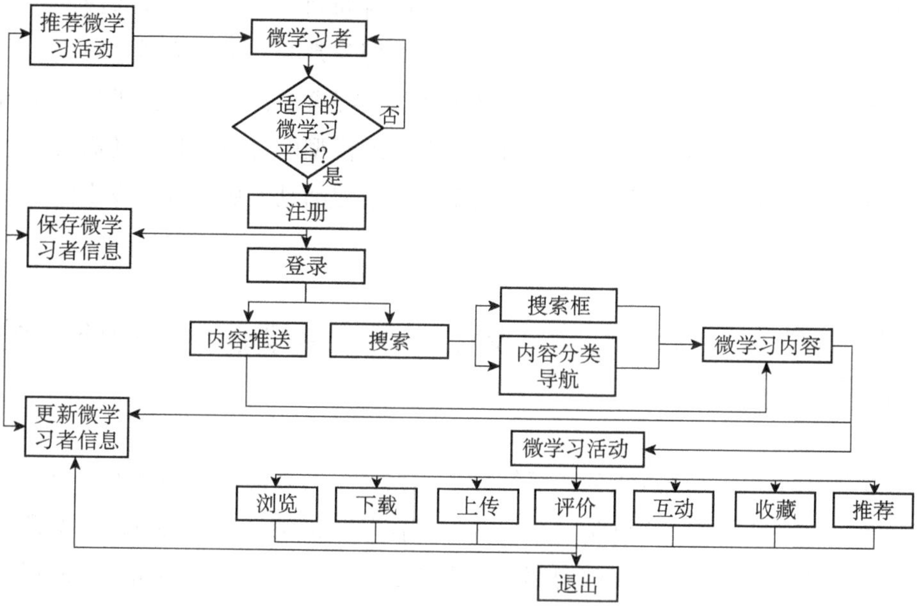

图 3-9 微学习活动的实施过程

微学习者在登录微学习平台后，将开始选择微学习内容以开展学习活动。微学习平台将根据个性化测评形成的内容推荐呈现给微学习者。微学习者也可以通过主动搜索，确定自己想要学习的内容。搜索行为将通过关键词的搜索，或在内容分类导航中进行选择等具体操作行为实现。在这些操作行为所反映的学习行为之后，基于学习行为分析的数据将会被及时存储在微学习者的特征信息库中。通过反复的操作行为，及时更新微学习者信息，动态存储个性化信息。

微学习活动的开展在微学习平台中通过具体的操作行为，如浏览、下载、上传、评价、互动、收藏、推荐等实现。在浏览行为中，包括翻页、标注等行为以及阅读的时长等都将被记录下来。对微学习资源的下载，作业上传，微学习内容的评价，在学习过程中与文本的互动，与学习同伴、开发者、教师等的互动，以及将感兴趣的微学习内容进行收藏、推荐、转载等行为，都将成为有效评价微学习者学习效果的数据。甚至其登录和退出的时间等同样反映了个性化的学习兴趣、学习偏好等，也将被及时存储到微学习者特征信息库中。

尽管微学习活动时间较短，但是微学习者开展微学习活动的过程也可能是阶段性的，因此，反复的登录与退出等操作行为所反映的信息将会增加数据分析的负担。而将反复操作的归因分析判断成人为的时间间断性，还是设备或网络的不稳定等，对诸如此类的特殊信息进行分析、处理与判断，也将为微学习资源的设计与开发提供必要的参考。因此，能够实现微学习者个性化学习需求的微学习资源设计与开发过程不仅是一个理想的基于系统或模型的建设过程，还需要基于预设的实施或测试阶段的数据采集，在真正的微学习活动实施过程中发现问题，及时改良设计与开发。

二、微学习资源的学习反馈：基于持续使用意愿维度的微学习个案分析

微学习活动的实施过程为反复修订与改良微学习资源设计与开发提供了必要的支持。微学习者在使用微学习平台进行具体学习活动之后，必然产生对微学习资源的反馈意见。这种对终端使用者的满意度的研究，相比于初始使用阶段的动机与体验，更能反映系统的可用性。从持续使用意愿的维度开展某系统或平台的持续使用意愿影响因素的研究逐渐发展起来，并日趋成熟。因此，通过对电子阅读 APP 进行持续使用意愿的调查与分析，从电子阅读 APP 使用意愿研究的个案中可以找出微学习者使用微学习系统开展持续学习的影响因素。

（一）微学习系统持续使用个案的研究模型建立

期望确认理论最早由 Oliver（1980）提出，他认为用户再次购买意愿的形成需要经历五个步骤：①消费者在决定购买前会有一个期望；②在购买后，消费者会根据体验形成感知绩效；③消费者会将感知绩效与期望进行比较，二者比较所产生的差异就是期望确认；④基于期望确认程度的高低，消费者会形成相应水平的满意度，即期望确认度高则满意度高，期望确认度低则满意度低；⑤满意度直接影响消费者是否会产生再次购买意愿（图 3-10）。后续研究者不断将该理论拓展到其他领域，Bhattacherjee（2001）提出的信息系统持续使用模型是期望确认理论和技术接受模型的整合，逐渐成为分析系统平台与信息系统使用与接受的主要依据。目前相关研究大都以该理论为基础，根据研究对象与系统的特殊性，增

加相关变量，以检测系统持续使用意愿的影响因素。

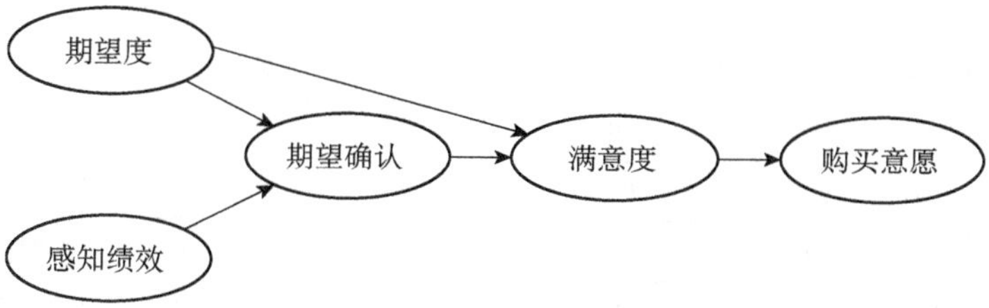

图 3-10　期望确认理论

电子阅读 APP 是当前一种典型的微学习平台，微学习者利用碎片化时间开展阅读，通过精读与泛读的结合，完成某一本电子书的阅读，体现学习任务并实现任务规划，通过阅读社区的分享获得深入的理解。当前电子阅读 APP 比较多，在多年的商业竞争中，电子阅读 APP 得到了不断优化，加之电子阅读的普及化，电子阅读 APP 逐渐稳定并成熟。在信息系统持续使用模型的基础上，引入感知风险和主观规范两个潜在变量，以微学习者的性别、年级、专业等作为调节变量，形成微学习者电子阅读 APP 持续使用意愿影响因素研究模型（图 3-11），在此模型上形成影响因素的关系假设（表 3-2）。

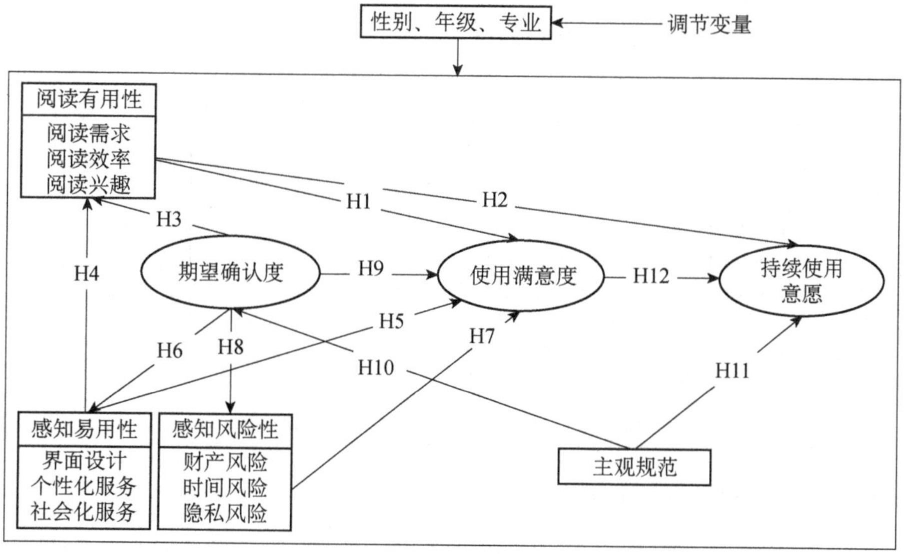

图 3-11　电子阅读 APP 持续使用意愿影响因素研究模型

表 3-2 电子阅读 APP 持续使用意愿影响因素的关系假设

假设	内容
假设 1（H1）	微学习者对电子阅读 APP 的阅读有用性正向影响学习者对电子阅读 APP 的使用满意度
假设 2（H2）	微学习者对电子阅读 APP 的阅读有用性正向影响学习者对电子阅读 APP 的持续使用意愿
假设 3（H3）	微学习者的对电子阅读 APP 期望确认度正向影响学习者对电子阅读 APP 的阅读有用性
假设 4（H4）	微学习者对电子阅读 APP 的感知易用性正向影响学习者对电子阅读 APP 的阅读有用性
假设 5（H5）	微学习者对电子阅读 APP 的感知易用性正向影响学习者对电子阅读 APP 的使用满意度
假设 6（H6）	微学习者对电子阅读 APP 的期望确认度正向影响学习者对电子阅读 APP 的感知易用性
假设 7（H7）	微学习者对电子阅读 APP 的感知风险性正向影响学习者对电子阅读 APP 的使用满意度
假设 8（H8）	微学习者对电子阅读 APP 的期望确认度正向影响学习者对电子阅读 APP 的感知风险性
假设 9（H9）	微学习者对电子阅读 APP 的期望确认度正向影响学习者对电子阅读 APP 的使用满意度
假设 10（H10）	微学习者的主观规范正向影响学习者对电子阅读 APP 的期望确认度
假设 11（H11）	微学习者的主观规范正向影响学习者对电子阅读 APP 的持续使用意愿
假设 12（H12）	微学习者对电子阅读 APP 的使用满意度正向影响学习者对电子阅读 APP 的持续使用意愿

（二）微学习系统持续使用个案的研究工具设计

在已有研究成果的基础上，本书设计了电子阅读 APP 持续使用意愿影响因素量表（表 3-3），对各个影响因素进行测量。

表 3-3 电子阅读 APP 持续使用意愿影响因素量表

变量	解释及量表题项	参考来源
阅读有用性	学习者认为电子阅读 APP 能满足阅读需求以及提高阅读效率、阅读兴趣	Oliver（1980） Davis 等（1989） Bhattacherjee（2001） Morris 等（2003）
	RU1：电子阅读 APP 能提供我所需求的书籍 RU2：电子阅读 APP 能有效提高我的阅读效率 RU3：电子阅读 APP 改变了我的阅读方式，提高了我的阅读兴趣 RU4：电子阅读 APP 能够给我的学习增添乐趣，是一个放松享受的过程 RU5：电子阅读 APP 的功能多，我觉得很有用 RU6：整体上，我认为电子阅读 APP 是有用的	
感知易用性	学习者对电子阅读 APP 界面的美观性、系统操作性、互动性和便捷性的评估	Dunne 等（2010） Lee，Ma（2012） Stone，Winter（1987） van der Heijden（2004） Sangruang（2011）
	PU1：电子阅读 APP 经常会推荐我喜欢的书 PU2：通过电子阅读 APP 可以和他人互动，交流和分享心得 PU3：电子阅读 APP 上的书籍表达方式是多样的（图文、音频等展示） PU4：电子阅读 APP 使用界面清晰明了，易于操作	

续表

变量	解释及量表题项	参考来源
感知风险性	学习者认为使用电子阅读 APP 过程中感知到财产、隐私、时间等的风险程度 PR1：我觉得电子阅读 APP 不会泄露我的个人信息 PR2：我觉得电子阅读 APP 不会花费我大量的时间 PR3：我觉得电子阅读 APP 不会造成我不必要的财产损失 PR4：我觉得电子阅读 APP 系统很稳定，很安全	Stone，Winter（1987） van der Heijden（2004） Sangruang（2011）
期望确认度	学习者使用电子阅读 APP 后的实际绩效与前期预期的对比结果 EC1：使用电子阅读 APP 给我带来的益处超过了我的预期 EC2：使用电子阅读 APP 能让我更加便利地融入阅读学习中，比我预期的要好 EC3：总体来说，使用电子阅读 APP 能够满足我的预期使用愿望	Oliver（1980） Yi（1989） Bhattacherjee（2001）
主观规范	学习者使用电子阅读 APP 受到社会环境以及周围群体影响的程度 SN1：我身边的人觉得我应该使用电子阅读 APP SN2：因为我身边的人在用这款电子阅读 APP，所以我才使用的 SN3：我同学推荐给我使用的电子阅读 APP	Venkatesh，Davis（2000） Morris 等（2003）
使用满意度	学习者使用电子阅读 APP 后对 APP 的总体感知和总体评价 US1：使用电子阅读 APP 让我感到满意 US2：对我来说，使用电子阅读 APP 是一个明智的选择 US3：我对电子阅读 APP 提供的功能模块感到满意 US4：电子阅读 APP 上的书籍都是正版书籍内容，完整、可靠，能够信任 US5：我会把我所使用的这款电子阅读 APP 推荐给我身边的人	Oliver（1980） Bhattacherjee（2001）
持续使用意愿	学习者使用电子阅读 APP 后愿意再次使用的主观意愿 CI1：我将在今后的日常生活和学习中使用到电子阅读 APP CI2：我以后会在电子阅读 APP 上看更多类型的书 CI3：在电子阅读 APP 上阅读对我来说是很自然的行为 CI4：在电子阅读 APP 上阅读已经成为我的习惯	Oliver（1980） Mathieson（1991） Bhattacherjee（2001）

在此量表上添加了调查对象的基本情况问题，形成了面向大学生的调查问卷。问卷内容包含两个部分：第一部分为调查对象的基本情况（共 7 个题项），用以从调节变量上了解影响因素；第二部分问卷分别设以阅读有用性（reading usefulness，RU）、感知易用性（perceived usefulness，PU）、感知风险性（perceived risking，PR）、期望确认度（expectation confirmation，EC）、主观规范（subjective norm，SN）、使用满意度（user satisfaction，US）、持续使用意愿（continuance intention，CI）7 个潜在变量，共计 29 个题项，分别为阅读有用性（共 6 个题项）、感知易用性（共 4 个题项）、感知风险性（共 4 个题项）、期望确认度（共 3 个题项）、主观规范（共 3 个题项）、使用满意度（共 5 个题项）以及持续使用意愿（共 4 个题项）。每个问题的选项采用利克特 5 级量表形式设计，

均包括 5 个等级，表示调查对象对问题描述的认可程度，1～5 依次为“非常不同意”“比较不同意”“不确定”“比较同意”“非常同意”。

（三）微学习系统持续使用个案的研究数据采集与分析

第一阶段，先在某高校小范围地进行测试，利用 SPSS24.0 对预问卷进行信效度测量，结果显示信效度良好。结合电子阅读 APP 的特征对预问卷加以修改，删除了“我看见了电子阅读 APP 的宣传，所以才下载使用的”“如果更换新的电子阅读 APP，使用中可能会有一些我意想不到的麻烦”两个题项。第二阶段，将修改后的问卷进行大规模测试，主要对象是某省高校大学生。共回收问卷 1261 份，剔除未使用过电子阅读 APP、绝大多数为相同选项以及问卷星答题时间在 150 秒以下的问卷，有效问卷为 629 份。

为保证测量模型的有效性，利用 AMOS24.0 对测量量表进行验证性因子分析。一般情况下，潜在变量的 Cronbach’s α 值与 CR 值达到 0.7 则证明测量模型具有较好的信度。在本书研究中 CR 值均大于等于 0.745，Cronbach’s α 值均大于等于 0.796，说明测量量表具有较好的信度。在本书调查中，以平均方差提取值（average variance extracted，AVE）来测量量表效度，其中包括收敛效度和区分效度。通常认为模型中所有因子的 AVE 大于 0.5 时，潜在变量的收敛效度较好；潜在变量的 AVE 平方根大于其他相关变量间的相关系数时，模型具备较好的区别效度。本书研究中的 AVE 值均大于 0.637，说明测量模型具有理想的收敛效度，并且潜在变量的 AVE 平方根均大于该潜在变量与其他潜在变量间的相关系数，说明测量模型具有较好的区分效度。

在基本信息部分，调查对象中有 17.8%的学习者在所展示的 11 种电子阅读 APP 中选择了掌阅 iReader，选择 QQ 阅读、百度阅读与 Kindle 阅读的学习者皆在 10%以上。在性别上，男性学习者占 20.4%，女性学习者占 79.6%；在专业上，文科类学习者占 55.5%，理科类学习者占 42.9%，艺体类学习者仅占 1.6%；在年级上，包括 30.7%的大一学习者、19.3%的大二学习者、31.8%的大三学习者以及 18.2%的大四学习者。根据学习者对电子阅读 APP 日常使用情况的数据来看，91.9%的学习者利用琐碎的时间完成电子阅读任务，譬如在等车乘车、课余时间或是睡前打发无聊的时间；仅 2.9%的学习者每天有固定的时间使用电子阅读 APP；5.2%的学习者每天会花费大量时间在电子阅读 APP 上。每天都会使用电子阅读 APP 的占 27.8%；49.0%的学习者表示不确定自己一周内使用电子阅读 APP 的频率；21.9%的学习者表示一周会使用 3～5 次；1.3%的学习者偶尔使用电子阅读 APP。另外，大多数学习者（58.3%）有 1～2 年持续使用某一电子阅读 APP 的习惯，持续使用半年至 1 年的占 14.6%，持续使用 3～6 个月的占 9.5%，17.6%的学习者表示刚开始使用某一电子阅读 APP（3 个月以下）。由此可知，绝大多数学习者是利用琐碎的、片段的时间使用电子阅读 APP 的，但是仅有约 1/4 的学习者每天会坚持使用某一电子阅读 APP，近一半学习者不确定自己一周内的使用频率。

调查采用验证性因子分析方法来检验结构模型，将调查数据结果与荣泰生（2009）对研究模型拟合度进行测量的常用指标的推荐值对比发现：卡方与自由度之比（χ^2/df）的值应小于 3，本研究模型的值为 2.627；拟合优度指数（goodness of fit index，GFI）、调整的拟合优度指数（adjust goodness of fit index，AGFI）的值均应为 0.8～1.0（Foster，et al.，2006）；正规范拟合指数（normed fit index，NFI）、比较拟合指数（comparative fit index，CFI）的值均应大于 0.9（Hair，et al.，2010）。本研究模型的值分别为 0.867、0.840、0.931、0.931；近似误差均方根（root mean square error of approximation，RMSEA）的值应该小于 0.1，本研究模型的值为 0.065。χ^2/df、GFI 和 AGFI 以及 NFI、CFI 和 RMSEA 均在推荐值范围内，可见，研究模型的拟合度较好。

研究模型的假设检验结果如下：期望确认度显著受到主观规范（β=0.78，p＜0.001）的影响，并显著影响了感知易用性（β=0.59，p＜0.001）、感知风险性（β=0.74，p＜0.001）、阅读有用性（β=0.37，p＜0.001）和使用满意度（β=0.59，p＜0.001）；阅读有用性显著受到感知易用性（β=0.59，p＜0.001）的影响，并显著影响了使用满意度（β=0.34，p＜0.001）与持续使用意愿（β=0.12，p＜0.001）；使用满意度显著影响了学习者的持续使用意愿（β=0.92，p＜0.001）。然而，使用满意度没有受到感知风险性（β=0.04，p=0.276）和感知易用性（β=0.03，p=0.560）的显著影响；主观规范（β=−0.09，p=0.044）没有显著影响持续使用意愿。假设 5、假设 7 和假设 11 没有得到验证（表 3-4）。

表 3-4　测量模型假设验证结果

假设	因果路径	路径系数	p 值	检验结果
H1	RU ⟶ US	0.34	p＜0.001	支持假设

续表

假设	因果路径	路径系数	p 值	检验结果
H2	RU ⟶ CI	0.12	$p<0.001$	支持假设
H3	EC ⟶ RU	0.37	$p<0.001$	支持假设
H4	PU ⟶ RU	0.59	$p<0.001$	支持假设
H5	PU ⟶ US	0.03	$p=0.560$	不支持假设
H6	EC ⟶ PU	0.59	$p<0.001$	支持假设
H7	PR ⟶ US	0.04	$p=0.276$	不支持假设
H8	EC ⟶ PR	0.74	$p<0.001$	支持假设
H9	EC ⟶ US	0.59	$p<0.001$	支持假设
H10	SN ⟶ EC	0.78	$p<0.001$	支持假设
H11	SN ⟶ CI	−0.09	$p=0.044$	不支持假设
H12	US ⟶ CI	0.92	$p<0.001$	支持假设

根据修正指标来提高预测模型的拟合度，对预测模型进行了修正。基于此，结合修正指标和上述原则，删除了感知易用性对使用满意度的影响路径（H5）、感知风险性对使用满意度的影响路径（H7），以及主观规范对持续使用意愿的影响路径（H11）。最终确定的理论模型如图 3-12 所示。与初始模型相比，其拟合度得到了较大的提升。χ^2/df=2.203，GFI=0.922，AGFI=0.903，NFI=0.946，CFI=0.970，RMSEA=0.044，均到达推荐要求。

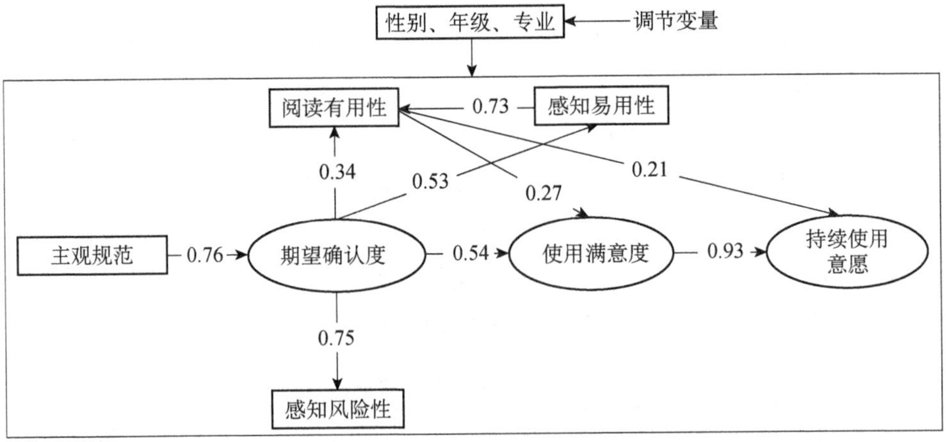

图 3-12　电子阅读 APP 持续使用意愿因素研究修正模型

（四）微学习系统持续使用个案的研究结论与启示

根据最终模型的数据显示，阅读有用性作为电子阅读 APP 持续使用意愿模型中的重要影响要素，与其他要素之间的关系紧密。期望确认度与感知易用性影响了大学生对阅读有用性的判断，而阅读有用性直接影响大学生对电子阅读 APP 的使用满意度和持续使用意愿。这说明大学生对电子阅读 APP 界面美观性、系统操作性、互动性和便捷性的评估，以及使用电子阅读 APP 后的实际绩效与前期预期的对比结果，会直接影响大学生对电子阅读 APP 是否满足阅读需求以及提高阅读效率、阅读兴趣的判断。显然在这两个影响因素中，感知易用性对阅读有用性的影响程度要大于期望确认度对阅读有用性的影响，这说明大学生更加关注在使用过程中对电子阅读 APP 环境与工具等设计形成的判断对电子阅读 APP 是否能够满足个性化阅读需求的影响，而实际使用绩效与前期预判的对比对其的影响则较小。当大学生对电子阅读 APP 进行需求满足的评估之后，这个结果将直接影响大学生对电子阅读 APP 的使用满意度以及持续使用意愿。

对感知易用性这个要素而言，期望确认度将直接影响大学生对电子阅读 APP 的感知易用性判断，而感知易用性的判断又将影响对阅读有用性的评判。这说明大学生在实际使用电子阅读 APP 后产生的直接体验与之前对该电子阅读 APP 的预期对比之后所形成的结果，直接影响对该电子阅读 APP 的界面美观性、系统操作性、互动性和便捷性的评估。因此，客观的环境与工具设计的易用性只有体验之后才能得到验证，而随后也必然会影响对电子阅读 APP 是否能够满足阅读需求的主观判断。因而，电子阅读 APP 的客观环境与工具等设计并不能只体现在电子阅读 APP 的广告等宣传方面，而是重在用户的直接体验，形成正向的预期，才能满足大学生的阅读需求。

期望确认度对阅读有用性、感知易用性、使用满意度皆有显著性的影响，印证了前人研究的成果。在期望确认模型和信息系统成功模型的基础上，引入主观规范和感知风险性两个要素，在假设中，主观规范对期望确认度与持续使用意愿将产生影响，感知风险性对使用满意度将产生影响，而期望确认度则对感知风险性将产生影响。尽管在调查与分析之后，感知风险性对使用满意度的影响假设和主观规范对持续使用意愿的影响假设不成立，但是主观规范对期望确认度，期望确认度对感知风险性的影响较高，分别达到 0.76 和 0.75。这反映出学习者在使用电子阅读 APP 时受到社会环境以及周围群体影响的程度，并不会影响学习者持续使用电子阅读 APP 的主观意愿，但是学习者更愿意在了解的基础上自行判断使用电子阅读 APP 后的实际绩效与前期预期的对比结果。因此，在选择电子阅读 APP 上，大学生不会选择盲从，而是通过进行实际使用与预期的对比之后才会决定是否继续使用。在感知风险性这个影响要素分析中，可以发现学习者认为使用电子阅读 APP 过程中感知到财产、隐私、时间等风险程度，并不会影响对电子阅读 APP 的使用满意度。而使用电子阅读 APP 后的实际绩效与前期预期的对比结果将直接影响对风险的意识程度。大学生对电子阅读 APP 的满意度与电子阅读 APP 带给大学生的风险无关。这说明当前的大学生已经充分意识到在电子阅读 APP 中存在风险，但是意识到风险并不影响大学生对电子阅读 APP 的使用满意度。这种情况发生的主要原因可能在于大学生已经非常熟悉电子阅读 APP 在使用过程中可能会给自身带来的各方面的风险，而作为成熟的使用者，他们在进行期望确认与对比之后，一方面对电子阅读 APP 的风险防范比较认同；另一方面也说明他们自身已经具备抵御风险的能力，因此不必考虑风险对使用满意度的影响。

由此可以看出影响大学生持续使用电子阅读 APP 要素的三条路径：第一条路径是“主观规范—期望确认度—使用满意度—持续使用意愿”；第二条路径是“主观规范—期望确认度—阅读有用性—使用满意度—持续使用意愿”；第三条路径是“主观规范—期望确认度—感知易用性—阅读有用性—使用满意度—持续使用意愿”。其中涉及要素最多的路径是第三条，这说明了大学生使用电子阅读 APP 受到社会环境以及周围群体影响的程度是持续使用电子阅读 APP 的起点，大学生对电子阅读 APP 的了解来源于电子阅读 APP 的大力推广与用户的广泛使用。随后他们形成对电子阅读 APP 的期望，这种期望将影响感知易用性，也就是大学生对电子阅读 APP 界面设计、人人交互、人机交互、系统稳定性的满意程度。这种对客观电子阅读 APP 环境与工具等的客观认识继而影响大学生对阅读有用性的判断，最终影响对电子阅读 APP 的使用满意度评价，以及决定是否会选择持续使用电子阅读 APP。

因此，通过对大学生持续使用电子阅读 APP 的影响因素调查，可以发现从电子阅读 APP 的产品设计本身而言，电子阅读 APP 平台的自身设计要能够体现易用性的特征，同时能够进行广泛的宣传与鼓励更多的学习者使用。而从学习者的角度而言，学习者已经逐渐适应微学习模式，对电子阅读 APP 的客观使用要素、环境安全等要素比较关注，并已经获得一定的使用与防范技能，他们更加注重通过直接体验与前期预期的对比来评判某个电子阅读 APP 是否能够满足自己的学习需求，以最终评判使用满意度与持续使用意愿。

三、微学习资源开发的反思：基于持续使用意愿维度的思考

基于电子阅读 APP 开展阅读活动的学习者利用自身的碎片化时间，通过段落、篇章阅读，逐步推进阅读进度，以最终完成一本或若干系列的书籍阅读活动。在阅读活动中，阅读者与共同阅读同样书籍的读者成为阅读共同体，自由研讨阅读体验，收获阅读乐趣。从对电子阅读 APP 的持续使用意愿影响因素的个案研究中，可以发现作为电子阅读 APP 的开发者，即微学习资源的开发者，需要关注电子阅读 APP 自身的使用优势及推广效应，以及能否真正帮助学习者获得有效的阅读体验。

从 1980 年 Oliver 最初提出消费者再次购买意愿的模型研究，到 2001 年 Bhattacherjee 提出信息系统持续使用模型，研究者将用户的持续使用意愿从购买意愿转移到技术接受的信息系统持续使用意愿上。这一拓展尽管在商业领域中的研究较多，表现在对新的技术模型或信息系统的用户试用、测试与使用意愿的评价，如在最初银行的自助柜员机（automated teller machine，ATM）的推广阶段对 ATM 的持续使用调查。但是，如今在线学习信息系统如雨后春笋般层出不穷，特别是诸如商业性消费模式的系统，大到慕课学习平台，小到支持微学习的平台或系统，如电子阅读 APP，这些系统的竞争力可以通过“持续使用意愿”来进行检测。

微学习资源是一个基于某个微学习资源平台的完整的应用系统，可以从“持续使用意愿”维度开展微学习资源系统的使用意愿报告，并在结果分析后，对微学习资源系统进行必要的修订与完善。在上述案例中，电子阅读 APP 的持续使用影响因素模型中仅仅添加了主观规范与感知风险性两个影响要素，以组建模型，进行研究分析。那么在满足不同个性化学习需求的微学习资源系统中，微学习者的学习特征、学习需求、学习内容等存在差异，复杂的微学习者分析会受到

多个影响因素的制约，因此在信息系统持续使用影响因素模型的基础上，依据相关理论，合理添加潜在的影响因素，并判断最终的影响结果，需要“因地制宜”，根据具体的微学习资源系统进行具体分析。通过对诸多影响因素的判断，剔除无效的影响因素，获得有效的影响因素，再进行系统的修订与设计，并在后续的系统持续使用中定期开展基于微学习者的持续使用意愿调查，不断修订和完善信息库，以此完成整个微学习系统的开发。

第四章
微学习资源传播途径探索

微学习方式逐渐融入学习者的日常生活，学习者抓住乘车途中、茶余饭后的休闲时间等生活间隙，使用移动终端设备快速搜索并学习自己感兴趣的学习内容。微学习资源的设计与开发逐步填补资源的空缺，以个性化的学习形式为微学习者提供丰富的学习内容，个性化学习需求在微学习资源中不断得到满足，也从客观上推动了微学习方式的普及与广泛应用。微学习者对微学习资源的持续使用意愿的研究也反映出微学习资源的有效传播成为影响微学习者持续使用微学习资源的重要因素。而从教与学的本质上来看，教与学的过程本身就是一个传播的过程，因而有关微学习资源的传播途径的探索也是发挥微学习资源重要作用的必要环节。以传播学理论为依据，开展微学习资源传播系统的设计，从控制系统、内容分析系统、媒介研究系统、受众分析系统、效果评价系统等方面，探索微学习资源的传播途径。

第一节 微学习资源传播系统设计

“传播”一词在实际生活中应用广泛，传播的概念在传播学中却有着不同的解释。Osgood 等（1957）认为，在大多数情况下，我们操作一些特定的符号，通过连接信息的通道，实现系统、来源、目的地等之间的传播。Gerbner（1967）则简洁地表达了传播的内涵，传播可以被理解为“通过信息的社交”（social interaction through messages）。Theodorson S 和 Theodorson A（1969）则认为，传播是通过符号将信息、思想、态度或情感由一个人传播到其他人或一群人。因而，不论是谁对传播下定义，都离不开几个关键概念，即传者、通道、信息、受者、信息发送者与接收者之间的关系、传播效果、信息语境、信息表征的内容等。当然，传播有时还涉及传播意图，即发送或接收信息的目的。因此，传播是对他人的一种行为，是一种与他人的交互和对他人的一种回应。传播也可以被理解为两个过程：一个是编码的过程；另一个则是解码的过程。编码就是信息“被转化成一种可理解的标志和符号系统”（巴兰，2016），以便于潜在的接收者能够理解。而解码则是另一种意义上的信息再翻译，目的是解构信息的意义。在对话传播的过程中，编码是演讲者的演讲技巧和他们的非言语信息的表达，如肢体语言、表情等，从而传达出能够让听众听懂、看懂的信息。而在今天的互联网情境中，编码则是根据设定的流程与符合受众期望的要求，将信息以文本、图像和其他格式进行编译。而在传播过程中，一般认为，反馈指的是“对传播的反应”（巴兰，2016），可以理解为传播者所掌握的关于潜在的接收者是否真的接收到了信息，或在接收信息过程中发生了什么等的相关信息。这些反馈信息可以帮助修正正在发生或将来要传播的行为。在面对面的传播过程中，反馈来自受众直接提出的问题、复述信息的请求、肢体语言、回应等。而在大众传播中，反馈则来源于受众调查、销售数据、试用、信件和电话访问等。当然，反馈也可直接通过向监管者、同事、朋友和其他重要相关者进行提问、请求回应等途径获得。

随着大众媒体的逐步发展，有关大众传播（mass communication）的概念也得到了研究者的关注。大众传播被认为是特定的群体通过使用技术设备，如印刷、广播、电影等向广大的、分散的受众传播符号化的信息（Janowitz，1968）。在大众传播过程中，传播过程中的关键因素发生了变化。大众传播中的传播者角色一般是一个有组织的团体或是一个机构成员。信息接收者通常是一个个体，或是被传播组织认为对传播组织来说有特定贡献或价值的受众群体。传播的通道也不再仅仅是通过表达或感官理解所构建的社交关系，而是一个基于技术的大范围的传播设备或系统，只是这些系统显然也是具有社交性质的，因为它们毕竟受到法律与习俗的制约。而大众传播的信息也发生了变化，信息不再是一种特定的、瞬间的信息，而是一种可以大批量生产的、不断重复的复杂的符号结构。因此，大众传播的重要特征表现为传播的公开性与开放性、传送通道的有限性与控制性、传者与受者关系的客观性和不平衡性、机构安排的干扰性等。

不论在什么样的传播环境中，传者、受者、信息、通道、编码与解码、干扰与反馈等这些要素都会影响传播的效果。在实际的传播过程中，这些要素发挥的作用及其相互关系也是错综复杂的，因而在传播学中，关于“传播模式”的研究试图将这些要素串联起来，形成某种流程或厘清各要素之间的关系。尽管在真实世界的传播中，某个传播模式并不能说明全部问题，但是传播模式的形成还是具有一定优势的。Deutsch（1963）认为传播模式的优势在于：①通过展现传播中各要素的顺序、关系的一般图示，能够更好地体现各要素及传播系统的组织功能；②传播模式能够通过对复杂信息的简单表示，帮助解释传播过程，因而这种简易表达方式具有启发的功能，引导学生或者研究者能很快找到传播过程或系统中的关键点；③传播模式也能够预测结果或事件的过程，形成研究假设。有些模式仅能描绘现象的结构，但是一个图示能将事件结构化。也有一些功能化的传播模式将传播过程以能量、压力和方向，以及它们之间相互影响等方式来表现。然而传播模式也存在一些问题，比如有些传播模式体现了线性的传播路径，而忽略了传者与受者之间可循环的、可协商的、开放的传播方式。因而，传统的传播模式被后来的研究者修订，而在具体解释某一个传播过程时，某一个传播模式也不能解决特定传播情境下的所有问题。

在微学习资源的传播系统设计过程中，同样需要考虑传播过程的基本要素，即传者、受者、信息、通道、编码与解码、干扰与反馈等。为了反映这些要素之间的关系及传播发生的机制，传播模式的设计也尤为必要，因而在已有经典传播模式的基础上，形成微学习资源的传播系统设计，便于形成微学习资源传播各个具体环节的反思与对策分析，以保证传播过程的顺利完成，实现微学习资源设计与开发的最大价值。

传播学的 Shannon-Weaver（1949）模式被称为“传播模式之母”，Weaver 在 Shannon（1948）发表的论文《一个传播的数学理论》（*A Mathematical Theory of Communication*）基础上形成了一本著作《传播的数学理论》（*The Mathematical Theory of Communication*），进一步完善了 Shannon 在论文中提出的传播模式，从而形成了经典的传播模式——Shannon-Weaver 传播模式（图 4-1）。该模式将传播过程要素以图示的方式清晰地呈现了出来，因而也被认为是最简易的、线性的传播模式，但其在表现群体传播、突出接收者的积极作用等方面可能存在不足。

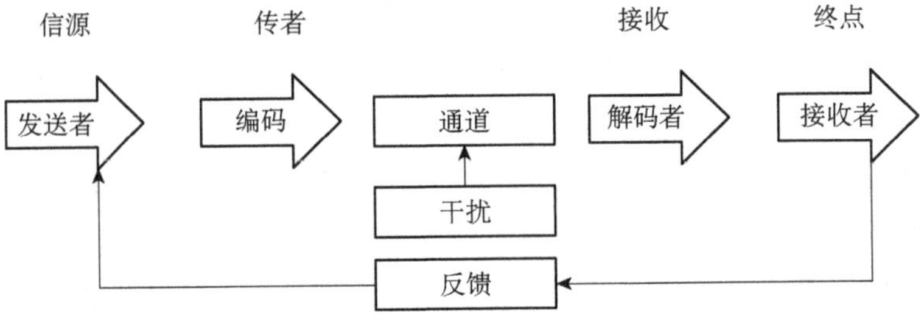

图 4-1 Shannon-Weaver 传播模式

Lasswell 和 Bryson（1948）则直白地提出在传播过程中需要回答这样几个问题：谁（who）？说了什么（says what）？通过哪个通道（in which channel）？对谁（to whom）？起到了什么效果（with what effects）。虽然只有简单的五个问题，但却对应了传播过程中的几个要素。他们进一步从分析类型的视角对五个问题进行了分析设计，“谁”作为传者，是整个信息的重要来源，因此在传播过程中，应当作为控制系统来分析；“说了什么”即信息，是传播的具体内容，需要做内容分析；“通过哪个通道”对应媒体选择，因此需要考虑使用什么样的媒体进行传播；“对谁”对应受众，受众分析尤为必要；“起到了什么效果”对应效果，需要进行传播的效果分析（表 4-1）。Braddock（1958）对 Lasswell 和 Bryson 的传播理论进行了拓展，增加了两个问题：在什么情景之下（under what circumstances）？有什么目的（for what purpose）？

表 4-1　Lasswell 和 Bryson 的传播理论

问题	对应要素	分析环节
谁	传者	控制分析
说了什么	信息	内容分析
通过哪个通道	媒介	媒介分析
对谁	受众	受众分析
起到了什么效果	效果	效果分析

Shannon-Weaver 传播模式与 Lasswell 和 Bryson 的传播理论都体现了传播过程中的基本要素，然而无论拓展什么样的问题或要素，都能体现与这些基本要素之间的联系。如考虑情景的问题，必然与信道，即通过什么样的通道进行传输联系在一起，而传播目的则与传播效果紧密相关。因而依据 Lasswell 和 Bryson 分析视角的传播过程研究，结合两大经典传播理论，可以构建微学习资源传播系统，并体现微学习与微学习资源的特点，形成有效的微学习资源传播过程。在微学习资源传播过程中，传者对应微学习资源的设计与开发者，对传者的信息源头的分析形成微学习资源的控制分析。而微学习资源本身则对应传播过程中的信息角色，内容分析是对微学习资源的学习内容的深入分析。微学习环境分析则对应通道要素，包含媒介分析，但也可拓展为微学习环境的创设研究。微学习者则对应传播过程中的受者，即信息的接收者，因而受众分析即为基于传播视角的微学习者分析。而在最终的效果分析中，不仅应体现传播效果如何，还应体现是否达成微学习资源满足微学习者个性化学习需求的目标。因此，在上述两个经典传播理论的基础上，可以形成微学习资源传播系统（图 4-2）。

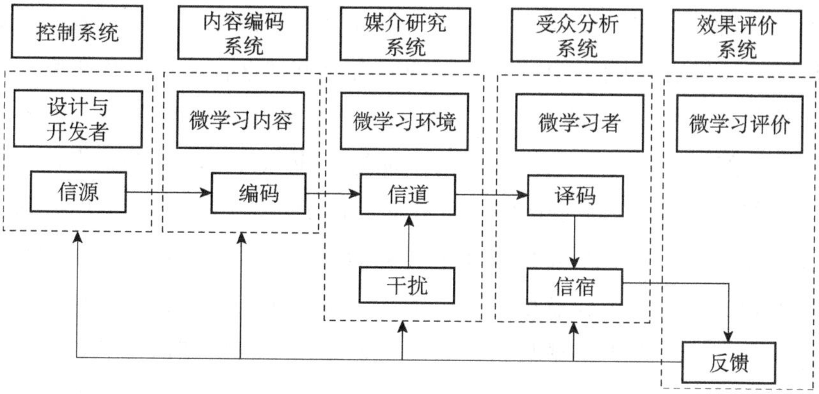

图 4-2　微学习资源传播系统

第二节 微学习资源传播的控制系统

微学习资源传播的控制系统主导微学习资源传播的整个过程，因而其系统构成及各个组成主体所发挥的作用将直接影响微学习资源的传播效果。而在传播过程中，不可避免地会存在传播技术异化问题，解决这一问题也必然需要回归传播主体本身去寻求消解策略。

一、微学习资源传播的控制系统的构成与作用

要回答 Lasswell 和 Bryson 的传播理论中的第一个问题：“谁”来传播？就要分析微学习资源是“谁”开发并由“谁”来传播的。微学习资源传播的控制系统是主导整个传播过程的主体系统，由传播主体构成，从大众传播的意义上来说，传播主体既可以是个人，也可以是机构、组织或团体。在微学习资源传播系统中，微学习资源的开发与传播团队组成微学习资源传播的控制系统，他们各自的工作内容决定了他们在微学习资源传播的控制系统中的功能。开发团队是微学习资源的直接贡献者，他们创造了有价值的微学习资源。而传播团队则从应用推广、评价反馈等方面实现微学习资源的有效传播。微学习资源开发与传播团队包括教师或辅导者、资源开发专家团队、技术人员、营销推广团队以及其他相关利益者。任何一个能够影响组织目标的实现或者能够被这种实现过程影响的团体或个人（爱德华·弗里曼，2006：32），都是这个组织的利益相关者。利益相关者形成的利益组织要在目标、理念与方法上能够达成利益中心、动态发展、协调共生的共识（杨晓宏，贾巍，2013）。在微学习资源传播过程中，不仅要将影响微学习资源传播目标实现的个人和群体视为利益相关者，还要将目标实现过程中受影响的个人和群体也看作利益相关者。因此，可以将微学习资源传播主体利益共同体分为三类：第一类为设计与开发者，他们是微学习资源传播的重要主体；第二类是专家团队与技术人员，微学习资源的开发与传播需要专家团队给予智力支

持，而技术人员则为实现微学习资源开发与传播的技术问题提供解决方案；第三类为微学习资源所属的利益组织或机构，他们在微学习资源的开发与传播中占主导地位，决定微学习资源开发的实现、目标等，并在微学习资源传播方面开展宣传、推广工作。

微学习资源传播的控制系统的各类主体在微学习资源传播过程中发挥了各自的作用。微学习资源的设计与开发者作为微学习资源的直接创建者，从微学习者的个性化学习需求出发，开发出可传播的微学习资源。微学习资源的设计与开发者不仅创建了可供传播的资源，还开发了微学习内容，通过结构化设计使得微学习内容既能以片段形式传播，又能体现内容的逻辑联系。微学习资源的设计与开发者还进行了传播环境的搭建与设计工作，如基于微博、微信公众平台等已有环境，建设个性化的微学习资源平台等。不仅如此，微学习资源的设计与开发者还进行了效果评价的设计，并接收反馈信息，以修订、完善微学习资源。因此可以说，微学习资源的设计与开发者作为微学习资源传播的控制系统中的主要主体，既参与传播的整个过程，又主导传播的每个环节。

微学习资源传播的控制系统中的专家团队的作用则在于从整体设计上为资源开发提供专业的建议。在课程研究中，专家团队的建议一直是课程知识的重要来源之一，微学习资源的形成无疑凝聚了专家团队的智慧。然而，微学习资源的专家团队不仅能够如同课程专家一样给出专业的有关知识及其组织的相关意见，还具备充分的在线学习特征分析的经验，因此还能够从微学习这种新型学习方式出发，结合微学习者的学习特征，提供恰当的资源设计与开发意见。因此，专家团队将为微学习资源的设计与开发提供有关具体学习内容及其组织的意见，以及有关微学习者分析、微学习方式实施等方面的意见。而技术人员则从互联网技术实现与开发、传播的方法与策略层面提供具体的实施方案。他们具有能够实现基于移动终端的微学习的技术，解决传播的路径选择、互动生成、评价反馈等传播中可能出现的技术问题。他们也将为决策者提供最优的微学习资源开发方案，以及传播策略与方式。

微学习资源所属的利益组织或机构是微学习资源传播的控制系统中的第三类团队，尽管他们可能并没有直接参与具体微学习资源的设计与开发，但是他们将决定微学习资源是否能够被开发，以及如何推广应用等问题。从大众传播的意义上来看，利益组织或机构占据媒介信息发布与传播的主导权，不仅决定信息的价值取向，还将主导信息的传播渠道，并控制其可能的影响力，因而，不论是正式学习还是非正式学习的微学习资源都将归属某个组织或机构，如正式学习中的微学习资源属于学校；非正式学习中的微学习资源可能具有商业价值，并从属于某一组织或机构。那么从微学习者个性化学习需求出发的微学习资源开发与传播，又将受到组织或机构的决定性影响而具有独特的开发与传播目标，因而在传播推广、营销方式上会产生不同的宣传方式。

在大众传播兴起的初期，信源与信宿存在着线性的单向传播以及反馈关系。然而在今天的 Web 3.0 时代，信宿已经不仅仅是 Web 2.0 时代的被动接收者，传者与受者也不再是单向的传播模式，受众期待与信息、传者进行互动，他们还将依据个性化学习需求，参与信息的创造。因此，尽管微学习资源传播的控制系统由微学习资源的开发与传播者主导，但也应当看到微学习者作为微学习资源的受众在参与个性化学习需求订制的创造过程中所发挥的作用。如果将微学习资源作为产品，微学习者就是该产品的消费者。从产品生产的意义上而言，从产品制造到消费的单向过程中，消费者仅以反馈的方式形成与产品制造者的对话，而今“产销合一”的概念被提出，消费者已逐渐参与产品的制造过程。Toffler（1980）在《第三次浪潮》（*The Third Wave*）一书中提出了“产销合一”的概念，认为制造者不只是向消费者提供产品，还要吸引消费者以某种形式参与产品的制造过程。将微学习资源从产品的视角进行对比，作为微学习资源的受众，即微学习资源的消费者，毫无疑问将通过各种方式主动地参与到微学习资源的开发过程中；而作为微学习资源的开发者，也将开辟恰当的渠道让消费者能够顺利地参与产品开发过程（图 4-3）。

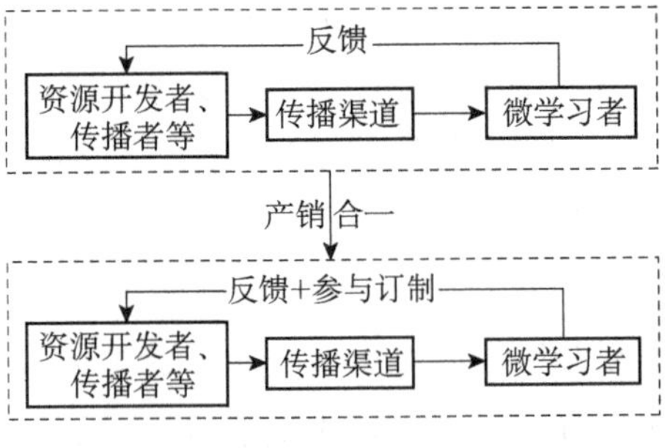

图 4-3 微学习资源“产销合一”的传播系统

二、微学习资源传播的控制系统的传播技术异化及消解策略

从这三类利益共同体以及受众可能会产生的影响来看，微学习资源传播的控制系统应当注重各个主体的价值导向或素养可能带来的对微学习资源传播的方向、目标、效果等方面的影响，抵御造成不良传播影响的传播技术异化现象，从“新媒介素养”培养的视角消解传播技术异化的主体性根源。

在传播过程中，微学习资源传播的控制系统中的传播主体必然要使用传播技术来实现传播过程。微学习资源的传播技术是基于互联网技术开展的适应微学习者个性化学习需求的技术方案或传播策略。最早把异化纳入哲学研究范畴的是德国哲学家黑格尔，异化是指“人的创造物反过来奴役人，成了支配人的异己力量”（转引自：吴俊杰，张新明，2011）。具体而言，异化是指主体在发展过程中，由于自身的活动而产生出自己的对立面（客体），而这个客体又成为一种外在的异己力量转过来反对自身（郭冲辰，陈凡，2002）。微学习资源传播技术的异化将产生传播的负面影响与效果，及其可能带来的对受众认知的扭曲与危害。而造成传播技术异化的原因不仅包括由技术自身的自然属性与客观因素而产生的技术异化导致的传播异化，还包括传播主体以错误的价值取向或观念负载于传播过程的技术，对技术、学习、传播的认识局限与失当的价值观将直接导致微学习资源传播的负面影响与危害。技术自身的自然属性与客观因素导致的传播异化为传播技术异化的客体性根源，可将其归因于技术本身的发展有其从产生到成熟再到衰减过程的规律。新技术的革新以绝对摒弃式的方式淘汰落后的技术。当旧的传播技术不能满足应用的需求时，新的技术必将取而代之，成为主宰传播的主要方式。而传播主体作为整个传播过程的主导者，其价值与判断失当是传播技术异化的主体性根源。传播主体自身对传播目标、技术与方法的正确认识与合理价值观的建立将是消解传播技术异化的根本性解决策略。因而，从主体性根源消解的角度而言，作为微学习资源传播的控制系统中的传播主体，其媒介素养的提升能够引导微学习资源正确的开发与传播方向，从而最大程度地发挥微学习资源知识价值与正面影响。

如今媒介素养已经不再是一个新的概念，从历史上来看，媒介素养主要针对媒介受众而与媒介素养教育及培养联系在一起，对媒介素养内涵的理解随着媒介

技术与传播技术的发展而逐渐体现出时代性，因而时代对受众媒介素养的提升提出了新的要求。然而从媒介传播主体的角度而言，他们的媒介素养同样需要随着时代发展而得以不断提升。媒介传播主体是媒介信息的传播者，他们正确的价值观、先进的传播技术及对受众信息需求的敏锐观察构成他们媒介素养的主要内容。首先，微学习资源传播主体同样需要形成开发与传播微学习资源的正确导向，引导微学习者树立正确的价值观与人生观。其次，技术进步对传播主体提出了更高的要求，特别是基于移动终端传播的微学习资源传播的相关技术，如何从人性化、简易性、兼容性等方面开发或应用新型传播技术，可以消解技术客观因素所造成的传播异化问题。最后，由微学习者学习微学习资源而形成的反馈，也必然会影响微学习资源传播主体的微学习资源传播策略。敏锐地捕捉微学习者的学习行为，形成个性化学习需求的准确判断，也是对新时代媒介素养内涵变化的一种回应。

因此，为了消解微学习资源传播的控制系统中的传播主体异化现象，必然需要分析技术客观因素与主体因素的根源，从回归传播主体本身寻求根本性的解决策略，即从新技术对微学习的影响分析，以及新媒介素养对传播主体媒介素养提升的新要求方面寻求消解策略。

第三节　微学习资源传播的内容编码系统

在微学习资源传播系统中，内容编码系统不仅需要回答“says what”的学习问题，还需要回答“how to say”的问题。在微学习资源设计与开发过程中，微学习资源的设计者主要解决微学习内容的选择与组织问题，已经回答了“says what”的问题。因而学习资源传播的内容编码系统实际上承担了解决微学习内容如何编码，如何应用编码策略以便解决在微学习环境中传播的“how to say”问题。尽管开发与传播过程看似分离，但实际上微学习内容的呈现技术为微学习内容的编码创设了微学习内容传播的必要条件。在微学习内容的生产过程模型（图2-7）中，“多媒体语言结构过程设计”部分重点讨论以多媒体语言呈现微学习内容，而多媒体表征的微学习内容则是微学习资源传播的内容编码系统的基础。

所谓媒体，是指人们交流信息的媒介或中介。一般来说，媒体有五种类型：感觉媒体、表示媒体、显示媒体、存储媒体和传输媒体。其中，感觉媒体是能直接作用于人的感官，使人产生感觉的媒体，包括人类的语言、音乐以及自然界的各种声音（sound）、图形（graphics）、图像（image）、活动图像（live video）、文字（text，也称文本）等（杜瑞芝，2000：531-533）。基于互联网的信息传播依赖于信息多媒体化，以便于能够实现人机、人网互动。多媒体技术就是把自然界中存在的各种媒体数字化，再利用计算机对这些数字化的信息进行处理，符合人们日常接收信息的习惯，易于被人们所接受。微学习资源作为基于互联网的信息资源，需要借助多媒体技术进行系统处理，以文本、图像、音频、视频等形式加以展现。微学习资源的开发者结合学习者的认知风格，进行微学习内容的生产，便于在互联网中传播。然而，丰富的微学习资源以各种媒介形式呈现给学习者，让学习者很难进行快速选择。而在学习过程中，尽管微学习内容是以部分或单元的组块形式传播的，在一定程度上降低了学习者的认知负荷，然而对微学习内容的编码还需要寻求更加科学、有效的策略。

根据学习理论的研究，知识在人脑中的存储方式是以语义网络的形式将一个个小单元或概念整合起来的认知结构（cognitive structure）（Jonassen，2000），学习的发生过程就是将新的概念或知识建构到已有的认知结构中，形成与之前知识或概念的有效联结，以促进新的认知结构的形成。然而，新的认知结构也应当以更加具象、清新的方式呈现出来。知识可视化的方法就是将抽象概念具体化、可视化（Jacobson，Archodidou，2000），而人脑具有快速处理视觉图像的能力以促进人的记忆（Paige，Simon，1966），因此，可以使用计算机技术建立信息的视觉表征，促进学习者建立知识的长时记忆（Novak，Cañas，2008）。“可视化”源于英文“visualization”，1986 年 10 月，在美国国家科学基金会的“图形、图像处理和工作站”讨论会上，Mccormick 等首次提出了“科学计算可视化”（visualization in scientific computation，VSC）概念（Mccormick，et al.，1987），可视化提供了一种“使不可见成为可见”的方法。因而，可视化可以被理解为“将不可见的、不能表达的或抽象的一些东西，转变为可以看到的或者大脑可以想象的图形图像”（张卓等，2010）。Eppler 和 Burkhard（2004）对知识可视化给出了定义：一般而言，知识可视化是使用视觉表征的方式来促进知识传播过程中的创新与转化。知识可视化采用图示的方式来构建并传输复杂信息。因此，在微学习内容的编码中，建立知识可视化，既能够帮助学习者在众多媒介信息中快速把握关键概念与知识，并将其融入自己的认知结构中，也能够促进概念知识由短时记忆向长时记忆的转换。随着知识可视化的不断应用，人们发现知识可视化能够抓住关键概念及其相互关系，以图像（非线性文本）的方式形成概念知识结构的视觉表征，如同认知地图一样来帮助在线学习者进行知识的建构以及高阶思维的形成。同时，一些抽象概念也可以通过链接知识概念的方式，与具体学习内容连接，帮助学习者进行信息的处理与加工，以促进学习。知识可视化还可以被应用到学习评价中，学习者在自学过程中的自我评价，可以通过知识概念地图形成对已学知识的回顾，进而形成必要的反馈，以夯实所学知识。图 4-4 是对知识可视化定义的图示，将一个复杂定义以图示的方式表征出来，可以帮助学习者快速把握定义中的关键词，以便于学习者识记、理解概念。在微学习中，知识可视化的策略表现为针对不同类型的知识使用不同的知识可视化方法进行视觉表征，不仅呈现一个单元的知识结构，同时帮助学习者串联各个微学习内容，建立整个知识体系的知识结构。

图 4-4　知识可视化定义图解

在运用知识可视化对知识进行视觉表征时，应该首先回答五个问题：①什么类型的知识被可视化？②为什么这些知识要被可视化？③为谁而知识可视化？④在什么情境下知识被可视化了？⑤这个知识是如何被表征的？

根据 Alavi 和 Leidner（2001）对知识的分类、Vail（1999）的知识可视化的动机理论，以及常见的目标群体、可能的知识可视化情境与知识可视化格式，可以给出这五个问题的答案，以形成知识可视化框架（Eppler，Burkhard，2007）（表 4-2）。

表 4-2　知识可视化框架

知识类型	知识可视化功能	目标群体	情境	可视化格式
陈述性知识	创造	自己	论文报告	结构化文本/表格
程序性知识	编撰	另一个人	面对面对话	表象/故事

续表

知识类型	知识可视化功能	目标群体	情境	可视化格式
经验性知识	迁移	一个团队	演讲	启发式草图
相关人的知识	识别	社区实践	工作坊	概念图表
定向性知识	应用/学习	所有雇员	专家系统	图像/视觉隐喻
情境性知识	测量/评价	特定的利益相关者	互联网/内联网	知识地图
规范性/价值判断知识	传信	公众	虚拟环境	交互式可视化

知识可视化框架为知识可视化的设计者提供了明确的思路，但是知识可视化框架中的知识类型、可视化功能、群体、情境与可视化格式并不存在一一对应的稳定结构，知识可视化的设计者要依据特定的知识类型、可视化功能、某类受众，在特定的情境下选择适合的可视化格式进行视觉表征。在知识可视化框架的基础上，Eppler 对知识可视化进行了详细的案例研究，并和 Lengler 一起于 2007 年设计了“知识可视化周期表”，仿照化学元素周期表，将不同类型的知识以不同的视觉表征格式展示了出来。

微学习资源传播的内容编码系统在微学习内容片段化呈现的基础上，运用知识可视化的策略作为内容传播的编码策略，发挥视觉传播的优势，以降低学习者的认知负荷、有效连接部分内容与整体知识结构为目标，将关键概念与知识以适合的可视化方法在特定受众、特定情境下表现出来。因此，微学习资源的内容编码系统需要回应知识可视化框架中的五个研究问题，对微学习内容进行知识类型归类，评判微学习者学习目标，分析微学习者受众类型，充分预设微学习情境，以合适的可视化格式进行微学习内容的编码。

第四节　微学习资源传播的媒介研究系统

从微学习资源传播的整个流程来看，微学习资源传播的环境作为传播媒介，起到了重要的中介作用。如果没有可以传播的渠道，优质的微学习资源就不能为微学习者提供服务，微学习者也无法获得想要学习的微学习资源。从传播理论来看，传播通道还受到干扰因素的影响，可能导致传播不畅。在微学习资源传播的媒介研究系统中，需要分析作为通道的传输中介，即微学习资源传播环境的构成及可能存在的干扰因素，以便于采取对策进行消解。与此同时，也应当意识到学习的主体——微学习者的主观学习动机对传播过程的影响。分析激发学习动机的影响因素，采取恰当的传播策略，以排除微学习资源传播中的主观干扰因素，保障微学习资源传播渠道的畅通。

一、微学习资源传播环境的构成及其干扰因素

微学习资源传播环境的创设包含微学习资源平台、移动终端设备等（图 4-5）。从传播维度思考通道在整个传播过程中的作用，微学习资源传播的环境创设系统是传播的信道，为准确传达传者向受者传递的信息提供通道保障。微学习者使用移动终端设备，通过网络传播等通信技术，实现微学习资源平台的信息传播。在此过程中，还需要兼顾传播通道中可能存在的干扰因素。这些干扰因素对移动终端设备、微学习资源平台，以及实现传递的相互关系等都将产生影响，因而需要采取干扰因素的排除策略，以确保信息顺利传播至受者。

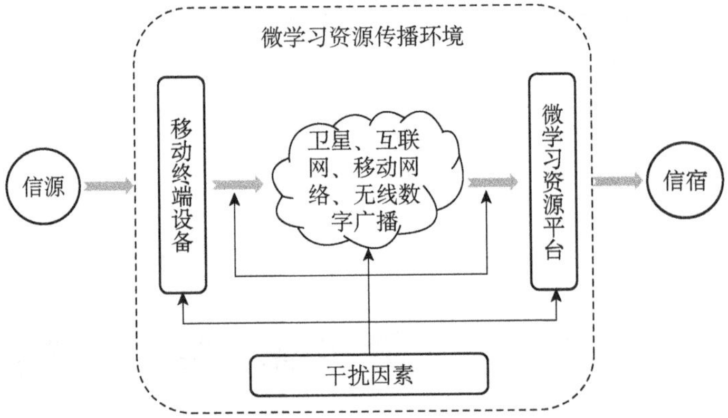

图 4-5　微学习资源传播环境

微学习资源传播环境首先取决于可获得微学习资源的移动终端设备的占有率与连入互联网的经济成本及稳定性。根据第 42 次《中国互联网络发展状况统计报告》，截至 2018 年 6 月，我国手机网民规模达 7.88 亿人，网民中使用手机上

网人群的占比达98.3%。使用台式电脑、笔记本电脑、电视和平板电脑上网的比例分别为48.9%、34.5%、29.7%、27.5%。[①]相比于半年前的数据，使用手机、平板电脑上网的人群的占比都有提高。在设备持有方面存在的干扰因素主要是价格问题，而如今，移动设备与接入网络通信的性价比也在不断提升，移动设备在不断推陈出新的同时，价格也在下调。智能手机已跌破千元，平板电脑的价格也逐渐降低。早在2015年4月，李克强总理就敦促要提高网速、降低网费。第42次《中国互联网络发展状况统计报告》中也提出，"我国互联网基础设施建设不断优化升级，网络扶贫成为精准扶贫、精准脱贫的工作途径，提速降费政策稳步实施推动移动互联网接入流量显著增长，网络信息服务朝着扩大网络覆盖范围、提升速度、降低费用的方向发展"[①]。这些举措都为降低个人移动设备连接互联网的资费以及连接网络的稳定性提供了保障。因此，从移动设备的个人占有率以及可承受的连入互联网的资费情况来看，使用移动终端设备连入互联网开展微学习的基本设备保障已经形成。排除设备占有率与连入互联网的干扰因素，使得从移动终端设备到网络传播等通信技术的传播通道也得以顺利打通。

移动终端设备作为线下媒介传播渠道，其获得微学习资源的通道已经被打通，而能够保障微学习者获得微学习资源的线上媒介渠道——微学习资源平台，还需要进一步分析其传播渠道的特点以及干扰因素，以确保传播通道的顺畅。现有的微学习资源平台主要包括微信公众平台、微博系统，以及其他相关APP应用平台等。微学习者对微学习资源平台的满意度及持续使用意愿，决定了微学习资源平台作为微学习资源传播通道能否保障传播的顺利实现。因而，微学习资源平台作为传输微学习资源的媒介，必然要从满足微学习者使用需要的角度，从界面设计、学习体验、交互分享等多个方面分析影响满意度与持续使用意愿的干扰因素，使得微学习者不仅能够从微学习资源平台上顺利获取有效的学习资源，还能够具有满意的学习体验。

具体而言，在界面设计中，基本的文字设计、颜色搭配、背景构图、配音设计等，能够从适应大众需求的视角逐步转移到个性化需求的自我定义视角。导航设计体现平台的整体结构，能够为学习者提供更加便捷而简易的操作，帮助学习

① 中华人民共和国国家互联网信息办公室. 2018. 第42次《中国互联网络发展状况统计报告》(全文)[EB/OL]. http://www.cac.gov.cn/2018-08/20/c-1123296882.htm [2018-08-30].

者迅速获得学习资源，还能够体现学习资源的便捷推送。从学习体验上来说，影响学习者学习体验满意度最大的因素是微学习资源本身质量的优劣，优质的资源能给学习者提供帮助，使其有所收获。而传播媒介平台更多的是从使用体验的角度，带来学习者对学习体验的评判。有关界面设计、平台响应速度、观看的流畅度、下载和上传速度等都将直接影响学习者的整体学习体验。微学习资源平台的交互分享设计是为了满足学习者基本的在线交互体验、分享交流学习的需求。从基本按键的灵敏度等所反映的人机交互，到逐步实现的语音、面部识别等人机智能交互，对于提升在线交互体验具有较大的影响。学习中的交流与分享一方面体现了学习共同体学习的优势，适用于师生互动、生生互动等；另一方面也体现了评价的功能，既包括对学习过程中同伴的学习评价、自我评价，还包括对微学习资源本身的评价等。这些因素不仅影响学习者对微学习资源平台的满意度与持续使用意愿，还直接影响是否能够将优质微学习资源顺利传播至微学习者，以体现微学习资源平台传播通道的价值。

二、微学习资源传播环境的主观干扰因素

微学习内容的顺利传播依赖于稳定的传播通道，干扰信息传播的因素包括客观的技术、平台等因素，然而即便拥有稳定、顺畅的传播通道，仍然还有来自主观的学习动机因素的干扰，学习动机缺乏或不足将导致传播无法实现或中途断裂，这些都可能使得传播无法顺利实现。学习者的学习动机源于动机的研究，动机直接与人的行为有关，能够激发人从满足自身需要的角度付诸行动。对动机的解释或定义较多，但是大部分研究者都将动机归结于一种意愿，一种能够激发主体开展某种行动的意愿（Gopalan，et al.，2017）。学习者投入学习环境中的状态反映了其学习动机的强弱。影响学习动机的因素主要有挑战性、好奇心、控制力、趣味性、竞争性、合作性、重视程度等。因此，学习不再仅仅与认知相关，学习者的学习动机和学习偏好也是影响学习及其效果的基本因素（Serio，et al.，2013）。关于学习动机的理论主要有内在动机与外在动机理论（intrinsic and extrinsic motivation theory）、自我决定理论（self-determination theory，SDT）、ARCS 模型（attention，relevance，confidence，and satisfaction model）、社会认知理论（social cognitive theory）和期望理论（expectancy theory）等。

内在动机与外在动机理论认为学习者的内在学习动机由自我的挑战性、好奇心、控制力和趣味性而激发，外在动机则由奖励、外在压力或惩罚等而激发。内在动机能够激发学习者长期的学习意愿，而外在动机只能激发学习者一时的学习激情，同时外在的压力、奖励等又容易让学习者产生依赖的习惯。因而激发学习者的学习动机需要内在动机与外在动机激发策略的结合。自我决定理论源于内在动机与外在动机理论的研究，认为内在动机决定了外在动机表现，因而自我决定性表现为对主权、能力和关联性的心理需求（Gagné，Deci，2014）。ARCS 模型则将动机影响因素定位于注意、关联、信心与满意（Keller，2008）。社会认知理论则关注直接观察、交互、经验与媒介之外的影响因素对学习动机的作用（Bandura，2002）。期望理论（van Eerde，Thierry，1996）则认为投入与收获的对比会对学习动机产生重要影响，全情的投入源于对收获的巨大期待。

因而应综合各种学习动机理论，分析影响学习动机的因素，在微学习资源平台中进行合理的策略设计，从多个角度激发学习者的学习动机，以保证微学习者能够顺利完成微学习过程。如运用影响学习内在动机与外在动机的因素研究，合理选择并巧妙设计微学习内容展现的形式以增加学习者的学习兴趣，采取适当的积分等奖励措施以激发学习者的外在学习动机。通过对学习者学习偏好等的学习行为研究，整合内在动机与外在动机激发策略，从而保证微学习资源得以顺畅传播。诸如此类激发微学习者学习动机的策略，需要对微学习者的学习动机影响因素进行深入分析，设计出恰当的应用性策略并将其体现在微学习资源的传播过程中，由此才能引发微学习者的学习动机，从主观上消除传播过程中的干扰因素。

第五节　微学习资源传播的受众分析系统

微学习资源传播的受众角色已经发生了变化，从辨识、评价微学习资源，到直接参与微学习资源的开发与传播过程，这是媒介融合时代媒介信息消费者向制用者身份转变的必然回应。在面对纷繁复杂的媒介信息环境时，受众在抵御信息消费文化现象的同时，随着媒介素养内涵发生的新变化，受众自身的媒介素养要求也随之提高。受众在对微学习资源的选择、识读、辨明、评价与应用的意识、知识与技能等方面都应当提高警惕，加强自身个人素养的提升，以获得并创造出更多优质有效的微学习资源并从中受益。

一、从消费者走向制用者：时代发展对受众角色转换的必然要求

信息时代的发展引发了传播过程中受众的身份转变，这必然也为微学习资源传播的受众——微学习者的身份转换与角色定位提出新的挑战。尽管在大众媒介发展初期，传统传播理论中的信宿是信源传播信息的终点，受众是信息的被动接收者。然而，人们也可以看到从终点反馈而来的信息将成为信息传播的一个重要修正依据。当互联网技术能够让越来越多的受众真正参与互联互动时，受众也不再是被动的信息接收者。从互联网发展的历史来看，自 Web 2.0 以来，技术快速发展，受众不仅能够充分参与并创造信息，参与信息的生产、发布等过程，也能够逐渐参与符合个性化学习需求的信息订制过程。在微学习资源传播的受众分析中，能否满足微学习者的个性化学习需求是微学习者重要的反馈内容。因而微学习资源的设计与开发者需要迎合微学习者的个性化学习需求，依据微学习的特点，开发合适的微学习资源。同时微学习者积极地参与微学习过程，进行有效反馈与评价，提交个人见解与意见等，也体现了微学习者参与微学习资源开发的过程。

Toffler（1980）在《第三次浪潮》（*The Third Wave*）中提出“prosumer”的概念，使用这样一个混合词来描述工业生产中试图将具有特定知识背景的、准职业的消费者纳入进来的情形。消费者生产就是为消费者提供一个他们能够根据自己的个性需求而订制商品的机会，从而形成“激活消费者的制造系统”（customer-activated manufacturing system）。随后，由 prosumer 而延伸出的 prosumption 这一概念被 Tapscott（1996）、Tapscott 和 Williams（2006）应用到 Web 2.0 时代中的维基百科等社交媒介中，试图套用消费者参与生产的模式，以说明 Web 2.0 时代用户在互联网上的社交活动对信息生产的影响。Bruns（2008）则认为使用“produsage”更适合描述 Web 2.0 时代的互联网用户。他认为用户主导的内容生产（user-led content creation）模式无需考虑“消费”这一可能具有商业目的的行

为。如维基百科的用户只是以一种合作开发的模式创建与管理一种开放的资源。“produsage”一词被翻译为“制用”，因而传播的信源从以往单一的信息制造者，转变为“制造者+消费者+制用者”的多个主体，消费者由反馈可能引发的身份转换，直接影响信息开发主体的变化（图 4-6）。

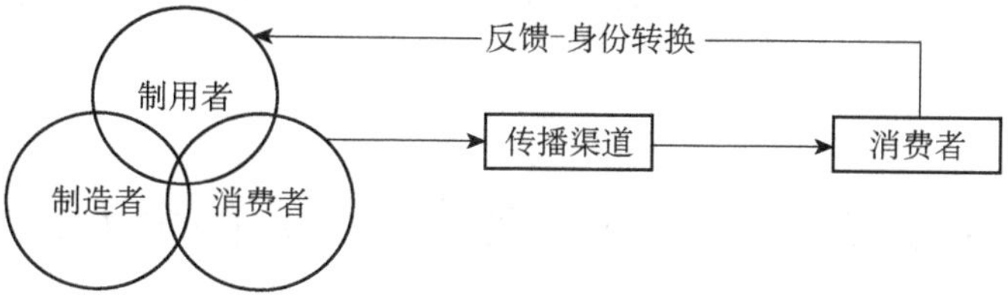

图 4-6　制用者主体参与传播过程示意图

然而，Bruns 也提出了消费者向制用者身份转换过程中的一些问题，认为“开放的参与，公共的评价”（open participation，communal evaluation）也就意味着消费者参与信息生产过程的门槛降低。任何人只要点击维基百科的“edit”，就可以修改或上传自己编辑的信息，这些信息的正确性、合理性或科学性的评价也交由受众评判，再由受众进行自行修订。在这个过程中，必然造成新用户对信息的误解，从而产生不良影响。因此，在消费者身份向制用者身份转换的过程中，开放的信息或平台容易缺乏对真实有效的信息制用者的管理与监督，如同建立生活情境中的信用档案一样，规范与管理信息制用者的网络信息行为也成为一个迫切需要解决的问题。Bruns 也提出了一些防范措施来提升信息消费者对所编辑信息负责的机制，比如维基百科只允许一般用户修改细微的语言或符号等小问题，如果要大幅修改或增加信息，则需要进行注册，维基百科建立注册用户的档案，全面考察并评判他们的信息编辑能力及贡献能力。因而，真实身份的认证成为越来越多公共开放平台注册的先决条件，这也是信息时代互联网信用系统建立和发展的必经阶段。

在微学习资源传播过程中，微学习者作为微学习资源的主要消费者，在直接参与微学习资源开发与传播中的作用还并不明显，微学习者的参与行为还主要体现在反馈的行为上，如对微学习资源的评价、对整个学习体验的评价等。然而不论是正式学习还是非正式学习，在 Web 3.0 个性订制需求的信息时代，微学习资源的开发与传播离真正的开放还有一段距离。例如，对微学习内容的纠错或编辑功能并未被广泛应用在现有的微学习平台或环境中，只能通过学习者的学习评价来进行反馈。因而，尽管需要对微学习者参与开发与传播可能产生的一些问题进行充分的预设，然而要想实现微学习者真正形成自我的意义建构，使其带着批判的眼光学习新事物，还需要从信息消费者向制用者身份转换的思路中获得启发，结合现有开放平台的管理经验，向着真正实现微学习者参与个性化学习需求订制迈出一步。

二、新媒介素养：微学习者作为受众的个人素养修炼

作为微学习资源的消费者、媒介传播的受众、信息传播的信宿等，面对当前复杂的消费环境、媒介环境与信息环境，微学习资源传播过程中的微学习者的综合素养也急需得到提升。

工业时代强大的生产力在后工业时代达到顶峰，过剩的物质生产早已超出人类的消费上限。此时，消费的本质出现了“多样性的变种”（邹广文，王纵横，2008），“消费不应该理解为和使用价值有关的物质用途，而是作为意义，主要和符号价值相关”（西莉亚·卢瑞，2003：63）。让·鲍德里亚（2014）从马克思的社会化生产结果理论出发，揭示了后工业时代中消费品的使用价值被机械地复制生产与再生产，已经失去了物质本身的价值，而仅仅是对符号价值的不断复制。消费文化中消费品的符号价值比其本身的使用价值更有意义，“消费材料充当的是骗术，而不是劳动产品”（詹明信，1997：398）。在消费社会商业模式的引导下，人们真正消费的是符号，而不是实际自身所需的物质存在。消费者可能沉浸于消费符号价值所带来的“时尚”和“潮流”中，实现了短暂的内心满足，实质是强烈的空虚与自我丧失。当受众面对丰富多样、新鲜有趣的在线学习资源时，是不是也会为多种选择而烦恼？在多番尝试、退出、再选择的过程中，学习者才会找到合适的学习资源，但也可能一无所获。回想大规模开放在线课程的流行时期，商家通过名家、名校的噱头吸引眼球，而学习者在真正参与学习的过程中，又会因为各种原因而选择退课或停止学习。过剩的大规模开放在线课程如同过剩的商品，极有可能造成以其符号价值来吸引学习者加入学习，而忽略其真正的使用价值。因此，针对越来越多的微学习资源可能造成“过剩的”资源，是不是同样需要警惕对学习资源符号价值的关注，从真正的使用价值上来衡量该学习资源

的优质与有效，从而实现理性“消费”？

如今媒介环境与信息环境多变而复杂，传播媒介的形式呈现多样化的特性，通过移动终端设备可以“泛在”地传播媒介信息，拓宽以往传统大众媒介的传播渠道。数和象在天、地、人之间变动和周流而建立的备包有无的媒体形式的全媒体时代已经来临（任国杰，2013：273-276）。传播主体趋向多元化，受众参与传播的渠道拓展，形式也越来越多样。传播的信息内容也呈海量化的增长趋势，不同渠道传来的媒介信息真伪难辨，从而影响受众对媒介信息的识读。加之在传播过程中，不同传者与受者间信息的交互尽管可以帮助受众解读信息，然而也在一定程度上造成了对其自我判断与决策的负担与障碍。因此，不论是批判模式，还是保护模式，如今的媒介素养表现在媒介信息的识读、解析方面的能力应当随着媒介信息特性的变化而体现新的提升，收集媒介信息的传者、传播渠道及来自其他受众的解读或评价等传播原理与机制，综合分析并判断出媒介信息的准确性与科学性。而媒介信息创造视角则体现了当下个性化信息需求的特点，及时发声，提出信息需求。而在信息表达时，将责任意识放在首位，负责任地编辑信息、发布信息，关注信息的流向，及时给予指正或修订。随着实名认证方式的普及，互联网信息传播的信用制度也将越来越完善。规范传者发布信息的做法，也在一定程度上能够帮助受众更好地识读信息。而随着互联网技术的发展，媒介使用与应用技术也在发生着日新月异的变化。媒介素养对参与媒介信息传播的各个主体提出了媒介技术素养提升的新要求。因此，新媒介素养对媒介信息发布、解读、评价、应用等多个内涵框架部分提出了新的意识、知识、技能等方面的要求。微学习过程中微学习者的媒介素养同样需要从微学习资源的识别、判断入手，理性分析并选择适合的微学习资源，不断提升自身的微媒介应用能力，积极参与学习互动与资源再建设，与微学习资源开发与传播者共同创造更加优质有效的微学习资源。

第六节　微学习资源传播的效果评价系统

传播效果的研究旨在回答“with what effects”的问题，因而以 Lasswell 和

Bryson 的传播理论为基础，有关传播效果的研究一直也是传播学中重要的研究领域之一。传播效果评价问题涉及整个传播过程有效性及传播结果的意义与价值。因此，国内外学者或传播机构依据不同理论，构建了多个传播效果评价指标体系或测量工具。微学习资源传播的效果评价系统需要在已有研究的基础上，针对微学习资源传播系统的各个环节，科学合理地设计微学习资源效果评价指标，并在微学习者个性化学习需求与技术发展的实时变化中，及时反思评价工具的有效性，以形成可信、可靠的传播效果评价结果。

一、传播效果评价的已有研究成果概述

在传统媒介传播效果研究中，研究者从认知、态度、行为三个层面衡量传播效果（丹尼斯·德弗勒，1989：34-41）。从认知到行为的表现显然是一个逐步深入的过程，因而理论上认为传播效果也是按照一定的逻辑顺序而发生的，因此，传播效果是一个不断积聚、深化和扩大的过程。认知是外部信息对人的知觉和记忆系统所产生的作用，它的影响在于引起知识量和知识结构的变化；态度层面则涉及心理变化，对人的价值观等产生影响，引发人的情绪或情感的变化；而行为层面则关注传播效果，指传播活动引起的人的言行表现的变化。在今天的媒介融合时代，以三个维度来判断传播效果显然不能体现特定传播媒介的特征，也无法体现如今传播受众的特点。因此，从受众维度开展的传播效果研究，如早期的广播电视媒体监测观众的收视行为而产生的收视率测量，逐步拓展到关注传者、受者、媒介内容及其互动指标的测量上（表 4-3）。

表 4-3 传者、受者、媒介内容及其互动关系的测量指标

一级指标	二级指标
传者	知名度、活跃度、专业度、美誉度、可信度、覆盖度、运营实力等
受者	人口统计属性、相关性、可信度、活跃度、关注来源等
媒介内容	内容的数量、类型与质量
互动关系	线上行为、情感态度、目标转化

资料来源：王冰. 2018. 移动互联网时代国外媒体的传播效果测量体系研究. 北京：北京交通大学硕士学位论文

在微内容的传播媒介中，刘健等（2016）以 Lasswell 和 Bryson 的传播理论为基础开展微博舆情信息传播效果研究（表 4-4），不仅关注传者、受者、媒介内容等

指标，还将传播渠道、传播环境以及认知、态度、行为等纳入评价指标体系中。

表 4-4 微博舆情信息传播效果评价指标

一级指标	二级指标
传者	稳定粉丝数量、关注数量、微博认证状态、微博管理水平、知名度
受者	稳定粉丝数量、关注数量、知名度、微博认证状态、活跃度
媒介内容	发布微博总量、原创微博总量、微博信息的时效性、微博更新频率、链接微博数量、形式匹配度、形式创新度
传播渠道	线上传播媒介、线下传播媒介
传播环境	博文话题热度、奖励制度、平台覆盖力
认知	微博浏览量
态度	关联时间、关注度、意见倾向度、点赞数量
行为	转发数量、评论数量

清博指数（www.gsdata.cn）发布了微信传播指数（WeChat propagation index，WCI）、微博传播指数（Micro-Blog communication index，BCI）、网红传播指数（online celebrity index，OCI）、头条号清博指数（Toutiao gsdata index，TGI）、政务百家号传播指数（Baidu government communication index，BGCI）（V1.0），以及爱奇艺、腾讯视频、西瓜视频等视频传播指数。根据媒介发展的动态，及时更新指数的相关指标。如微学习常用的服务平台微信传播指数 WCI（V13.0，更新时间 2017 年 7 月 1 日）对 WCI（V12.0）进行了修正，增加了多个指标，旨在更全面地评价微信传播效果（表 4-5）。这些指数逐步成为诸多研究参照的评价指数，或以此为基础，进行特定媒介传播效果研究的再修正。

表 4-5 微信传播指数 WCI（V13.0）

一级指标	二级指标	二级指标权重/%
整体传播力	日均阅读数	85
	日均点赞数	15
篇均传播力	篇均阅读数	85
	篇均点赞数	15
头条传播力	头条（日均）阅读数	85
	头条（日均）点赞数	15
峰值传播力	最高阅读数	85
	最高点赞数	15

然而我们也应当看到在当今媒介融合时代，基于移动终端设备的传播逐渐成为主流，也是最容易融入受众生活的传播媒介之一。已有研究从到达率、参与度、忠诚度、影响力（Graves，Kelly，2010），以及技术、受众、媒介内容等角度对传播过程与结果进行测量。到达率指特定时间段内接触到报道内容的人数，测量的指标是访问次数、独立访客（问）数；参与度指用户在特定时间段内阅读内容所花费的时间，测量的指标是会话时间、使用时间、参与时间（与内容积极互动所花费的时间）、访问的页面数量等；忠诚度指用户主动获取特定网站、应用或社交媒体内容的频率，测量的指标包括回访量、用户会话；而影响力则指媒介是否影响到用户的（个体或社会）生活，关于这方面的测量尚未形成共识性的测量指标。目前已有相关工具得以开发并使用，测量的数据会影响受众的判断。如《纽约时报》的数据分析工具 Stela（story+events analysis），《卫报》自主研发的实时分析工具 Ophan，《赫芬顿邮报》则使用个性化的 Omniture 仪表板进行数据分析（王冰，2018）。

从商业运营的视角，相关人员将类似产品的传播效果进行对比，试图使用一个标准的评价体系进行传播效果评价，以进行传播媒介影响力或优劣的排名，使得诸如清博指数的评价指标得以产生；或者自主研发评价工具，进行数据分析，这些评价指标的普适性或通用性及其评价结果的引导性存在一定的合理性，对于受众来说，在谨慎选择媒介信息时，可以信任排名较高的媒介信息。然而，也应当警惕以某种评价指标进行效果排名所带来的商业宣传的嫌疑。在如今的大数据时代，数据例证被应用到各个领域，极易对受众终极选择的判断产生影响，然而作为一般的受众，其对数据从何而来或因何而来的机制知之甚少，因此作为理性的受众，应当从根本需求上，以满足个人实际信息需求出发，结合相关评价指标，进行自我判断。

二、微学习资源传播效果评价指标及应用反思

微学习资源传播的效果评价系统需要以能否满足微学习者个性化学习需求为根本性指标，整合移动终端的微媒介传播过程中的各个环节，以及特定传播媒介的特点，进行综合设计，形成合理的评价指标体系。在微学习资源运行到不同阶段，从上线时的初步发展到逐渐获得普遍关注的成熟时期，进行跟踪评价，将过

程性效果评价与阶段性效果评价相结合开展纵向评价。同时积极开展资源调研，与类似微学习资源进行分阶段的评价对比，形成横向评价，以不断完善微学习资源的设计与开发为过程目标，以满足微学习者个性化学习需求为终极目标。因此，构建微学习资源传播效果评价指标体系，可以从控制系统的传播主体、受众（微学习者）、传播内容（微学习内容）、传播环境（微学习传播环境），以及互动关系等出发，建立一级指标。参照现有研究成果，以及微学习资源的开发与传播特点，构建合理的二级指标（表 4-6）。

表 4-6 微学习资源传播效果评价指标

一级指标	二级指标
传播主体	专业度、知名度、活跃度、美誉度、可信度、覆盖度等
微学习者	人口统计属性、专业性、可信度、活跃度、关注来源、满意度、持续使用意愿等
微学习内容	内容的数量、类型、专业性、准确性、科学性等
微学习传播环境	运营实力、清博指数、话题热度、管理制度、奖励机制等
互动关系	论坛活跃度、交互对象等

微学习资源传播效果评价指标的一级指标来源于经典传播理论中所涉及的各个影响因素，以及受众与微学习资源传播过程中的主体或客体对象所发生的互动关系。表 4-6 中的二级指标是根据已有研究的成果，对能够评价一级指标的具体因素进行的评价指标归纳。针对二级指标还需要设计三级或四级评价指标，具体到可测量的单位，以便于以数据形式收集信息。然而该评价指标体系并不能被直接应用。首先，需要针对具体的微学习资源，以及真实发生的微学习活动，对各个指标进行科学性与可靠性的验证。例如，二级指标中的各个要素能否证明一级指标的影响力，还需要进行正式测量的验证。可以利用统计工具进行要素结构方程模型分析，以确定二级指标与一级指标的相关性，以及评价模型的科学性与稳定性。其次，将调试后较稳定的评价指标体系，进行多次不同阶段的正式测量或相似微学习资源传播系统的测量，形成纵向与横向多次测量模型及结果的对比、监测与分析，动态修正与更新指标体系。

尽管如此，我们应当看到在微学习资源传播效果的评价中仍然存在一些主客观因素所造成的问题，影响测量所要收集的数据。客观因素包括基于不同移动终端设备的跨设备使用数据的收集难度、地理定位信息的实效性问题、非注册学习者的信息难以收集、基于移动终端的学习者行为检测技术尚不成熟等，这些都涉及具体指标的数据获得，没有这些具体行为数据的收集，无法获得影响因素的作用或价值描述。而从主观上来看，微学习者的主观学习需求实效性强、变化快，个性需求日趋复杂，深度互动与即时反馈的需求日益强烈。而移动终端逐步提供的多种复杂交互功能，如手指缩放、指压、摇一摇等，能够满足受众深度交互的需求。这些新的需求使得技术革新速度加快，而源于主观需求满足而产生的新技术所引发的行为难以在短时间内解决追踪、记录与分析等问题。这些现象与问题都将影响微学习传播效果。因此，针对某一具体微学习资源传播系统的传播效果的有效评价工具只是某一阶段的研究结果，在不断更新微学习资源开发与传播过程中，需要不断反思学习需求与技术革新等所带来的诸多变化及其可能引发的问题，及时更新、完善评价工具，关注阶段性数据结果意义的实效性，着眼于长期的可持续发展的动态评价模式。

第五章

微学习资源的生态发展

微学习资源本身“微”的特性，在于其容纳的知识容量小、持续的时间短。由于微学习者只是利用零散的碎片化时间进行学习活动，因此难以透彻理解片断化的微学习资源。而从微学习资源自身的吸引力来看，微学习者学习需求的实效性等特点也使得微学习资源自身的竞争力受到挑战，因此，要使微学习资源获得持续发展的动力，必须认识到微学习者才是微学习资源得以生存的根本动力。

当前微学习资源的发展存在数量众多而质量又参差不齐的现象，使得微学习者仅能够在众多微学习资源中选择较少的合适的微学习资源。为了缓解这个矛盾，在保证微学习资源数量的基础上，更加需要提升微学习资源的质量，而这种质量的提升不能仅仅依靠微学习资源的设计与开发者，还需要微学习者主动参与个性订制微学习资源的建设过程。以微学习者真实学习的体验、评价与成果共同再构微学习资源，如此形成微学习资源的可持续发展，使其获得长久的生命力。

从生态发展的视角，微学习资源也有着相似的生命周期。良好的生态发展路径必然是微学习资源的自我更新与再生，因此，在大众生产与集体智慧理论基础上构建的“共享-共生”机制，可以保障微学习资源的生态发展。而从激励、引导、整合与再生的视角设计恰当的策略，可以保障将有价值的个人智慧整合为集体智慧，从而为再生的微学习资源提供智慧支持。

第一节　微学习资源的发展困境及解决策略

当前微学习资源的发展应当警惕消费文化带来微学习资源“符号价值”消费的现象。本节从微学习资源发展的现状中，分析微学习资源“过剩与缺乏”矛盾的原因，找出微学习资源开发与传播的不济表现；从生态发展的视角，分析微学习资源生态发展的必然性，并明确其生态发展需求。

一、现象：消费文化带来的微学习资源“过剩与缺乏”矛盾

20世纪70年代由法兰克福学派提出的“消费社会”一说，对受众消费行为的物质崇拜、价值异化、符号至上加以批判。随之而来的后工业时代的消费文化（consumer culture）概念充斥在人们的日常生活中。诚如法国思想家让·鲍德里亚（2014：1-2）所说：“今天，在我们的周围，存在着一种由不断增长的物、服务和物质财富所构成的惊人的消费和丰富现象，它构成了人类自然环境中的一种根本变化。”从工业时代的大规模机器生产到后工业时代的个性化服务，受众有限的消费需求与无线的消费对象和服务之间的不平衡，催生着消费文化现象的产生。越来越多的受众抵御不了宣传的攻势，不自觉地卷入不必要的新一轮消费中。以曾经名噪一时的大规模开放在线课程为例，其除了以名校打造、名师主讲的噱头宣传之外，也用大规模、开放、内容新颖、学习方式革命等理念吸引学习

者的关注。成千上万种大规模开放在线课程在国内外相关平台相继上线。学习者可以在本校学习到外校的名师课程，在国内学习到国外名校名师的课程。大批学习者在各大平台注册，选择自己感兴趣的课程开展学习，导致了某些课程的火爆。从消费心理上来看，这些课程迎合了课程消费者对名校名师的慕名与向往，辅以其独特的学习方式与媒介宣传方式，使得大规模开放在线课程风靡一时。事实上，有些“名校名课”以及开放、大规模在线的商品化宣传凸显了课程资源的符号价值。在这种价值的引领下，许多学习者慕“名”而来，大量学习者在各大平台注册，从表面上看导致了某些课程的火爆。经过短暂的学习之后，学习者了解了课程的学习规范、内容要求等，学习者的退出率与辍课率增加（约翰·丹尼尔，2013）。从课程消费的角度来看，不论是正式学习还是非正式学习，当下课程从数量上正逐渐趋向饱和。如今，有些课程已经不再火爆，某门课最初同时有16万人选修，到后来只剩下不足100人，这种课程也被称为“大规模”，那么它究竟属于“小规模”还是“大规模”（李晓明，2014）？

警惕消费文化现象对微学习资源持续发展的影响也是极有必要的。以手机阅读APP为例，从分类上来看，就有新闻、小说、各类语言学习等多种分类。一方面，在各个类别的手机阅读APP中，有多种下载量、使用量排序的宣传与推荐，也有独特功能的推介，为学习者的个性化选择提供参照。然而在如此种类繁杂而又数量众多的APP中，学习者需要花费大量的时间下载、安装、试用，再决定是否继续使用，以至于手机中的APP数量越来越多，有些APP的使用频率却不高。但是选择下载与安装，却为该款APP增加了下载量，这个数据又将影响该APP的对外宣传，加之大部分学习者不愿意表露出真正的学习体验，使得质量参差不齐的手机阅读APP极有可能依然活跃在APP应用市场中。当多数学习者弃用时，新的一批APP又陆续上线。繁杂热闹的应用市场使得各类微学习资源层出不穷，质量参差不齐却也可以出现在同一榜单上。如此看来，丰富的、可供选择的微学习资源已然过剩。但另一方面，这也反映出真正能够满足需要的微学习资源却并不多。对学习者而言，他们看到应用市场的排名与推荐后需要花费大量时间来选择适合自己个性需要的微学习资源，在进行大量筛选之后，也极有可能无法获得满意的微学习资源，或者只能勉强接受，而过一段时间之后，又会陷入茫茫资源大海中再次苦苦搜寻适合的微学习资源。这些时间的耗费与一次次的尝试也会逐步消耗学习者的学习热情，影响学习的真正发生。过剩的微学习资源造成微学习资源市场繁荣的假象，真正能够满足微学习者学习需求的优质微学习资源却是匮乏的，因此形成了过剩的微学习资源与缺乏优质微学习资源之间的矛盾。

二、原因：微学习资源开发与传播的不济表现

微学习资源在学习者的正式学习与非正式学习中应当起到能够满足个性化学习需求的作用。这是微学习资源开发与传播的起点，也是终点。然而当前微学习资源的市场所出现的问题，究其根本原因，还是在于微学习资源自身开发与传播的各种不济表现。

首先，微学习资源开发与需求的不匹配，导致其利用率不高。从学习需求出发的微学习资源的变化应当是一个动态发展的过程，对学习者的微学习需求的分析具有时效性、复杂性等特征。时效性一方面体现在学习者的学习兴趣转移可能带来新的学习需要；另一方面，当某一时期学习者普遍表现出对某一学习内容感兴趣时，大量的类似学习内容就会涌出，学习者将很快完成微学习过程，之后便开始失去兴趣并放弃对该内容的学习。因此，时效性的特点要求微学习资源的开发与传播者要时刻关注学习者的实时学习情况，以及市场同类微学习资源的开发与传播动态。而复杂性则表现在对学习者的学习需求分析过程中。学习者的学习行为、习惯、兴趣、已有学习基础等特征分析，需要结合长期的跟踪与阶段性的调研数据进行分析。学习者是一个个生动的主体，他们的言行、需求等极具个性，尽管可以开展诸如认知风格归类、先前知识预测等，但仍然可能存在偏差，导致开发出来的微学习资源很快不再被学习者关注。由于为学习者非正式学习而开发微学习资源的过程是以牟利为目的的，所以采取商业营销手段确实能够吸引学习者，但是短暂的时间过后，微学习资源的利用率很快下降，随后其也将被停止运转。而一些公益性的、用于补充正式学习的微学习资源开发，也会出现利用率不高的现象。在微学习方式兴起的热潮中，一大批微学习资源，如微课也如雨后春笋，以竞赛、博得噱头等为目的，对学习者的学习需求分析不足，贸然开展微学习资源的设计与开发，而在实际教学中，微学习资源的利用率不高。即便有所应用，但是随着时间的推移，微学习资源的生命周期有限，在缺乏完善的修订机制的保障下，这些微学习资源也很快消失，大量的人力、物力、财力、时间等

资源与成本付诸东流。

其次，微学习资源传播渠道的不畅通，导致微学习资源共享流通不足。微学习资源的传播与开发过程同样重要，传播过程中出现的问题与传播效果的反馈和分析也将直接影响微学习资源的再修订、再开发过程。当前微学习资源传播渠道的不畅通表现在优质微学习资源无法免费开放。以商业盈利为目的的微学习资源在营销方面的策略较多，采取多方推介与广告宣传等，能够在短期内获得一定的市场。然而一旦涉及付费等项目，极有可能打击一部分学习者的热情，导致优质的微学习资源无法免费共享。而为正式学习服务的微学习资源，由于所属个人或组织机构的问题，在时间、经济等成本压力下，无法做到商业性质的微学习资源传播营销，即便能够向学习者免费开放，但是传播渠道有限，也不能让一定范围外的学习者获得。而作为学习者，他们需要优质的微学习资源，但更需要能以最低的成本获得微学习资源。如果在传播渠道方面存在问题，使得学习者与微学习资源隔离开，或者说因为经济等成本原因，使得学习者与优质学习资源之间呈不平衡状态，那么收到来自学习者的反馈，以及该反馈参与微学习资源开发与传播过程的可能性将不复存在，学习者向“制用者”身份转变的时代也无法实现。阻断微学习资源的开发、传播，以及与众多学习者的联系，显然不利于优质学习资源的开发、传播及其作用的发挥。

最后，当前微学习资源自身质量不佳与个性化表现不足的问题也是导致微学习资源发展受限的原因之一。以视频播放的形式呈现的微学习资源在形式上表现单一，可能只是一个长视频的简单剪辑，或存在视频画面清晰度不佳、播放不稳定等问题。而在内容上可能出现前后内容不能形成逻辑关系，知识点如同散落的一粒粒珍珠，不能有机整合串联的现象。而以语音播放的微学习资源存在发音不标准、语言不简练、表达不连贯等多种现象，直接影响学习者的学习效果，学习者需要反复播放才能理解意义，造成时间与精力的消耗。而微学习资源中的交互链接也会存在跳转速度慢或直接停顿的现象，需要学习者多次打开尝试，减少了学习者的学习兴趣，消耗了学习者短暂的微学习时间。微学习资源的个性化不足体现在不论是以视频、音频、图像，还是以文字形式呈现，都存在形式上过于简单、缺乏个性化表现的问题。由于微学习时间有限，因而在内容表现形式上不能有过多的学习者与内容的交互，但是以视频观看、语音播报与文字形式呈现，还是将学习者置于被动的接收地位。而与微学习内容的深度交互才能使学习者与内容形成有效对话，促进知识的有意义建构。而学习者也期待主动参与到微学习过程中，或检验学习效果，或表达自己的观点，或体现团队的合作学习等个性化学习交互活动。

三、对策：微学习资源生态发展的需求

教育生态学的研究从 20 世纪 70 年代开始盛行，将生态学中生物及其生存环境等构成的生态系统与保持动态平衡等相关原理应用到教育领域中，旨在协调教育与其所处环境，以及其他教育影响因素之间的关系，从而保证教育的可持续发展的良性发展趋势。因此，一个良好的微学习资源市场环境，应当也是一个保持平衡的微学习资源生态系统，如此才能持续有效地为微学习者提供优质的微学习资源。因此，分析当前微学习资源的发展困境及其原因，从教育生态学领域中寻求理论支撑，找出微学习资源可持续发展的“再生”策略，可能可以解决“过剩”与“缺乏”之间的矛盾。

微学习资源能否运用教育生态学的规律来解决当前的矛盾，需要对微学习资源环境进行生态学分析，进一步构建微学习资源生态发展的策略。

首先，对微学习资源的构成进行分析，基于活动理论的微学习资源生态系统可以将微学习资源的各个构成要素整合到以活动为载体的系统（图 5-1）中。微学习资源由多个要素构成，并且这些要素之间存在复杂关系，形成各个子系统，包括创作系统、保障系统、协作系统与消费系统等。而任何一个要素或子系统都将影响整个微学习资源的正常运转，并发挥功效。创作系统依赖于微学习者使用微学习工具开展基于微学习内容的自我意义建构；保障系统通过联系微学习者、微学习环境与相关规则来保障微学习活动的顺利开展；协作系统则将微学习内容、微学习环境与劳动分工进行整合，以保证学习共同体的学习，促进个体知识意义的建构；而消费系统则是微学习者在微学习环境中开展对微学习内容的获取、分析、记忆、应用、评价等一系列学习活动。缺乏任何一个要素，都可能导致其中一个功能系统失去动力，而使其他系统相继停止运作。因此，微学习资源的发展从其内部结构而言就是一个各要素间相互联系，而体现共同协作、协调发展的功能系统。因而，一个微学习资源可以被视作一个由多个要素及其相互关系构成的复杂系统。而要使这个系统得以正常运转，则需要使得各个组成部分及其

相互关系能够协调发展，因此，首先从构成及其子系统功能结构上来看，微学习资源的构成类似于一个生态系统的结构。

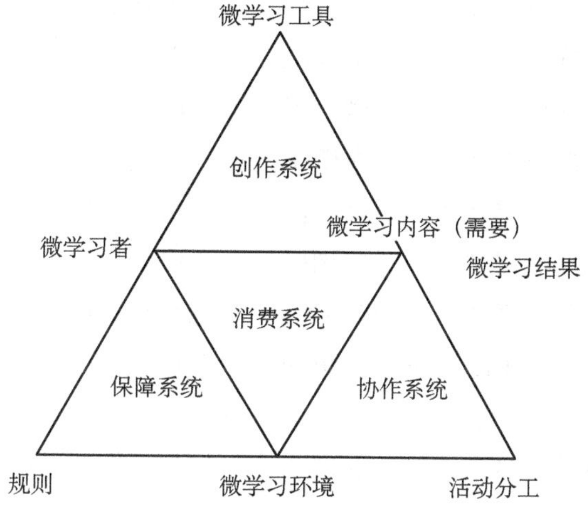

图 5-1　基于活动理论的微学习资源生态系统

其次，从功能上来看，微学习资源中的各个要素都是为满足微学习者学习需要的最终目标而发挥各自功能的，从而构成了一个共同的协同发展目标。微学习内容是根据微学习者学习兴趣与学习需要而精心选择与组织的，为微学习者提供了可以学习的内容。微学习环境为微学习者构建学习共同体、创建情境、搭建平台以提供必要的学习环境支持。微学习工具不仅提供学习服务的支持，还从促进学习发生的各个角度提供必要的工具支持。而规则的制定则是为了保障微学习活动的顺利开展。劳动分工则体现微学习的活动学习特点以及微学习者协作学习的要求。因此，微学习资源的各个要素在微学习资源系统中发挥各自的系统功能，以微学习者为中心，形成了互相依存、互相促进、协同发展的关系，以此形成了一个微学习资源生态系统。

最后，从发展的视角来看，生态系统能够形成可再生、可持续的发展态势。那么微学习资源系统是否需要生态发展呢？答案是肯定的。从市场竞争上来看，微学习资源的设计、开发与传播等工作中投入了大量的人力、物力等成本，而从收获，即微学习者的实际使用上来看，微学习资源需要赢得微学习者广泛而持久的关注，能够实现可持续的长远发展是其必然要求。而从知识学习的视角来看，微学习资源是包含某个片段化知识的学习资源。对相同知识的学习不乏前赴后继的学习者，而实现对这类知识的持续更新与维护，形成资源的再生，也能赢得过往学习者新的关注。因此，不论从微学习资源的外部市场竞争视角，还是从微学习资源自身内部的发展需求来看，可持续发展的需要是必然的。

微学习资源可持续发展的一个条件就在于让以微学习者为主导的微学习资源生态系统得以持续运转，使得当前微学习资源发展中遇到的问题得以解决。从微学习者学习体验的视角来看，需要在微学习内容的具体表现形式、微学习环境的界面设计、导航引导、交互体验等多方面进行改善，解决微学习资源自身质量不佳与个性化表现不足的问题。同时协调微学习资源传播系统的良好运转，构建更加完备的微学习资源共享通道。微学习资源生态系统中的各个要素围绕微学习者的学习需求，进行持续不断的维护与更新，才能让微学习者在原有微学习内容中汲取更多的知识养分，才能在微学习活动设计与参与学习共同体学习的过程中激发微学习者更多的学习热情，从而促进个体智慧与集体智慧的有效整合。

第二节　微学习资源的生命周期

在微学习资源的生态环境中，微学习资源如同技术与产品一样，具有一定的生命周期。当走完一个完整的生命周期之后，这种微学习资源将面临两种选择：要么被其他新的微学习资源取代，要么实现自我的重生。从主导微学习资源生命周期不同发展阶段的角色来看，不同主导者在相应阶段做出了重要贡献。从对微学习资源自身的特点、微学习资源的建设投入与收获对比、微学习资源应用的积累等方面的分析来看，实现微学习资源的内部更新与版本更迭的做法显然更具现实意义。

一、微学习资源生命周期的内涵解读

生物学中的“生态”（ecology）研究，目的就是保证一个生态系统能够平衡与稳定，形成可持续发展的局面。生态是指一切生物的生存状态，然而个体生存

离不开生存的环境以及与其他个体之间的关系。每个生物的生存寿命都是有限的，从出生、成长、成熟、老去到死亡的过程形成一个生命周期。生态系统中每个生物与其赖以生存的环境，以及与其他生物个体之间是密切联系的。尽管单个生物的生命周期是有限的，但是在不断的繁衍、遗传、进化过程中，良性的生命周期循环可以保证生态系统的再次平衡。因此，形成生命周期的有效再生与循环是生态系统可持续发展的必要条件。

生态学理念的研究影响了其他许多领域，有关生命周期的说法也被应用于生物之外的其他概念中。如对技术而言，显然技术没有永恒的能量，技术的发展也有其从产生—成熟—衰减—消亡的发展规律。许良（2005：185）提出技术发展的累积模式，陈昌曙（1999：126）提出技术的S形生命周期曲线，即技术的演化必将经历一个从开始孕育、快速发展、成熟完善到稳定并趋于退化四个阶段的生命周期，都说明了一种技术具有一定的生命周期。技术以其革新和颠覆性的力量否定旧的技术而获得进步，技术的内耗对于该种技术而言是一种退化，但是对于技术的整体发展来说，则是一种可喜的进步。新的技术将发挥更大的作用来服务人们更好地认识自然与改造自然。以摄影技术的发展为例，在摄影技术发展初期，摄影手段与器材的使用技术都掌握在专业人士的手中，而随着技术的发展，特别是数字化影像对摄影技术的影响，传统摄影技术大面积退出了历史舞台。柯达公司的倒闭不能全部归结于其自身原因，技术的发展与更新造成了这样的局面。再如随着人工智能技术的发展，机器人在各个行业得到了广泛使用，在一定程度上代替了原本属于人工的劳动岗位。如今蒸蒸日上的快递服务行业也受到技术发展的威胁，快递服务人员今后或许将面临与机器人竞争工作岗位的尴尬局面。因而越来越多的新技术以一种替代的方式占领着旧技术服务的领域，导致技术生命周期的缩短。但是新技术对旧技术生命周期的再生，使得技术能够更好地满足人新的需求，形成技术与人类发展系统新的生态平衡，从而促进人类的进步。

产品生命周期也有类似的发展路径。美国经济学家Vernon和Wells（1966）提出产品生命周期理论（图5-2），认为产品发展必经的三个阶段是新产品（new product）、成熟的产品（maturing product）、标准化的产品（standardized product）。随后，Vernon（1979）提出新产品不断经历从产生（appear），到成熟（mature），再到最终消亡（die）的过程，从而完善了产品生命周期理论。产品生命的不同发展阶段与产品销售之间的关系呈现出正态分布的特点。产品产生与逐渐消亡的阶段是销售的低迷时期，而产品成熟与标准化的过程正是产品销售的高峰期。新的产品在外观、性能等多方面超越已有产品，将会极大地挑战已有产品的生命周期。在产品的市场竞争中，良性的产品循环是同类产品的不断升级，以及新产品的完全替代，以完成旧产品的生命周期的再生，使得市场中的产品竞争处于一种良性的竞争环境中。产品的生命周期是由销售量所决定的，而销售则依赖于消费者的实际消费行为，因此，归根结底，产品的生命周期是与能够满足消费者的实际消费需求相关的。

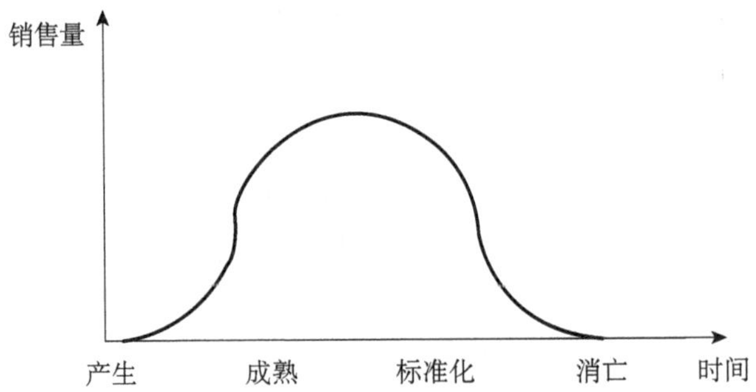

图 5-2　产品生命周期理论

从技术层面上来说，微学习资源代表了一种新的学习技术，为学习者提供资源与学习方法的服务；从产品层面上来说，丰富的微学习资源形成有竞争的产品市场，学习者根据自己的学习需要，从多种微学习资源产品中选择合适的微学习资源产品开展学习。因此，微学习资源也具有一定的生命周期。而为了能够让微学习资源持续发展下去，焕发新的生命周期，则需要构建微学习资源的生态发展环境。如同技术生命周期是由技术的应用者决定的，产品生命周期是由消费者决定的，微学习资源的生命周期是由微学习者对微学习资源的应用决定的。微学习资源的生命周期是从微学习资源设计与开发、传播、应用直至弃用而最终停止服务的过程。如果某种微学习资源一直无人关注或持续使用时间不长，那么这种微学习资源的生命周期极有可能快速走向弃用，到最终停止服务的终点。这种微学习资源的生命周期完结之后，将会有新的微学习资源在相关人员分析原有微学习资源被弃用的原因的基础上被开发出来，并替代原来的微学习资源，新的微学习资源的生命周期就开始了。从生态学的视角看待微学习资源的生态发展，就是研究生命周期的终止以及有效循环的问题。而对微学习资源的持续更新与完善，加强对微学习者反馈信息的分析，也有可能再生或循环这种微学习资源的生命周期。

二、微学习资源生命周期的进程分析

微学习资源生命周期经历了设计与开发、传播与扩散、推广与应用、衰退与弃用、停止服务这样几个发展阶段（表 5-1）。在不同发展阶段，不同的主体主导着相应的生命活动。在设计与开发阶段，即微学习资源的诞生阶段，其主导者主要有设计与开发者、学校或其他组织机构等。他们通过分析微学习者的需求，进行微学习资源这一产品的设计与开发工作，形成可用的微学习资源。第二阶段则是微学习资源的传播与扩散阶段。微学习资源传播者与营销者等主导着这一阶段的微学习资源的生命运转。第三阶段是推广与应用阶段，主要由微学习者主导，微学习者充分利用微学习资源开展微学习活动，是微学习资源生命的成熟期与发展高峰期。随后的第四阶段则是微学习资源的衰退与弃用阶段，其主导者仍然是微学习者。在微学习资源充分发挥其作用之后，学习该微学习资源的微学习者将逐渐减少，以致微学习资源的利用率逐渐下降，直至无人问津。最后导致微学习资源走向停止服务的生命终期，这时的主导者则是微学习资源的设计与开发者、传播者，以及学校或其他组织机构等。

表 5-1　微学习资源的生命周期

生命发展阶段	主导者
设计与开发	设计与开发者、学校或其他组织机构等
传播与扩散	微学习资源传播者、营销者等
推广与应用	微学习者
衰退与弃用	微学习者
停止服务	设计与开发者、传播者、学校或其他组织机构等

一个微学习资源的生命周期经历从诞生到停止服务的过程，既可能是一个较长的可持续发展过程，也可能是一个“昙花一现”的闹剧。微学习资源用于满足微学习者开展微学习的需要，因而是极具学习价值与意义的。从教育生态学的视

角来说，微学习资源的生命周期应当能够得以延续，形成可持续发展的局面，如此才能体现某种微学习资源在某个知识领域方面的重要存在价值。因而，要想实现微学习资源的持续发展，关键在于能够时刻焕发微学习资源的使用价值。微学习资源从开发阶段、试用阶段、应用阶段、弃用阶段，直到最终的停止服务阶段，将必然经历两种路径的选择：要么永久地停止服务，被其他新的微学习资源所取代；要么能够持续更新，走向再开发的阶段，获得新的使用价值（图 5-3）。

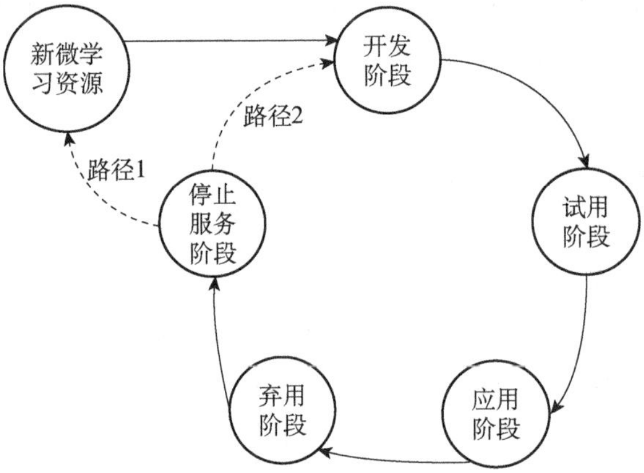

图 5-3　微学习资源生命周期进程

因此，在一个微学习资源技术或产品的市场生态系统中，如同生物进化理论中的“优胜劣汰”生存原则，微学习资源生命周期的进程将最终走向两种路径的选择（图 5-4）。第一种发展路径由初始的微学习资源上线，经历访问量及其他应用评价指标的评价，从而得出反馈，逐步走向较少访问或较差评价的局面，最终下线，被其他新的微学习资源所取代；第二种路径则是进入一个良好的生命周期循环系统，在走向“较少访问或较差评价”阶段之前，能够进行改进，形成新版本的微学习资源而再次上线，获得新生。在后期不断关注反馈与持续更新的维护下，实现版本的更迭，焕发新的生命周期。

三、微学习资源生命周期的路径选择

在一个生态系统中，一种生命的周期结束，需要出现与之相同或类似的生命，继续发挥其在生态系统中的作用与功能，以保持生态系统的平衡。在微学习

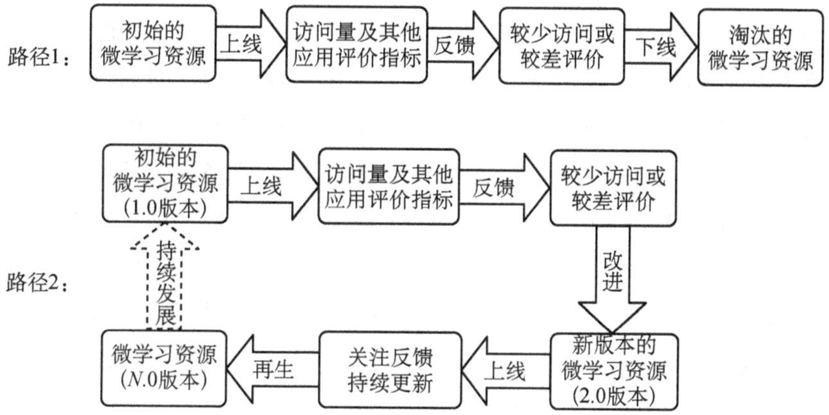

图 5-4　微学习资源生命周期的路径选择

资源生态系统中，一种微学习资源生命周期的终结，将出现两种发展路径。第一种路径的结果是旧的微学习资源被新的微学习资源取代。新的微学习资源能够以绝对的优势替代旧的微学习资源，发挥其在生态系统中的作用与功能。对于整个微学习资源的外部环境而言，以优胜劣汰的原则实现新资源对旧资源的取代，是一种积极的进化的表现。新的资源优势将更好地为微学习者的学习需求服务，可以保证微学习资源生态的平衡发展。第二条发展路径则是从具体某个微学习资源的内部进化与再生的角度，对不能发挥其在生态系统中的功能的旧微学习资源进行内部改造与升级，从而使其再次发挥作用与功能。同样，优胜劣汰原则体现在新版本对旧版本的替代上。因此，从表面上看，这两种发展路径都能够实现微学习资源的生态发展。在现实的微学习资源进化过程中，这两种发展路径现象也普遍存在。然而，从微学习资源生命周期各个发展阶段的主导者角色来看，不同微学习资源利益相关者在微学习资源的生命历程中发挥了不同的作用，也可能是他们造成了生命周期最终快速走向完结的诸多问题。因此，从不同主导者的角色与功能来看，微学习资源自身的微小特点决定了微学习者选择微学习内容的局限性，微学习资源的建设投入与收获对比也是微学习资源开发的利益相关者需要考虑的问题。综合各方面因素的考虑，如微学习者参与微学习过程的学习经历以及评价与反馈信息的积累等，选择第二条路径进行微学习资源再生的做法更具有现实意义。

首先，从微学习资源的自身特点来看，微学习资源是针对某一个具体知识片段的设计与开发，其表现形式体现了“微小”“精致”等特点。首先，新的微学习资源在片段化内容的选择上具有局限性，不能完全区别于旧的微学习资源，因而贸然开展全新微学习资源的开发会出现资源重复的现象，不能解决旧的微学习资源存在的问题。其次，全新的微学习资源开发，需要经历全部微学习资源从设计、开发、试用、上线、应用再到接受评估与反馈的过程。由于是同类知识的片段，必然存在重复建设与投入浪费的情况。从投入与收获的对比来看，也会出现得不偿失的情况。最后，从微学习资源应用的积累上来看，原有微学习资源积累的微学习者的关注度、微学习共同体共同的学习成果，以及导致应用不理想的诸多问题，都具有重要的价值，因此，不论是新的微学习资源开发，还是旧的微学习资源再开发，都是宝贵的资源。在新的微学习资源开发中，还是需要分析旧的微学习资源存在的问题，重新建立关注度与影响力，累积学习成果等。这些都是重复的做法，但也是必须经历的过程。从微学习资源的创造主体角度而言，对原有微学习资源的自我更新与版本更迭的做法更具有可操作性与现实价值。

尽管一种微学习资源可能会如同某种技术或产品一样，在进化的过程中因失去原来技术或产品的大部分属性，而被彻底弃用与淘汰，这显然也是时代发展与社会进步的必然发展阶段。当下，以微学习为新型学习方式的学习者正逐步增加，但是微学习资源在质与量上还不够。将某种微学习资源的循环再生发展的研究经历，迁移到其他以不同知识领域为内容的微学习资源开发中，可以为越来越多的微学习者提供更多优质的微学习资源。

第三节　微学习资源“共享-共生”机制的内涵与意义

微学习资源自我更新与再生的生态发展需求，需要参与微学习资源设计、开发、传播与应用的利益相关者共同努力，寻求可供微学习资源生态发展的再生动力。从微学习者参与微学习活动的视角，在大众生产与集体智慧的理论基础上，尊重微学习者的微学习活动过程与成果，建立微学习资源生态发展的“共享-共生”机制，可以吸引越来越多的微学习者使用微学习资源，提升微学习资源的质量，从而从根本上保障微学习资源的生态发展。

一、微学习资源生态发展机制形成的理论基础

Surowiecki（2004）在他的《群众的智慧》（*The Wisdom of Crowds*）一书中生动地阐述了在某种特定情境下，一群水平相当的人比其中任何一个人能够产生出更多、更出色的智慧。这与我们传统俗语中的“三个臭皮匠，顶个诸葛亮”所隐含的道理相似。他还认为，这种群众的智慧并不是群体之间达成共识或相互协商、妥协的结果，相反，这是观点独立、分散的多样性的结果。因此，最好的集体意见不是一种共识的建立，而是多样的不同观点的组合。Surowiecki 提出的这种群众的智慧，其实与“集体智慧”（collective intelligence）有着相似的内涵。而集体智慧并不是一个新的名词，这是一个源于生物进化过程的概念，以及团队合作中智慧发挥的表现。如在群居动物生活中，集体为了共同生存的目标而协调个体行为。在人类团体表演与竞赛中，每一个团队成员都是非常出色的、有各自独特智慧表现的个体，但是他们必须与其他成员协作努力，才能展现群体的智慧，并收获集体智慧带来的最终成果。在集体智慧中，“集体”被理解为 collective，是一种不同意见的收集，而不是不同意见必须达成共识，或形成一致的做法。而“智慧”则是个体能够采取有目的的行动、理性的思考、有效地适应某种环境的一种综合能力（Wechsler，1964）。集体智慧是一种来源于众多个体一起合作、努力和竞争的共享的、群体的智慧，并能够达成最终的意见（Wikipedia，2015）。

伴随着 Web 2.0 时代的到来，各类交互平台的出现降低了互联网技术的使用门槛，个体基于互联网的社交互动成为可能。集体智慧的概念被逐步广泛地应用到社交网络研究中。美国麻省理工学院成立了“集体智慧研究中心”（MIT Center for Collective Intelligence，https://cci.mit.edu），其研究展示了人机交互所产生的集体智慧比任何一个人、团队或计算机所发挥的智慧都更优越。

那么集体智慧的创作者或生产者是谁呢？群众基础的大众生产（commons-based peer production，CBPP）概念在 Web 2.0 时代也迅速流行并获得认可，尤其是来到 Web 3.0 时代，在大众参与个性订制的时代，用户从消费者到制用者身份

转变的需求，使得大众生产的理念渗透到各种互联网制品中。Benkler 和 Nissenbaum（2006）认为群众基础的大众生产是一个出现在数字网络环境中的生产社交经济系统。成千上万的用户通过社交技术平台，在互联网上自发提供相关评论信息、知识或文化制品，而不带任何商业目的，不受任何平台管理等级的要求，或是他们各自所属机构或组织的协调（Benkler，2002，2004）。换言之，他们交换信息，是出于自己的需要和兴趣，而不是因为某种契约、经济的补偿等。因此，大众生产是分散的，并不受到某个组织者的协调，每个个体拥有各自的自主权去参与信息生产，他们的动机就是为了社交。因此，为了便于大众生产，需要允许层次与水平不同的个体能够自由地发表信息，而且不能设置信息本身的质与量的门槛，以此激发越来越多的受众参与信息的提供与分享。但是在提炼最终观点时，却需要建立必要的整合机制来很好地融合不同大众生产的信息。

不同于集体智慧的生成机制，大众生产并没有共同的目标，也没有团队的形成。大众生产的创造主体是互联网的所有用户，当用户对某一信息感兴趣时，他就可以发表自己的观点，提供自己的智慧。每个用户的智慧水平是不一致的，如果说他们参与大众生产的目标是一致的话，那仅仅是为了社交，却并不是一定致力于达成某个具体的共同目的，如做好某件事、完成某个任务。大众生产的生成信息性质可正可反，对商家或组织者来说，其所发挥的作用也是可利可弊的。在大众参与生产机制中存在个体水平不一的基本前提，但是集体智慧却要求每个个体都具备专长，因此，如何综合两种理论在某个系统中的作用，尤其是对输入——大众参与生产，与输出——集体智慧产生两个方面进行整合，需要采取恰当的策略进行具体研究。

集体智慧与群众广泛参与的大众生产理论，表现了在互联网信息生态系统中，信息的重要主体——受众所参与的行为与成果的形成，在生态系统稳定与平衡发展中的必要性与重要性。在微学习资源生态系统中，微学习者是重要的主体，如果在微学习资源的学习过程中，能够将微学习者主动参与学习过程的行为、言论等互动信息视为一种宝贵的个人贡献，那么就能积聚不同微学习者的个体智慧而形成集体智慧，从而为微学习资源的再生提供帮助。但是在这个过程中，同样需要明确上述“输入与输出”两个方面的问题。群众参与的大众生产理论对于个体参与创造的门槛要求是较低的，但是微学习过程是针对某一类具体微学习者而言的，因为微学习资源反映了这一类微学习者的微学习需要，因此，在输入方面，需要建立如何激发与引导微学习者提供有效的行为与言论信息的机制；而在输出方面，则需要对每个微学习者提供的个体智慧进行有效整合，对形成有用的集体智慧进行思考，从而发挥集体智慧应有的价值。

二、微学习资源生态发展“共享-共生”机制模型

为了使微学习资源形成内部的自我更新，达成以版本升级的方式形成良性的生命周期再生，需要研究其内在发展与进化的动力。一个新的微学习资源开发在开发初期的主导者是设计与开发者，因而形成初始资源的主要动力来源于设计与开发者的智慧与劳动。而对于处于应用阶段的微学习资源而言，需要设计与开发者及时采取相关措施或策略以保障微学习资源在逐渐失去关注时能够得到再次更新，重新获取大众的关注。如此死而复生的动力一方面来源于设计与开发者对应用阶段的学习者学习情况、反馈信息以及其他相关评价进行及时关注，并给予整改；另一方面，微学习资源焕发新的生命力的根本动力来源于微学习者个人、由每个学习个体组成的学习共同体，以及他们的个人智慧与群体智慧。

基于集体智慧与大众生产理论，微学习资源生态发展“共享-共生”机制模型的构建，需要从微学习者的视角，通过自我学习的反馈与评价等，主动参与微学习资源的再生产过程，为微学习资源的更新与再生提供宝贵的集体智慧，与微学习资源的其他利益相关者共同促进微学习资源的生态发展（图 5-5）。微学习资源生态发展“共享-共生”机制模型中的要素包括微学习者、制用者、大众生产、集体智慧，以及输入与输出机制的保障等。而在该模型中，隐含的微学习资源生态发展的主导者则包括微学习资源的设计与开发者、传播者等其他利益相关者。这些要素在主要参与者与引导者相互联系、相互依存的合作中，主要完成从输入到输出的微学习资源生产过程，帮助微学习资源实现更新与再生。

具体而言，微学习者是该模型的主要参与者、执行者与贡献者，因此，该模型能够运转的前提，第一是承认微学习者能够参与微学习资源的生产过程，换言之，微学习者从个性化学习需求出发，成为制用者而参与到微学习资源的个性订制过程中，从而再次肯定了微学习者在微学习过程中，以及在微学习资源的创造过程中的核心地位。不同阶段、不同时期参与到某种微学习资源学习过程中的微学习者具有相似学习需求、学习偏好，他们的学习行为、言论等都将成为微学习

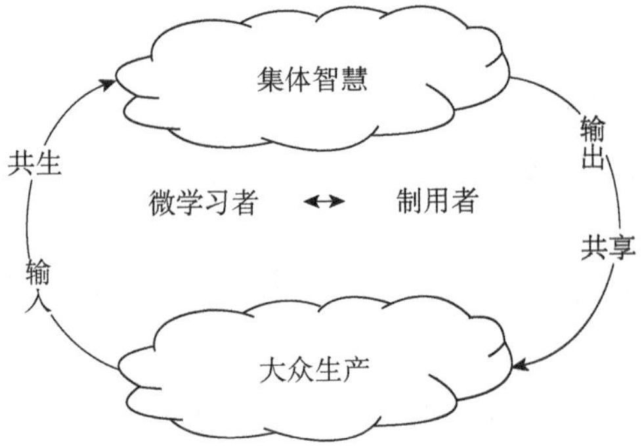

图 5-5 微学习资源生态发展“共享-共生”机制模型

资源生态发展的永恒动力。而作为微学习资源的设计与开发者、传播者等其他利益相关者，需要明确微学习者的核心地位，意识到能够从微学习者的视角出发，激发微学习者表现个体智慧，整合形成集体智慧，有效利用微学习者的集体智慧。

第二，分析微学习者参与的微学习资源大众生产过程。在微学习资源的大众生产过程中，微学习者选择某一具体的微学习资源开展微学习，由于微学习资源的内容与形式决定了微学习者具有相似的学习需求与学习偏好等，这些微学习者具有类似的先前知识，因而其学习水平相当。因此，相对于门槛较低的大众参与信息生产过程，微学习者参与微学习资源生产的过程，比较符合集体智慧生成的基本群众基础，个体在各个方面均表现出水平相当的智慧。因而，作为微学习资源的设计与开发者，应当表达出对微学习者言行意义与价值的尊重，允许不同微学习者参与微学习资源的生产，及时收集微学习者微学习的行为与言论以及学习成果，为集体智慧的形成做准备。

第三，微学习资源学习过程中集体智慧的生成。微学习者在微学习过程中并不是单个学习个体，而是微学习共同体的一部分。他们在学习过程中需要经历活动学习、协作分工，以完成共同的微学习目标。在学习过程中，他们的个人智慧表现为个体智慧或小组智慧。然而由于各自都需要经历微学习过程，他们对微学习过程中产生的问题、反馈、评价等信息也都是个体智慧或小组智慧的表现，因此，并不要求所有个体的意见形成一致或观点达成共识。这样的学习方式使得每个微学习者的个体智慧得以产生，对于微学习资源的设计与开发者而言，他们则需要将这些个体智慧整合为集体智慧，为微学习资源的再生提供帮助。

第四，输入端的“共生”机制形成。“共生”从其字面上理解，则为“共同生产”。在微学习资源共生环节中，“共生”表现为广泛的微学习者大众生产行为，为微学习资源输入新的个体智慧，虽然个体学习者表达了各自的个体智慧，然而却为集体智慧的形成提供了可能。共同生产的意愿取决于每个微学习者个体，因此，激发每个微学习者参与生产的动力，以及建立激发个体自觉参与共生的机制，可以保障有效的输入，形成“共生”的良好态势。保障个体智慧源源不断的生成，也是为了保证最终集体智慧的产生。虽然个体智慧的生成为集体智慧做出了贡献，但对于学习者自身而言，将学习过程中的学习心得、体会或学习成果进行个性表达，也是一种自我学习的提升。

第五，输出端的“共享”机制形成。显然，集体智慧的形成并不是最终目的，有效应用集体智慧，将其转化为微学习资源再生的有效资源，并为新一轮微学习发生提供资源共享，即“共同分享”集体智慧应当是最终目标。集体智慧产生的成果转化为微学习资源的再生资源，成为吸引微学习者学习的新的微学习资源，从而为微学习者的再次“大众生产”提供新的资源。在共享过程中，不仅微学习者成为最大的受益者，而且微学习资源的设计与开发者等其他利益相关者也从集体智慧中共享微学习者学习的反馈、评价等信息，以便更加合理、科学地从微学习者学习的视角进一步对微学习资源进行更新。

三、微学习资源生态发展“共享-共生”机制的意义

微学习资源“共享-共生”机制建立的最终目标是服务于微学习资源的生态发展，从微学习资源内部进行微学习资源的自我更新，以形成新的生命力与生长点，重新获得微学习者的关注与学习。“共享-共生”机制并不是一个简单的单次行进路径，而是要体现“从共享到共生再到共享”有效循环的多次重复、螺旋上升的发展路径。从“输入”到“输出”的两个分离的端口来看，输入为起点，输出为终点，但是形成“从共享到共生再到共享”有效循环的机制之后，输出终点的集体智慧成为新的起点，其发挥的价值体现在新一轮的“输入”“输出”过程中。“从共享到共生再到共享”的有效循环成为微学习资源得以生态发展的永恒动力。

微学习资源“共享-共生”机制的意义首先在于将吸引更多微学习者参与学

习与生产，保证了“从共享到共生再到共享”有效循环的实现。回顾当前微学习资源的建设现状，大量的微学习资源大都将重点投入初始版本的资源建设中，以吸引微学习者的关注。然而，初始版本的微学习资源仅仅能够吸引第一批微学习者的注意，当这批微学习者完成一轮微学习过程后，该微学习资源将失去大部分的微学习者。从共享到共生的机制建立，把微学习资源共享给微学习者，通过创设共生的渠道与策略，激发微学习者广泛参与新的微学习资源的生产。合理应用微学习者的学习行为、学习反馈、学习评价与学习成果，将其整合到原有的微学习资源中，更新初始版本的微学习资源。而从共生到共享的机制建立，则是将经过优化的原始版本的微学习资源更新为新版资源，将微学习者的学习经历整合到微学习资源中，体现了微学习者制用者的作用，因而更加能够体现个性化订制的需求。新版本的微学习资源比初始版本的微学习资源更加具有竞争力，能够吸引新的一批微学习者，还可以通过推送反馈给原有的微学习者，吸引他们的关注，使他们反思自我学习成果，也促进他们自身个体知识的建构。

微学习资源“共享-共生”机制的意义还在于促进了微学习资源质量的提升。微学习者带着他们独特的学习方式、思考方式开展微学习活动，在共享初始版本微学习资源的基础上，将开启新一轮的“从共享到共生”的创造活动，为致力于形成新版本的微学习资源贡献个体智慧。当新一轮的微学习者进入学习过程中，他们的学习活动又将生发新的微学习资源，进而整合原有微学习资源，如此形成有效的“从共享到共生再到共享”的循环。在积累多次版本经验的基础上，形成的新版本的微学习资源都是对前一版本的有效改进，而不是低水平的重复。因此，有效循环机制的建立不仅仅是微学习资源简单的数量上的版本增加，而是质量上的螺旋上升，形成新的突破。

微学习资源“共享-共生”机制从根本上体现了微学习资源生态发展的需求。微学习资源的生态发展需要建立微学习资源的可持续发展机制，保障微学习资源的生命周期能够有效循环。将微学习者大众生产的个体智慧有效整合为集体智慧，并将其融入微学习资源的更新中，使得微学习资源再次焕发新的生命力。以学习者参与个性订制的生产方式打造微学习资源，从而吸引一批又一批微学习者的关注，积累一批又一批微学习者的智慧，促进微学习资源再生的良性循环，最终达到微学习资源生态发展的目的。

第四节　微学习资源“共享-共生”机制建设策略

从微学习资源的设计与开发及其传播视角，占主体地位的是微学习资源的设计与开发者、传播者，而微学习者仅仅是他们的研究对象或服务对象，前者以后者的需求与偏好来进行设计与开发。但是在微学习资源“共享-共生”机制中，保证微学习资源再生的永恒动力来自微学习者的主动参与和个体智慧。因此，作为微学习资源的设计与开发者、传播者，首先应当充分尊重不同学习者参与智慧贡献的主动劳动。在具体保障措施上，应当体现激发微学习者主动参与、引导微学习者提出合理和有价值的个体智慧、有效组织个体智慧向集体智慧的转换，以及将集体智慧整合到微学习资源的再次开发中的策略。

一、激励策略：激发微学习者参与大众生产

在初始微学习资源设计与开发过程中，设计与开发者和受众是相对的角色定位，但是为了保障微学习资源生态发展的“共享-共生”机制，必须转变对受众角色的认知，不仅从观念上体现受众作为制用者的转变，而且需要运用相关激励措施，有效激发受众主动参与微学习资源的设计与开发过程。

从设计与开发阶段开始，就需要为微学习者参与大众生产提供必要的输入端。输入端的设计需要在微学习环境、微学习工具以及微学习评价等方面，为微学习者提供参与微学习资源生产的平台或接口、工具与途径。微学习者在学习过程中，在交互平台上发生的与微学习内容、微学习指导教师、微学习同伴等的互动，微学习者对微学习过程中的诸多对象的评价或自我学习评价与反馈，以及微学习者的学习成果在微学习资源平台上的上传与呈现等，都可以通过微学习环境创设的平台，利用必要的微学习工具等得以展现。

尽管微学习的时间是短暂的，但是如何激发微学习者在碎片化时间内不仅能学习微学习内容，还能主动贡献自己的智慧，在微学习资源的传播阶段，需要采

取相关的激励与启发措施，吸引微学习者的关注，并使其主动参与到微学习资源的生产中。通过定期推送的方式，将新的话题或微学习者参与学习的内容动态发送给微学习者，引发他们的持续关注。向微学习者展现其他微学习者参与微学习互动的过程与具体内容，激发微学习者参与讨论与互动的热情。定期展示不同时期微学习者的学习成果，引起微学习者的共鸣。还可以采取其他相关激励策略，如奖励策略，以精神奖励为主，运用积分机制，对参与互动的微学习者进行积分奖励，使其优先获得新的学习资源等。

二、引导策略：形成有价值的个体智慧

大众生产理论对参与生产的大众知识与技能水平没有要求，只要是参与到微学习过程中的微学习者，都可以贡献自己的个体智慧。尽管在微学习过程开始，在选择某个微学习资源进行微学习活动的过程中，已经筛选了一部分微学习者，但是仍然存在不同微学习者贡献的个体智慧质量参差不齐的现象。参与微学习资源的大众生产不同于在社交平台上对某个商品、某个新闻事件等发表观点、态度、喜好等评论，微学习资源的产出要能够体现对其他微学习者的使用价值。因此，在微学习者参与大众生产之前，开发者应当为形成有价值的个体智慧制定正确价值导向的引导策略，帮助微学习者共同生产出质量较高的个体智慧。

微学习资源大众生产的引导策略首先需要提供规则意识。尽管互联网平台提供了言论的自由空间，但是相关网络言论的规则已经在不同社交平台中体现。对于供大众学习的微学习资源，更加需要大众参与的规则意识。而这种规则意识不仅能屏蔽不良言论与信息，还不会打击微学习者参与大众生产的积极性。因此，对于微学习者对微学习内容的评论、与同伴和教师等的交流、参与学习任务的组织与分工、提交个人学习成果等活动，应当给出具体而恰当的规则，在学习之初就将其提供给每个微学习者。如同实名认证的共识，合理而恰当的规则也会成为微学习者在参与微学习活动时逐渐认可的规则。

微学习资源的大众生产不仅需要共同的规则意识，还需要样例等规范的支持。在微学习过程中，微学习者难免出现学习困难，特别是在需要表达自己的观点与意见时，在何时何地、如何表达等问题上，常常需要学习的支持服务。微学习资源学习指南包括微学习环境的分布、微学习资源学习须知、微学习成果评价

与展示、微学习活动的交互等介绍与说明，可以帮助微学习者快速适应微学习环境，知晓微学习内容要点，灵活使用微学习工具，尽快融入微学习活动中。而诸如样例的规范则可以为微学习者提供模仿的对象，如对于微学习成果的要求，可以提供以往微学习者的作业，将其作为样例供微学习者参照。对参与微学习活动互动的要求，对某一话题的具体讨论提供思路引导，或提供其他学习同伴的观点等，不仅可以帮助微学习者快速融入交互氛围，而且可以保证交互内容的有效性，从而保障大众生产提供的个体智慧的质量。

三、整合策略：个体智慧向集体智慧的有效转化

在有质量的个体智慧得到保证的前提下，就需要将有效的个体智慧转化为可供再生资源使用的集体智慧。集体智慧的有效转化并不是简单的“1+1”的过程，而是将零散的个体智慧进行有效的融合。个体智慧向集体智慧的有效转化，首先需要注重学习行为分析与效果反馈，及时建立数据采集与分析机制。尽管智能的数据收集与分析节省了微学习资源的设计与开发者很多的时间与精力，但是有时还需要提供个性化的学习支持服务，因此需要时刻关注微学习者的学习动态，对微学习者的学习行为、学习评价等进行及时分析、归纳与整理。但是在个体智慧整合为结构化的、有效的集体智慧的过程中，基于数据的分析与归纳还只是第一步，微学习资源的设计与开发专家团队需要从微学习内容、微学习目标、微学习成果等多方面对个体智慧进行考量，再进行筛选、分析、组织与设计等，以形成有价值的集体智慧。

在集体智慧理论中，集体是一个高质量的团队，每一个成员都拥有专长，因而每一个成员的个体智慧的质量都很高。而大众参与的门槛较低，允许不同个体参与大众生产，还要充分尊重每个个体的个人贡献。因而，在微学习资源的大众生产过程中，尽管采取引导策略在一定程度上保障了个体智慧的质量，但是为了体现和尊重每个微学习者的贡献，仍然需要体现每个微学习的个人劳动，不能轻易地删除不同意见。而由于每个微学习者的学习体验不同，也有可能其产生的学习效果的反馈与评价存在两面性。因此，在个体智慧向集体智慧转化的过程中，即便存在两面性的个体智慧，也需要正视负面反馈与评价，在开放性与发展性评价原则的指导下，尊重每个微学习者的学习成果。因而在集体智慧整合过程中，

既要体现总体指导原则与方向，同时又要策略性地展现不同的态度与观点，以此形成的集体智慧才能体现不同微学习者的个人贡献，也能为激发不同观点提供参照。

四、再生策略：集体智慧有效融入微学习资源建设

在对集体智慧进行有效梳理之后，则需要将集体智慧整合到微学习者资源再生的方案中。微学习资源的再生过程如同微学习资源的初始资源一样，会经历设计、开发、传播、应用的过程。因此，应当将集体智慧融入再生资源生命周期的各个阶段。在设计与开发阶段，根据微学习者对微学习的正反两方面的反馈，如对内容呈现形式提出的合理建议或优化策略，或对内容的科学性与准确性提出的质疑、对内容呈现形式表达的不满等，应当及时更正或改善原有微学习资源，并在微学习资源版本更新时给予说明。微学习者创生的微学习成果也是可转化为新的微学习资源的宝贵智慧。将微学习者在学习过程中上传的优秀学习作品进行资源的直接转化，对微学习者的学习作品进行整理归纳，形成微学习成果集，或形成学习成果规范与要求，以便新一轮学习者模仿，减轻他们的学习负担。

在微学习资源的传播阶段，则需要根据以往微学习者学习的偏好与经验，准确地把握微学习者的碎片化时间，合理进行微学习信息的推送、学习活动进展的告知、同伴学习经验的分享等。进一步拓宽传播的渠道，依据微学习者的媒介使用偏好，通过适合不同终端的不同平台，进行无缝传达。在微学习内容的编码与解码上，在已有微学习者学习经验的基础上，进一步降低认知难度，辅以结构化的向导等学习支持服务，更好地帮助微学习者开展微学习活动。在传播的具体内容上，利用微学习者可能感兴趣的热门话题、网络热词等，进行推送内容的编排，吸引微学习者关注，激发他们参与学习的热情。为了达到更好的传播效果，充分汲取已有微学习者学习的经验与教训，合理推出激励机制，保障微学习者对微学习的全程投入，以使其获得最佳的学习效果。

将微学习者集体智慧融入初始微学习资源中，为微学习资源的再生设计与开发、传播等诸多环节提供宝贵经验，这种经验将在微学习资源不断再生循环过程中得到不断积聚，形成巨大的资源财富。同时，微学习者的集体智慧是在微学习者视角下，在直接开展微学习过程中得到体验与收获的结果。因此，他们的集体

智慧体现了制用者的角色，参与了个性化订制的微学习资源建设过程。对于后来的微学习者来说，他们具有身份的认同感与需求的契合感。微学习资源的建设者与微学习者共同致力于微学习资源的生态发展，将使得微学习资源更加成熟，获得越来越多的微学习者关注，这也是微学习资源不断获得新的生长点的永恒动力。

第六章

中国优秀传统文化微学习资源学习需求研究

互联网技术改变了人们的学习方式，微学习作为一种新型学习方式，能够满足学习者的个性化学习需求，因而微学习资源建设成为满足学习者微学习需要的基本前提。中国优秀传统文化是中华民族在悠久的华夏文明形成过程中不断创造、积累形成与发展起来的，是“保留在中华民族中间具有稳定形态的中国文化，包括思想观念、思维方式、价值取向、道德情操、生活方式、礼仪制度、风俗习惯、宗教信仰、文学艺术、教育科技等诸多层面的丰富内容”（田广林，2011：11）。在“互联网+”时代，中国优秀传统文化教育面临着新的机遇与挑战。本书从中国优秀传统文化某一类学习者（以在校大学生为例）的学习需求研究入手，探索微学习资源的特征与传播方式，以发挥中国优秀传统文化学习者的学习优势，从而创新中国优秀传统文化的教育形式与学习方式。

第一节　“需”：中国优秀传统文化学习资源开发的需求分析

中国优秀传统文化学习资源的开发，响应了中国优秀传统文化教育的时代要求，是当前全球化背景下文化自觉与文化自信建立的需要，是对媒介融合时代文化传播新形态的主动应对，是继承与发扬优秀传统文化的内在要求。中国优秀传统文化学习资源的开发需要从学习者主体视角，开展学习需求研究，分析学习者对优秀传统文化的学习需求。

一、中国优秀传统文化教育的时代要求

中国优秀传统文化教育在新的历史时期面临新的发展机遇与挑战。在全球化背景下，需要进一步唤醒文化自觉意识与建立文化自信。面对媒介融合的新型传播方式，应当在中国优秀传统文化的传播方式上采取与时俱进的应对措施。从党和国家对中国优秀传统文化继承与发展的新的要求出发，亟须进一步梳理中国优秀传统文化教育传播的内容与形式，紧跟中国优秀传统文化教育时代发展的要求。

（一）全球化背景下文化自觉与文化自信建立的需要

如今，“全球化”的概念已经逐步渗透到各个领域，从经济发展、战略合作，到教育改革、文化交流，来自全球的多元文化与价值观已经不再是新鲜事物，这些文化与价值理念已经逐步渗透到人们的日常生活中，影响着人们的生活、工作与学习方式。值得庆幸的是，我们一直清醒地享有着外来文化和资源带给我们的便利，也警惕着外来文化可能带来的霸权与殖民威胁，知道应当坚守什么、学习什么、改造什么。从“拿来主义”到外来文化与“文化殖民”（郭洪水，2004）、全球化背景下的文化复兴（黄向阳，2007），以及中国传统文化在英

语国家的传播（李华勇，2014）等研究警示文化传播的全球化危机，因此，探索有效的中国文化传播路径问题始终是我们关注的热点话题。

费孝通（1997）提出“文化自觉”的概念，认为文化自觉就是生活在一定文化中的人对其文化有自知之明，明白它的来历、形成过程、所具有的特色和发展趋向。文化自觉不带有任何文化回归的意思，它不是复旧，也不是全盘西化或全盘他化，自知之明是为了加强对文化转型的自主能力，取得决定适应新环境、新时代文化选择的自主权地位。当前文化自觉意识就是在全球文化传播与交流的背景下，更加关注对中国优秀传统文化的自觉意识。在面临多元文化挑战时，在全球化背景下不仅需要树立自身自主权的地位，还需要将中国优秀传统文化传播出去，使其融入其他文化环境中，让生活在不同文化背景下的人们感受到中国优秀传统文化的魅力，使其更好地理解中国的历史、文化与发展。

新时代的中国已经逐步成为全球的焦点，我们的经济实力增强了，我们的话语更具影响力了，我们的文化也更具感染力了。中国文化兼具传统性与现代性、自主性与开放性、科学性与人文性，已经逐步融入全球多元文化的格局中，受到越来越多其他文化背景的人们的喜爱与赞誉。随着全球化进程的加快，越来越多的人开始关注中国文化，喜欢中国文化，希望了解并学习更多的中国文化，这也使得我们每个人对自己的文化更加自信。中国作为历史悠久的文明古国，我们对中国文化的自觉意识将坚定我们的文化自信，这种文化自信也必然成为实现人类命运共同体梦想的中坚力量。

（二）媒介融合时代文化传播新形态的主动应对

以互联网技术为代表的新兴技术的发展带来了新媒体的迅速崛起，新媒体以其自身的优势不断挑战着传统媒体。从单向信息传播到受众踊跃参与信息互动，新媒体以更加人性化的方式吸引受众参与到媒介信息的创造与传播中来。而伴随着不同受众群体的不同个性化信息需要，传统媒体也面临新的发展机遇，传统媒体与新媒体不断融合，呈现出媒介融合的整体发展趋势。媒介融合整合不同媒体优势，将受众对信息的获取、创造的需求渗透到受众日常生活的各个角落。不论受众是否主动参与或被动接受，都时刻感受到被媒介信息包围着。因此，媒介融合的传播优势在于媒介信息能够无缝融入受众日常生活的各个时空，以不同信息载体和不同呈现形式吸引着受众持续关注，激发着受众主动参与媒介信息互动的热情。

然而，我们也应当清醒地认识到，持续不断的信息舆论必然会给受众带来不同程度的影响。互联网巨大的开放性与参与性特性，也在挑战着我们每个人对各类媒介中出现的不同信息、观点、见解的价值判断。错误的媒介信息不仅会降低人们的生活质量，甚至会影响受众正确人生观、价值观的形成及其正确立场。习近平总书记在党的十九大报告中指出：“牢牢掌握意识形态工作领导权。意识形态决定文化前进方向和发展道路……高度重视传播手段建设和创新，提高新闻舆论传播力、引导力、影响力、公信力。加强互联网内容建设，建立网络综合治理体系，营造清朗的网络空间。”（习近平，2017）习近平总书记提出了意识形态工作领导权的重要性，因此，在媒介融合时代，面对新媒体传播的自由性与新颖性，我们要更加保持头脑清醒，坚定意识形态立场，把握媒介信息言论的导向，维护中国文化正确的前进方向与发展道路。同时，也应当积极采取相关措施，对媒介信息内容进行有效引导，对信息参与与创造行为给予更多规范的治理，还受众一个“清朗的网络空间”。

在媒介融合时代，中国文化传播的渠道与方式创新也需要借力媒介融合传播的优势，借助不同媒介平台，展现真实的中国文化内容，运用媒介传播的新方式，整合媒介技术，更好地对外展现中国文化的感染力与影响力。“要讲好中国特色社会主义的故事，讲好中国梦的故事，讲好中国人的故事，讲好中华优秀文化的故事，讲好中国和平发展的故事”（中共中央宣传部，2016：211），“提高国家文化软实力，要努力提高国际话语权。要加强国际传播能力建设，精心构建对外话语体系，发挥好新兴媒体作用，增强对外话语的创造力、感召力、公信力，讲好中国故事，传播好中国声音，阐释好中国特色”（习近平，2014）。习近平总书记对中国文化传播的内容组织与方式转变的要求，正是当前中国文化传播研究对媒介融合时代的一种有力回应。

（三）继承与发扬中国优秀传统文化的内在要求

中国优秀传统文化是中国文化中的一个重要组成部分，也是能够代表中国悠久的历史积淀和人们智慧劳动凝结成果的重要载体。在新的时代发展要求与信息文化交流方式的转变下，继承与发扬中国优秀传统文化的内容与形式，也必然需要新的改革与创新。2017 年 1 月 25 日，中共中央办公厅、国务院办公厅印发了

《关于实施中华优秀传统文化传承发展工程的意见》，明确了中华优秀传统文化传承发展的重要意义和总体要求，明晰了中华优秀传统文化传承发展的主要内容，包括核心思想理念、中华传统美德与中华人文精神，并对中华优秀传统文化传承发展的重点任务做出了部署，还从组织实施与保障措施等方面提出了支持和保障中华优秀传统文化传承发展的意见。在中华优秀传统文化的教育方面，提出要“贯穿国民教育始终”“加大宣传教育力度”等具体意见。将中华优秀传统文化体现在国民教育，包括启蒙教育、基础教育、职业教育、高等教育、继续教育的各个阶段。在高等教育中，“推动高校开设中华优秀传统文化必修课，在哲学社会科学及相关学科专业和课程中增加中华优秀传统文化的内容”。在传播方式上，“综合运用报纸、书刊、电台、电视台、互联网站等各类载体，融通多媒体资源，统筹宣传、文化、文物等各方力量，创新表达方式，大力彰显中华文化魅力”。①

2017 年 5 月 7 日，中共中央办公厅、国务院办公厅印发了《国家“十三五”时期文化发展改革规划纲要》，明确了全面实现文化发展改革的目标任务，其中就包含“中华优秀传统文化传承体系基本形成，中华民族文化基因与当代文化相适应、与现代社会相协调，实现传统文化创造性转化和创新性发展”，对中华传统文化的传播立场、传播内容、传播途径与受众等提出了新的要求，“坚守中华文化立场，坚持客观科学礼敬的态度，扬弃继承、转化创新，推动中华文化现代化，让中华优秀传统文化拥有更多的传承载体、传播渠道和传习人群，增强做中国人的骨气和底气”。②

因此，中国优秀传统文化教育应当紧跟时代发展的步伐，在宏观部署的意见与要求下，对中国优秀传统文化教育的内容、形式、对象等多个方面加强研究，发挥中国优秀传统文化教育在人才培养、文化传播中的应有作用。

二、中国优秀传统文化学习者的学习需求

随着时代发展与技术进步，学习者的学习方式、学习需求也在发生着变化，

① 中共中央办公厅，国务院办公厅. 中共中央办公厅 国务院办公厅印发《关于实施中华优秀传统文化传承发展工程的意见》. http://www.gov.cn/zhengce/2017-01/25/content_5163472.htm [2019-09-15].

② 中共中央办公厅，国务院办公厅. 中共中央办公厅 国务院办公厅印发《国家“十三五”时期文化发展改革规划纲要》. http://www.gov.cn/zhengce/2017-05/07/content_5191604.htm [2019-09-15].

中国优秀传统文化教育也应当顺应学习者现有的学习方式，打造契合学习者学习需求的中国优秀传统文化学习资源。因此，在中国优秀传统文化学习资源设计与开发过程中，需要分析在当前的信息化学习环境下，影响学习者对中国优秀传统文化学习需求的相关因素以及学习者的个性化学习需求。不同类型学习者的学习需求存在差异，因此在建立学习需求模型之后，本书以在校大学生为研究对象，从中国优秀传统文化的学习意愿与个性化学习需求两个方面，分析其具体学习需求。

（一）中国优秀传统文化学习需求研究基础

关于需求的理论，人本主义心理学家马斯洛（Maslow，1943）提出的需要层次理论，涵盖了从人的基本生理需要到自我实现的高级需要，具体包括生理需要（physiological needs）、安全需要（safety needs）、爱和归属需要（love & belonging needs）、尊重需要（esteem needs）、自我实现的需要（self-actualization needs）。作为一名学习者，对知识的学习渴求是一种较高级的需要，知识的获得能够满足个体的爱和归属需要、尊重需要，甚至是自我实现的需要。英国伦敦大学学院组织发展小组提出了“学习需要分析框架”（learning needs analysis framework），为分析学习需要提供了分析的工作流程和具体内容。学习需要分析的具体内容包括任务、技能或知识（task/skill/knowledge）、管理者或组织的期望（expectation of the manager/organization）、识别学习或理解差距（identified gaps in learning/understanding）、先前经验或训练（previous experience/training）、学习需要如何达成（how will this be achieved）、学习需要如何评价（how is it going to be evaluated）。对学习需要进行分析的研究较多，学习者主体本身的因素和客观学习条件等都会对学习者对某类知识的学习需要产生影响。根据对微学习者特征要素（表 3-1）的分析来看，学习者个体的基本人口学信息、先前知识、认知风格、学习兴趣、学习偏好等构成影响学习需要的主体因素，而同伴影响、整体学习环境等则将对学习需要产生客观影响。同时从期望确认理论对购买意愿的研究理论来看，学习需要研究可以视为对某种知识的“学习意愿”，因此，对学习需要的研究也可以从现有关于期望确认理论的研究成果中获得理论支持。

（二）中国优秀传统文化学习需求研究设计

根据学习者学习需要的相关理论和框架，从学习意愿的视角，可以初步厘清影响学习者学习需要的相关因素，包括先前知识与能力、情感态度与价值判断、同伴影响、学习满意度、学习意愿。而学习者自身的基本信息（性别、年级等）则可作为调节变量，影响学习者的学习意愿。先前知识与能力包括学习者对某一方面知识的已有知识与能力现状；情感态度与价值判断不仅包含对某一类知识的情感维度的能力掌握，还包括对这类知识的学习兴趣、学习态度等；同伴影响则是指考虑在学习共同体的影响下，学习者必然受到同伴学习兴趣、学习行为的影响而产生对某类知识的学习需要；学习满意度则是对想要学习的某类知识的现有学习资源的满意度评价；学习意愿则是想要在近阶段学习某类知识的意愿。将影响学习意愿的因素进行模型建构，可以提出影响学习意愿的若干假设（图 6-1）。

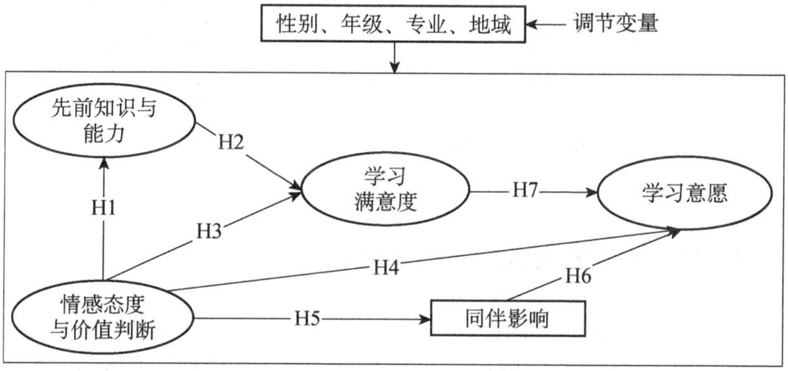

图 6-1　中国优秀传统文化学习意愿模型及假设

中国优秀传统文化的学习需要是对有关中国优秀传统文化知识的学习需要，因此，在中国优秀传统文化学习意愿模型建立的基础上，可以提出中国优秀传统文化学习意愿影响因素模型的假设，包括七个假设（表 6-1）。在使用意愿已有研究成果与学习需要研究的基础上，对五个影响因素进行问卷设计，以验证假设条件是否成立。中国优秀传统文化教育贯穿整个国民教育，本书研究选择高等教育阶段的中国优秀传统文化教育，以大学生为研究对象，因此对模型假设进行验证时，量表测试的对象为在校大学生。

表 6-1　中国优秀传统文化学习意愿影响因素假设

假设	内容
假设 1（H1）	学习者对中国优秀传统文化的情感态度与价值判断正向影响学习者关于中国优秀传统文化的先前知识与能力
假设 2（H2）	学习者关于中国优秀传统文化的先前知识与能力正向影响学习者对中国优秀传统文化学习资源的满意度
假设 3（H3）	学习者对中国优秀传统文化的情感态度与价值判断正向影响学习者对中国优秀传统文化学习资源的满意度
假设 4（H4）	学习者对中国优秀传统文化的情感态度与价值判断正向影响学习者对中国优秀传统文化的学习意愿
假设 5（H5）	学习者对中国优秀传统文化的情感态度与价值判断正向影响同伴影响
假设 6（H6）	同伴影响正向影响学习者对中国优秀传统文化的学习意愿
假设 7（H7）	学习者对中国优秀传统文化学习资源的满意度正向影响学习者对中国优秀传统文化的学习意愿

从学习意愿的视角，可以判断先前知识与能力、情感态度与价值判断、同伴影响、学习满意度、学习意愿五个因素之间的关系，以说明影响中国优秀传统文化学习需求的因素。然而，学习者的个性化学习需求涉及了学习偏好，如学习方式、学习场所、学习媒介等，以及具体学习内容，需要设计个性化问题进行调研。

（三）中国优秀传统文化学习需求调查结果分析

从中国优秀传统文化个性化学习需求调研与学习意愿影响因素模型两个角度，设计针对某类学习者对中国优秀传统文化学习需求的调查问卷，包括学习者基本信息、中国优秀传统文化课程开设与学习情况、个性化学习需求与学习意愿影响因素。学习者基本信息包括性别、年级、籍贯与专业类别；中国优秀传统文化课程开设与学习情况包括学习者所在学校是否开设了选修课或必修课，学习者是否上过中国优秀传统文化的相关课程；个性化学习需求从学习方式、学习场所、学习媒介与具体知识内容等方面进行问题设计；学习意愿影响因素包括先前知识与能力、情感态度与价值判断、同伴影响、学习满意度。

该问卷首先针对部分大学生进行了初步调研，利用 SPSS24.0 对预问卷进行信效度测量，结果显示信效度良好。根据对回收问卷进行的分析，对部分问题进行了修正。重新调整调研问题之后，针对某省的大学生发放问卷，共回收问卷

1116 份，删除无效问卷 201 份，有效问卷为 915 份。根据问卷分析结果（表 6-2），问卷可靠性良好。

表 6-2　中国优秀传统文化学习需求调查问卷可靠性分析

项目	整体问卷	课程满意度	先备知识	情感态度	主管规范	总体满意度	持续学习意愿
Cronbach's α	0.873	0.998	0.919	0.933	0.910	0.884	0.904

根据问卷数据结果，样本学习者中男生和女生分别占 32.4%、67.6%；大一、大二、大三、大四学生分别占 41.7%、24.7%、25.6%、8.0%；样本学习者的籍贯为华东地区的占 57.9%，其次为华北地区（12.3%）、中南地区（10.2%）与西南地区（10.2%）等，境外大学生有 2 人；理工类、人文社会科学类、体育艺术类样本分别占 54.0%、41.1%、4.9%。

从中国优秀传统文化学校开设课程的统计结果来看，7.4%的学习者所在学校开设了必修课，33.9%的学习者所在学校开设了选修课，16.0%的学习者所在学校既开设了选修课，也开设了必修课，仍然有 42.7%的学习者对所在学校的中国优秀传统文化课程开设的情况不了解。这说明仍然有许多学校并不重视中国优秀传统文化相关课程的开设，这与当前传统文化进课堂的要求不符，也切断了学习者从正式学习中学习中国优秀传统文化的通道。根据被调研学习者是否参加过课程学习的调查结果来看，55.7%的学生（510 人）表示没有上过中国优秀传统文化的相关课程。

在对学生个性化学习需求的调研中发现，在学习方式上，被调研的学习者表示倾向于“老师讲授为主”的有 53.9%，“自学为主、讲授为辅”的有 39.9%，“自主学习”的有 6.2%，这表明学习者普遍接受“老师讲授为主”的学习方式，但是“自学为主、讲授为辅”的学习方式也受到不少学习者的欢迎。在学习场所方面，学习者对在传统学习场所教室中学习的偏好人数所占比例为 39.0%，倾向于在线学习的学习者有 10.7%，有 50.3%的学习者愿意以教室学习与在线学习结合起来的方式进行混合学习。在媒介使用方面，倾向于使用手机、平板电脑、笔记本电脑以及书本等传统纸媒学习媒介的学习者所占比例分别为 23.8%、7.2%、12.5%、56.5%。学习者想要学习的中国优秀传统文化不同知识内容所占比例分别为：服饰文化占 61.7%、饮食文化占 71.0%、建筑文化占 47.7%、古代哲学占 35.4%、节庆文化占 45.0%、风俗习惯占 63.7%、传统艺术占 60.5%、其他占

5.5%。由此可见，学习者最想学习的中国传统文化内容依次为饮食文化、风俗习惯、服饰文化、传统艺术、建筑文化、节庆文化与古代哲学。

学习意愿影响因素包括先前知识与能力（prior knowledge and ability，PK，8个问题）、情感态度与价值判断（emotional attitude value judgment，EV，11个问题）、同伴影响（peer influence，PF，3个问题）、学习满意度（learning satisfaction，LS，3个问题）、学习意愿（learning intention，LI，3个问题）。针对学习过中国优秀传统文化相关课程的学习者与未学习过相关课程的学习者分别进行假设检验。调查采用验证性因子分析方法来检验结构方程模型，针对学习过相关课程的学习者而言（405人，44.3%），研究模型的假设检验结果如下：学习者关于中国优秀传统文化的先前知识与能力受到学习者对中国优秀传统文化的情感态度与价值判断（β=0.46，$p<0.001$）的影响，学习者对中国优秀传统文化学习资源的满意度受到学习者关于中国优秀传统文化的先前知识与能力（β=0.36，$p<0.001$）的影响，并受到学习者对中国优秀传统文化的情感态度与价值判断（β=0.50，$p<0.001$）的影响；学习者对中国优秀传统文化的学习意愿受到学习者对中国优秀传统文化的情感态度与价值判断（β=0.76，$p<0.001$），以及同伴影响（β=0.44，$p<0.001$）的影响；学习者对中国优秀传统文化的情感态度与价值判断正向影响同伴影响（β=0.79，$p<0.001$）。然而，学习者对中国优秀传统文化学习资源的满意度并没有显著影响学习者对中国优秀传统文化的学习意愿（β=−0.02，p=0.336），假设7没有成立（表6-3）。

表6-3　优秀传统文化学习意愿测量模型假设验证结果（参加过课程学习）

假设	因果路径	路径系数	p值	检验结果
H1	EV ⟶ PK	0.46	$p<0.001$	支持假设
H2	PK ⟶ LS	0.36	$p<0.001$	支持假设
H3	EV ⟶ LS	0.50	$p<0.001$	支持假设
H4	EV ⟶ LI	0.76	$p<0.001$	支持假设
H5	EV ⟶ PF	0.79	$p<0.001$	支持假设
H6	PF ⟶ LI	0.44	$p<0.001$	支持假设
H7	LS ⟶ LI	−0.02	p=0.336	不支持假设

利用修正指标来提高预测模型的拟合度，对预测模型进行了修正。基于此，

结合修正指标和上述原则，删除了学习满意度对学习意愿（H7）的影响路径。与初始模型相比，修正后的模型拟合度得到了较大的提升。χ^2/df=2.87，GFI=0.883，AGFI=0.846，NFI=0.961，CFI=0.961，RMSEA=0.069，均达到推荐要求。

修正后的模型与数据显示（图 6-2），对于参加过中国优秀传统文化课程的学习者而言，他们的学习意愿与学习满意度并没有显著关系。学习满意度受到先前知识与能力、情感态度与价值判断的影响，显然情感方面因素的影响要大于先前知识与能力的影响。学习意愿主要受到情感态度与价值判断的影响，其次是同伴影响。情感方面的因素对学习意愿、同伴影响、学习满意度、先前知识与能力都产生了正向影响。参加过课程学习的学习者的满意度主要是对大学阶段已有课程的满意度调查，从数据结果来看，对现有课程的满意度并不影响学习者继续学习的意愿。因此，对于参加过课程学习的学习者而言，进一步加强他们对中国优秀传统文化的情感态度与价值判断方面的培养与熏陶极其必要。同伴因素也对学习意愿产生了显著影响，因而营造整体的中国优秀传统文化学习氛围也很重要。

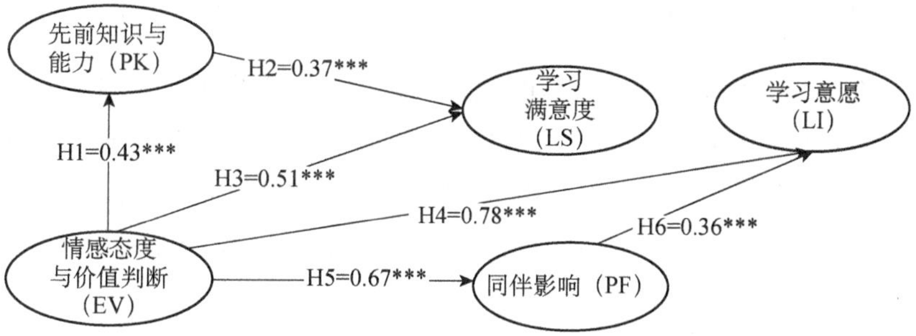

图 6-2　参加过中国优秀传统文化课程的学习者学习意愿模型结果

*表示 $p<0.05$；**表示 $p<0.01$；***表示 $p<0.001$。全书同

对于没有参加过中国优秀传统文化课程学习的学习者学习意愿的调查结果显示，学习者关于中国优秀传统文化的先前知识与能力受到学习者对中国优秀传统文化的情感态度与价值判断（β=0.47，$p<0.001$）的影响，学习者对中国优秀传统文化学习资源的满意度受到学习者关于中国优秀传统文化的先前知识与能力（β=0.37，$p<0.001$）的影响；学习者对中国优秀传统文化的学习意愿受到学习者对中国优秀传统文化的情感态度与价值判断（β=0.93，$p<0.001$），以及同伴影响

（β=0.23，$p<0.001$）的影响；学习者对中国优秀传统文化的情感态度与价值判断正向影响同伴影响（β=0.79，$p<0.001$）。然而，学习满意度没有受到学习者对中国优秀传统文化的情感态度与价值判断（β=0.15，p=0.019）的影响，假设 3 不成立；学习满意度也并没有显著影响学习者对中国优秀传统文化的学习意愿（β=−0.07，p=0.32），假设 7 不成立（表 6-4）。

表 6-4 优秀传统文化学习意愿测量模型假设验证结果（未参加过课程学习）

假设	因果路径	路径系数	p 值	检验结果
H1	EV ⟶ PK	0.47	$p<0.001$	支持假设
H2	PK ⟶ LS	0.37	$p<0.001$	支持假设
H3	EV ⟶ LS	0.15	p=0.019	不支持假设
H4	EV ⟶ LI	0.93	$p<0.001$	支持假设
H5	EV ⟶ PF	0.79	$p<0.001$	支持假设
H6	PF ⟶ LI	0.23	$p<0.001$	支持假设
H7	LS ⟶ LI	−0.07	p=0.32	不支持假设

根据修正指标来提高预测模型的拟合度，对预测模型进行了修正，删除了情感态度与价值判断对学习满意度（H3）的影响路径，以及学习满意度对学习意愿（H7）的影响路径。与初始模型相比，修正后的模型拟合度得到了较大的提升。χ^2/df=2.54，GFI=0.914，AGFI=0.887，NFI=0.934，CFI=0.959，RMSEA=0.055，均达到推荐要求。

修正后的模型与数据显示（图 6-3），对于没有参加过中国优秀传统文化课程的学习者而言，他们对现有课程之外的中国优秀传统文化学习资源的满意度与学习意愿没有显著关系，学习满意度来自先前知识与能力的影响。但是在修正模型中，同伴影响对学习满意度有显著的正向影响，而且大于先前知识与能力对学习满意度的影响，因此，同伴影响对学习满意度的影响值得关注。这也是与参加过课程学习的学习者学习影响因素不一样的地方。学习意愿则主要受到情感态度与价值判断的影响，其次是同伴影响。情感态度与价值判断在学习意愿模型中具有重要的意义，对学习意愿、同伴影响、先前知识与能力都产生了显著影响，这与参加过课程学习的学习者的情况相似。

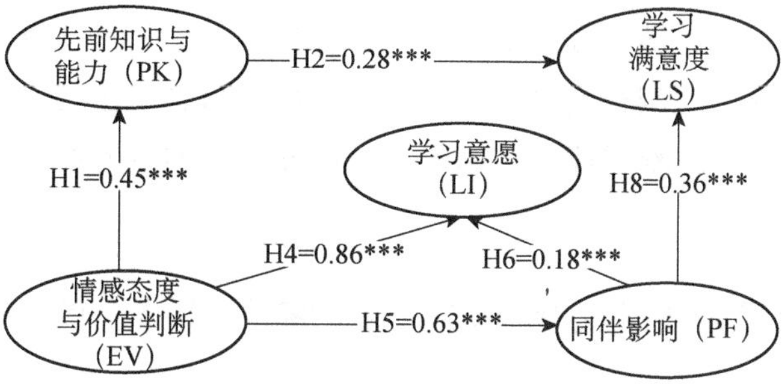

图 6-3 未参加过中国优秀传统文化课程的学习者学习意愿模型结果

本书对中国优秀传统文化的学习需求进行了研究，从调研方法选择到调研工具设计，再到调研数据分析，从中可以清晰地看到当前大学生对中国优秀传统文化的学习需求情况与学习意愿的影响因素。依据学习者的学习需求进行中国优秀传统文化学习资源开发，符合从学习者的学习需求出发的原则，也为下一步学习方式、学习内容、学习平台、学习媒介等的选择提供依据。

第二节 “供”：中国优秀传统文化微学习资源开发的价值探索

中国优秀传统文化教育依赖于丰富而优质的学习资源，中国优秀传统文化学习资源的建设必须结合时代发展与学习者自身对中国优秀传统文化的学习需求，分析当前学习者学习中国优秀传统文化的现状以及对现有中国优秀传统文化学习资源的评价。微学习作为新型的学习方式，已逐步融入学习者的日常生活中。探索中国优秀传统文化微学习资源契合学习者的学习需求，提升现有中国优秀传统文化学习资源的重要价值，以增加学习者的学习兴趣，吸引更多学习者的关注，满足学习者对中国优秀传统文化的学习需求。

一、中国优秀传统文化学习资源的现状分析

对当前中国优秀传统文化学习资源的现状进行分析，发现从学习资源的客体

环境到主体学习需求、学习方式都发生了巨大的变化。从对现有的中国优秀传统文化学习资源的满意度调查结果中，也可以看出学习者对已有学习资源的满意度不高，这些变化与问题都需要对中国优秀传统文化学习资源的开发进行深入反思与重新设计。

（一）中国优秀传统文化学习资源“客体-主体”的变化

在“互联网+学习”背景下，中国优秀传统文化学习资源与其他主题学习资源一样，面临着学习环境、学习方式以及学习者主体的变化，需要拓展在线学习资源的设计与开发，然而也不可避免地会遇到在线学习产生的一些问题，从而影响最终学习目标的达成。而在线学习者的自控能力，与在线学习资源在传统过程中可能受到的干扰因素，也可能导致学习资源传播不畅，导致不良的传播效果，最终影响学习效果。而学习者对现有的中国优秀传统文化学习资源的满意度直接体现了当前中国优秀传统文化学习资源的开展现状。

互联网等技术改变了传统“砖瓦结构”的实体学习环境，如今的课堂已经由教室延伸至在线课堂学习环境。在线学习资源可以为学习者提供在任何时间、任何场所学习的可能。从在线学习资源建设来看，数字时代开放课程的兴起，将在线课程的传播与共享惠及每一个学习者。大规模在线开放课程的学习已经逐渐渗透到学习者正式学习与非正式学习的各个领域。从学习设备来看，智能手机、平板电脑等移动设备已经成为学习的重要工具，移动学习、泛在学习的理念已深入人心，也转化为真实的学习行为。移动设备为学习带来的泛在性、便携性、私有化、交互性、便于合作与即时通信等特征，使得学习者真正成为学习的主人。从学习环境的变化来看，学习者从“课堂人”转变为“移动人”。

学习环境的便利，给学习者带来学习方式的转变，学习方式从线下学习转为线上的在线学习、“线上+线下”的混合学习等。对于中国优秀传统文化学习而言，在中国优秀传统文化教育的相关要求下，面向不同学习阶段的学习者而开设的“中国优秀传统文化”通识课程或将中国优秀传统文化整合的相关课程将会越来越多，从而丰富现有的中国优秀传统文化面授课程。然而中国优秀传统文化在线学习资源可以拓展现有面授学习资源，并且以在线学习的优势吸引更多学习者的关注。然而在线课程的学习不能像面授学习时那样实现师生、生生的直接面对面的交互。因此，在线课程的交互设计是影响学习成效的最直接因素。在学习评价方面，传统课程实施主要以教师的组织与学生的学习相结合的方式开展，学习目标与学习评价紧密结合，以取得较好的实施效果。在线学习的评价设计如何客观而又真实地反映学习效果，特别是针对中国优秀传统文化的通识学习，如何评价学习者在知识、态度、情感等各方面的学习情况，也是当前在线学习资源设计不尽如人意的地方。

从学习者主体来看，信息时代的学习者既面对着丰富的在线学习资源，又存在着众多困惑。首先，学习者的学习时间与集中关注的时间是有限的。中国优秀传统文化的知识类型众多、信息量大，特别是一些经典中华哲学知识本身的深刻性等都影响了学习者的学习进度。而学习者对在线学习的集中关注时间是有限的，对中国优秀传统文化的学习时间也是有限的。其次，学习者对中国优秀传统文化的认知水平是存在差异的。不同的年龄阶段、学习阶段、认知风格、学习偏好，甚至不同地域或文化背景等因素都影响着学习者对中国优秀传统文化的认知水平。最后，学习者对中国优秀传统文化的学习需求是不同的，由于中国优秀传统文化的相关知识渗透在正式学习与非正式学习的不同学科、课程、学习资源中，每个学习者的接收时间与掌握程度是不一样的，因此，学习者关于中国优秀传统文化的先前知识是有差异的。学习者的个性化学习特征对学习资源的设计与开发具有重要的影响，因此，需要适时关注学习者对中国优秀传统文化学习资源的学习需求，便于在学习资源开发或更新过程中进行必要的改进。

在线学习资源传播过程中，在线学习者的自主性取决于学习者的自控能力。在线学习主要由学生自主把握学习进程与选择学习内容。学习进度与学习效果的测评依赖于学习者的自主性、教师对教学活动的设计与互动设计，以及客观的技术监控手段等。学习者在学习网页资源或视频资源时，能够集中注意力的时间有限，受到干扰的因素较多，如无关信息的弹出、多重任务的同步开展等都可能导致学习资源的传播中断，无法达成既定的学习目标。在线学习活动的开展可以在一定程度上避免学生游离于学习主题之外的情况，但自主的参与度仍然由学生自己决定，因此，对在线学习资源传播过程中的干扰因素也需要充分预设，并实施相应解决策略。然而对于学习需求强烈、学习自主能力较强的学习者而言，不论是在线下还是在线上开展学习，都应该能够顺利完成学习任务，达到理想的学习效果。因此，对于学习资源的建设者来说，要充分考虑到学习者的个性化学习对组织化、结构化的学习资源的影响，保证学习资源的传播通畅，帮助学习者顺利完成学习任务。

（二）中国优秀传统文化学习资源学习满意度与学习意愿的分析

在面向大学生的中国优秀传统文化学习需求调研中，我们对当前中国优秀传统文化学习资源的满意度也进行了调研，对已经学习过中国优秀传统文化课程与未学习过中国优秀传统文化课程的学习者分别采用了不同的满意度调查问卷。由于调研对象都是在校大学生，因此，对于已经学习过中国优秀传统文化的学习者主要进行对学习的相关课程的满意度评价（共 4 题），而对于没有学习过中国优秀传统文化的学习者则主要进行对书本中和网络上与中国优秀传统文化相关的学习资源的满意度评价（共 3 题）。

根据最终数据结果（表 6-5），参加过课程学习的学习者在四个满意度问题上的得分均值为 3.51～3.61，依据从非常不满意到非常满意的 1～5 分的计分标准，这类学习者对已有课程的学习满意度在不确定与比较满意之间。

表 6-5　学习满意度描述统计量（参加过课程学习）（$n=405$）

项目	均值	标准差	方差
题项 1	3.61	1.051	1.104
题项 2	3.52	1.095	1.198
题项 3	3.51	1.102	1.214
题项 4	3.55	1.099	1.209
满意度均值	3.54	1.032	1.066

而没有参加过课程学习的学习者对已有的中国优秀传统文化学习资源的满意度结果也不理想，三个题目的均值都在 3 分左右，也就是在“不确定”左右（表 6-6）。尽管两组学习者的调查工具不一样，但是仍然可以看出各个题目的标准差的差异。已经学习过相关课程的学习者的标准差要大于未学习过相关课程的学习者的标准差，这说明已经学习过相关课程的学习者对学习满意度的评价差距较大，也就是说，持不满意与满意态度的学习者差距比较大，并不集中在“不确定”附近。

表 6-6　学习满意度描述统计量（未参加过课程学习）（$n=510$）

项目	均值	标准差	方差
题项 1	2.90	0.936	0.876

续表

项目	均值	标准差	方差
题项 2	3.15	0.903	0.816
题项 3	3.18	0.929	0.863
满意度均值	3.08	0.801	0.641

从表 6-7 中可以看出，对于已经学习过中国优秀传统文化相关课程的学习者而言，他们的性别对学习满意度存在显著性影响，年级、籍贯则对学习满意度存在极显著性影响。而对于未学习过课程的学习者而言，籍贯对学习满意度存在显著性影响。由于已经学习过中国优秀传统文化课程与未学习过该课程的学生使用的问卷不同，因而无法做比对分析。

表 6-7　样本特征对学习满意度的 Pearson 卡方检验结果

项目	性别	年级	籍贯	专业类别
已学习过课程	0.042**	0.000***	0.000***	0.085
未学习过课程	0.941	0.558	0.005**	0.247

因此，未参加过课程学习的学习者对现有中国优秀传统文化学习资源的整体满意度不高，特别是非课程类的中国优秀传统文化学习资源。从不同性别、年级、籍贯的学习者对中国优秀传统文化的满意度的差异来看，在对中国优秀传统文化学习资源进行开发时，需要针对这些方面的差异进行个性化学习资源设计与开发。

从学习者学习意愿的视角来看，根据调查的数据分析，已经学习过课程的学习者的学习意愿与未学习过课程的学习者的学习意愿都在 4 分以上，表示“比较愿意”。已经学习过课程的学习者的持续学习意愿要普遍强于未学习过课程的学习者的学习意愿（表 6-8）。

表 6-8　“学习中国优秀传统文化的意愿”调查统计表

项目	题项 1	题项 2	题项 3
已学（n=405）	4.14	4.19	3.98
未学（n=510）	4.06	4.09	3.66

从样本特征看对学习意愿的影响来看（表 6-9），对于未学习过课程的学习者而言，只有年级对学习意愿具有极显著影响，其他因素均无显著性影响。

表 6-9 样本特征对学习意愿的 Pearson 卡方检验结果

项目	性别	年级	籍贯	专业类别
持续学习意愿（已学）	0.058	0.056	0.549	0.216
学习意愿（未学）	0.096	0.002***	0.469	0.213

因此，从对中国优秀传统文化学习资源的现状分析与实际调研结果来看，学习主体与学习资源的客体环境变化对学习资源开发提出新的要求，而当前学校开设中国优秀传统文化课程的情况不理想，学习者对现有学习资源的满意度不高，但是学习者普遍表示比较愿意学习中国优秀传统文化的相关学习资源。

二、中国优秀传统文化微学习资源的价值探索

随着时代的发展，中国优秀传统文化教育也需要研究当前学习者的学习兴趣与爱好，因而要在学习内容与学习形式上加以创新。微学习资源以其独特的“微”特征的优势，可以为中国优秀传统文化教育的创新提供解决方案。

（一）微学习资源的学习优势

互联网技术推进了时代的更迭，从 Web 1.0 时代到 Web 3.0 时代，技术发展有其本身的技术进化的内在动因，然而互联网用户对互联网交互的深入与个性化需求的变化也是导致技术发展与时代更迭的客观动因之一。在“互联网+”时代的背景下，基于互联网的在线学习方式、学习行为等也转向以满足学习者个性化需求为中心与基本前提。为在线学习者提供在线学习资源的探索也在不断变革，从开放学习课件到大规模在线开放课程，再到适用于小规模的在线开放课程与微学习资源等，试图充分挖掘在线学习者的学习兴趣、学习习惯等个性化学习需求，将学习贯穿在学习者整个生活环境中。

微学习方式作为在线学习的方式之一，不仅具备在线学习的诸多优势，而且可以发挥微学习独特的学习优势，弥补在线学习存在的诸多不足。因此，将微学习作为当前面授课堂或在线学习的重要补充，可以发挥各种学习资源的优势，为学习者提供个性化学习支持与服务，从而帮助学习者有效提升学习效果。微学习方式首先沿承了诸多在线学习方式如移动学习、泛在学习等的优点。微学习更加优化了移动学习与泛在学习所体现的便捷性、即时性、泛在性、自主性等优势。

微学习中“微”的显著特征使得移动传播更加准确、及时；微学习所体现的“后”在线学习情境的时代特征使得学习者在线学习的自主性更加彰显；微学习的智能推送等支持服务所体现的先进技术特征，也使得学习者可以快速获得个性化学习主题或内容；微学习体现的“以学习者为中心”的核心特征，就是将学生真正作为学习的主人，体现在线学习充分的自主性。微学习不仅将在线学习推进到“后”在线学习的环境与方式下，还以其“微”的优势弥补在线学习的诸多不足之处。微学习的“微”特性使得在线学习的内容微型化、时间片段化、过程简洁化，在微媒介的传播平台上，以微学习资源的形式为学习者提供个性化的学习服务。这种微型化的特征将冗长的在线学习内容划分为多个部分，占据学习者碎片化的学习时间，按照学习者日常社交活动的习惯开展学习，将学习过程与活动渗透到学习者的日常生活中，解决冗长时间与内容的学习可能带来的削减学习者学习兴趣的问题，也从认知负荷的视角体现微学习得以盛行的本质特征，以组块的方式帮助学习者形成学习认知，有效减少了学习者的认知负荷。

微学习资源作为微学习活动开展的重要基础与保障，从微学习内容、微学习工具、微学习环境、微学习评价等方面全方位为微学习者个性化的学习方式提供片段化的学习资源，将学习活动嵌入学习者的日常生活与工作活动空间中。中国优秀传统文化的内涵极其丰富，几千年来，我们的祖先积累的物质与精神财富充分体现在中国优秀传统文化中。如今，中国优秀传统文化体现在我们生活中的方方面面，从衣、食、住、用等基本生活物质需求，包括中国传统服饰文化、中华美食、中国传统建筑风格、生活用品的传承等，到独特的中国哲学体系的精神给养，包括孔孟等哲学思想的现代理解、中华美德规范的继承、传统礼仪文化的熏陶、传统节庆文化与习俗的感染等，影响着一代又一代炎黄子孙。中国优秀传统文化中的学习内容既是零散的，也是聚合的。如同衣、食、住、用等体现了内容的独立性，但是其内在的发展脉络与凝聚的内在精神却是与中国历史发展、社会进步等联系在一起的。因此，零散性可以被处理为内容的片段化，但如何将诸如衣、食、住、用等内容以片段化内容的形式开发出来，而又能体现部分与整体的关系？我们认为，通过将片段进行有机整合，形成中国优秀传统文化教育的庞大内容体系与宏伟教育目标，以微学习资源的形式开发中国优秀传统文化学习资源，可以实现这样的目标。

（二）中国优秀传统文化微学习资源开发与传播的优势分析

中国优秀传统文化贯穿整个国民教育体系，也逐渐成为人们终身学习的重要内容。然而，要想让中国优秀传统文化内容在不同学习阶段都焕发出新的吸引力，需要创新中国优秀传统文化教育的内容与形式，以吸引不同年龄阶段学习者的关注。微学习资源的微内容与微媒介的开发与传播优势可以实现中国优秀传统文化教育的创新。

中国优秀传统文化微学习资源开发与传播的优势有以下几点。第一，中国优秀传统文化的微内容是对传统学习内容组织的创新。将中国优秀传统文化多个主题进行合理的微内容设计与组织，使得传统内容更具现代性，让学习者能够在微时间内学习完，有效减轻了学习者的心理负担，也减少了学习者的认知负荷。第二，中国优秀传统文化微学习资源体现了形式上的新颖。中国优秀传统文化教育的形式创新，可以激发学习者的学习兴趣。微学习依赖于新型的学习媒介、学习工具，改变学习者以往对中国优秀传统文化的学习认知，激发学生以自主选择的方式开展中国优秀传统文化的学习。第三，中国优秀传统文化微学习资源的传播体现的微时间形成了一个长效机制。多个微时间的累积激发学习者对中国优秀传统文化学习产生浓厚兴趣，使其养成长期关注中国优秀传统文化的习惯。第四，基于微媒介的传播，将中国优秀传统文化微学习资源打造成基本的生活媒介信息。微媒介已经成为现代人日常网络社交的基本方式，现代人也已被各类媒介信息所占据。将中国优秀传统文化的微学习资源通过微媒介进行传播，以学习者日常网络社交方式无缝嵌入学习者的生活中，使其成为学习者的一种生活习惯，养成良好的学习习惯。第五，中国优秀传统文化微学习资源所提供的定期推送服务，既可以帮助形成微时间累积的长效机制，也可以帮助学习者养成良好的学习习惯，更为学习者满足自身的个性化学习需求提供了更多的选择。第六，基于微媒介交互的中国优秀传统文化微学习资源，还能够实现学习者参与个性化订制的可能。当前微媒介流行的原因在于其在表现内容上图文并茂，在表达方式上更加便捷、简易，基于内容的交互功能更加强大。学习者的反馈，包括主观想法、评价建议或学习作品等都可以借助微媒介工具进行编辑，快速呈现在微媒介平台上。这些反映学习者个体的意见或作品表达了学习者的个性化学习需求，是他们参与并投入学习过程的重要表现，也是微学习资源得以再生的重要保障。

第七章

中国优秀传统文化微学习平台的开发与应用

将中国优秀传统文化进行微学习资源开发，使之成为学习者乐于主动学习的微学习资源。中国优秀传统文化微学习资源创新了传统学习资源的载体、学习方式、学习环境等，体现在具体的开发过程中，则需要依据开发模型，对某一类学习者进行分析，从微学习内容、环境、活动、支持与评价等方面进行合理设计，并选择合适的微学习资源传播平台，采取适当的传播策略进行微学习资源的推广与应用，并持续关注学习者的学习反馈，以进一步完善“优秀传统文化微学习平台”建设。

第一节 “构”：中国优秀传统文化微学习资源设计

根据微学习资源设计与开发的活动学习设计流程（图 3-5），微学习资源的设计与开发要从微学习者分析入手，开展微学习内容选择、微学习环境创设、微学习活动设计、微学习结果评价等微学习资源系统设计工作，最后进行微学习资源的学习应用分析，在学习系统应用的基础上，进行学习满意度与学习意愿调查，进而形成系统改进方案（图 7-1）。在微学习资源系统设计中，体现“共享-共生”的生态发展策略，保障中国优秀传统文化微学习资源的可持续发展。

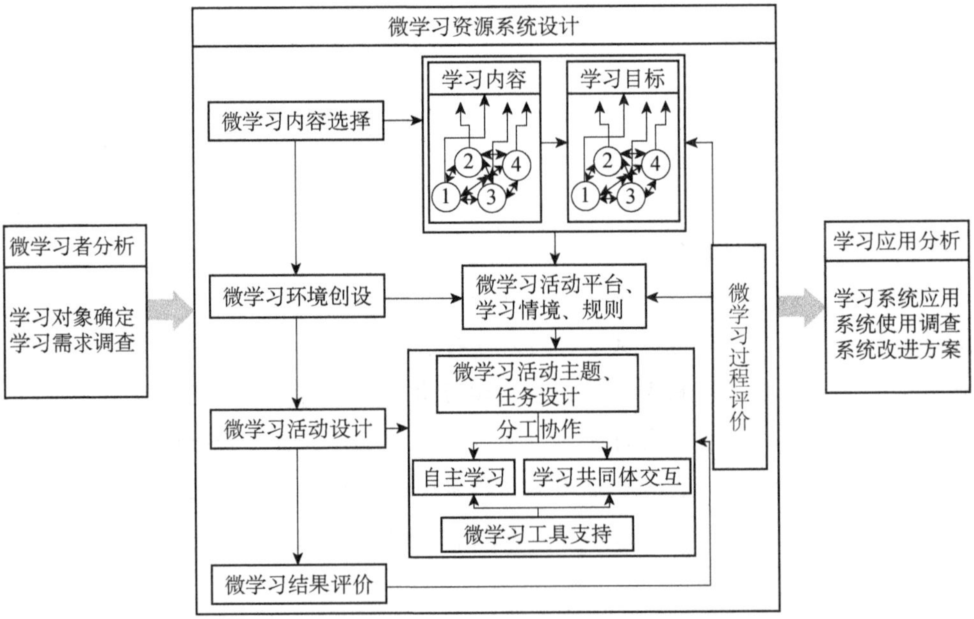

图 7-1 中国优秀传统文化微学习资源设计与开发流程图

一、中国优秀传统文化学习者分析

中国优秀传统文化的学习受众是广泛的，不仅包括本国的普通大众，也包括对中国优秀传统文化感兴趣的外国学习者，如国内在校大学生、在华的外国留学生、海外的外国学生等。中国优秀传统文化微学习资源可以与他们正式学习中的相关课程进行整合，并且发挥微学习的优势，嵌入他们的日常非正式学习中。中国优秀传统文化微学习资源内容的简洁性、形式的多样性、载体的便捷性、时间的灵活性、学习的趣味性、资源的丰富性等优势，符合不同学习阶段、不同认知水平、个性化学习的学习需要，能够满足各类学习者对中国优秀传统文化的学习需求。

在进行中国优秀传统文化微学习者分析时，需要首先确定学习对象，由于学习对象的学习特点与学习需求不同，面向所有受众的通用的中国优秀传统文化微学习资源显然也无法实现，因此在进行中国优秀传统文化开发时，首先要明确微学习资源的学习对象是谁，进而针对特定的微学习者群体进行学习需求的调研与分析。中国优秀传统文化教育应贯穿人的成长的一生，在人生发展的不同时期，学习者都可以从中国优秀传统文化中学习到物质文化与精神文化的精髓，感受到文化的熏陶与浸染。如处于基础教育阶段的学习者既处于人生观与价值观的形成阶段，又处于学习状态最佳的阶段，因此，面向基础教育阶段的中国优秀传统文化教育重在基本常识的普及，帮助学习者树立文化自觉意识，培养其热爱祖国文化、热爱祖国的思想感情。而高等教育及以后教育阶段的成人学习者已经形成了自己的价值判断能力，面向成人的中国优秀传统文化教育则可能侧重于民族文化的自觉与自信意识的培养，培养其承担主动传播与发扬中国优秀传统文化的责任。因此，在进行微学习者分析时，必须明确所要开发的中国优秀传统文化微学习资源是面向哪个阶段的学习者，才能较好地把握这个阶段学习者的特征，进而开展微学习资源学习需求的调查分析。

根据对某省在校大学生中国优秀传统文化的调研数据结果（表 7-1）进行分析，从大学生的性别、年级、籍贯、专业四个方面对个性化学习进行 Pearson 卡方检验，可以看出性别对不同学习内容，如服饰文化、饮食文化、古代哲学、节庆文化、风俗习惯等有显著差异；学习者所在年级则对学习场所、学习媒介、服饰文化、饮食文化的选择有显著差异；籍贯对传统艺术学习内容有显著差异；专业则对所有学习内容，包括服饰文化、饮食文化、建筑文化、古代哲学、节庆文化、风俗习惯与传统艺术等有显著差异。因此，学习者因为性别、年级、籍贯与专业的差异会对学习场所、学习媒介与部分学习内容的学习偏好产生影响。值得注意的是，上述样本特征的差异对学习方式没有影响，因此在学习方式的设计上，可以忽略学习者的特征差异；籍贯的差异只对传统艺术学习内容产生影响，因而需要综合考虑对不同地域的传统艺术文化的学习资源进行整合、设计与开发；专业类别的差异明显影响所有的学习内容，学习者因专业类别不同而喜欢不同的传统文化学习内容也是必然的。

表 7-1　样本特征对个性学习需求的 Pearson 卡方检验结果

项目		性别	年级	籍贯	专业
学习方式		0.074	0.810	0.237	0.050
学习场所		0.082	0.026**	0.248	0.085
学习媒介		0.437	0.000***	0.314	0.316
学习内容	服饰文化	0.000***	0.022**	0.569	0.001***
	饮食文化	0.000***	0.000***	0.154	0.000***
	建筑文化	0.099	0.059	0.373	0.001***
	古代哲学	0.000***	0.970	0.097	0.002***
	节庆文化	0.000***	0.055	0.393	0.000***
	风俗习惯	0.000***	0.831	0.678	0.000***
	传统艺术	0.072	0.076	0.022**	0.001***

将上述学习者分析同前期的学习者学习需求调查结果作为微学习资源系统设计与开发的主要依据，尊重学习者在学习方式、学习场所、学习媒介、学习内容方面的偏好差异，合理开发针对在校大学生的中国优秀传统文化微学习资源。

二、中国优秀传统文化微学习资源系统设计

中国优秀传统文化微学习资源系统设计包括微学习内容选择、微学习环境创设、微学习活动组织、微学习支持服务、微学习评价设计。

（一）微学习内容选择

中国优秀传统文化微学习内容选择，是根据微学习者的个性化学习需求而进

行主题甄选、内容编辑，并借助文字、图像、音频、视频等形式展现出来。中国优秀传统文化的微学习内容选择要体现微学习资源的知识点与整个知识体系的关系，注重挖掘中国优秀传统文化的历史价值与现实意义，着重体现中国传统文化中的优秀部分而去其糟粕。

第一，需要处理好部分与整体的关系。微学习资源的微型体现了中国优秀传统文化的部分或片段，但这是整个中国优秀传统文化知识的有机组成部分，部分的内在逻辑性将构成整体。精选的内容既是独立的，又是与整体不可分割的。强调系统性与结构性，以完整地呈现出这类知识的来龙去脉、价值与意义。结合学习者的学习特点进行微学习内容的合理编排，既不丢失重要知识点，又能达成知识传授的目标。在学习内容组织上，需要结合中国优秀传统文化知识本身的特点加以设计与开发。中国优秀传统文化的学习内容众多且丰富。从时序维度来看，其知识点较多，且对不同时期的重难点也较难把握。学习者由于学习的进度不同，可能已经提前掌握了某些知识。认知水平的差异又导致对重难点把握的程度不同。因此，完整而连续的学习内容对于有些学习者来说进展太慢，而有些学习者则会觉得进展太快。如何把握部分与整体关系，以及协调整体学习进度等问题，需要在学习需求调研的基础上，结合学习反馈进行适时改善。

第二，需要观照历史与现实的双重意义。在探索中国优秀传统文化历史意义的同时，又要突出强调其现实的传承与创新的意义与价值。中国优秀传统文化学习资源历史价值的追溯尤其必要，但其现实价值，特别是与当下学习者的生活与精神世界的连通也极具重要价值。生活中对中国优秀传统文化的传承，精神家园中正确价值观与文化观的树立等，都体现在对中国优秀传统文化主题与内容的呈现上。赵东海和梁伟（2011）提出，“从伦理价值层面看，中国传统文化的精髓主要可以概括为君子文化、尚贤文化、耻感文化、礼仪文化、忠孝文化、爱国主义以及人道主义精神等”，这些与《易传》所强调的“自强不息”“厚德载物”等构成了中华民族的精神内涵。精神内涵映射在千百年来劳动人民具体的生活家园中，影响着人们日常的衣、食、住、用等物质与非物质文化的形成。因而，对中国优秀传统文化内容的挖掘既要包含与生活家园相关的实体文化类型，又要揭示其背后蕴藏的思想真谛与精神财富。

第三，需要处理好“优秀”与“糟粕”的取舍问题。甄选主题时，还要精选中国传统文化中的优秀部分，而去其糟粕，引发学习者的深度思考。中国优秀传统文化微学习内容的开发是要将中国传统文化中的精髓与精华揭示出来，探索其历史意义与现实价值，以育后人。中国优秀传统文化学习主题与内容的甄选要体现出“优秀”的中国传统文化内容，而去除其“糟粕”，在呈现历史与现实的正确价值观上，引导学习者进行批判性的思考与审视，培养其对中国优秀传统文化的创新意识，以及对糟粕旧思想与文化的批判精神。

中国优秀传统文化微学习内容的选择关系到学习者对微学习的兴趣，丰富的微学习内容还需要以创新的呈现形式来表达。因而在微学习内容的呈现形式上，不仅需要综合文字、图像、音频、视频等多媒体技术，还需要融入交互设计以恰当地表征相应的微学习内容。借助已有的微内容编辑工具，可以将多媒体的要素以交互的方式充分表现出来，因此，应当在选择微学习内容时提前考虑对支持微学习资源不同平台或工具的选择，使用合适的工具或媒介展现出最精彩的微学习内容。

（二）微学习环境创设

微学习环境创设包括微学习平台的选择、微学习情境创设与微学习规则的设计。当前微学习平台主要以微信公众平台与自主开发的终端 APP 为主。选择哪种微学习平台，需要首先确定面向哪一类学习受众，分析他们的日常生活习惯与学习偏好，契合特定学习者的学习时间、学习场所等个性化学习需求。由于微信用户众多且稳定，微信公众平台成为大多数微学习资源的学习平台。然而自主开发的 APP 在个性化功能方面能够展现设计与开发者的独特设计，因而也极具优势。因此，应综合比较不同微学习资源平台的优势，依据学习者的特点与中国优秀传统文化的微学习内容，以选择适合的微学习平台。

微学习环境还包括对微学习情境的创设，微学习情境的创设是学习者更好地开展微学习资源学习的前提。针对个性化的学习者需要创设适合他们学习的语言、问题、生活情境等。这里的语言并不仅仅包含中文与英文等多种语言，还包括与不同文化背景的学习者能够对话的语言情境。如在讲述有关传统节庆文化的神话、传说故事时，可适当引用西方文化中的民间故事。虽然故事内容不同，但是其所展现的都是人们向往美好幸福生活的共同愿望，以此激发学习者的学习兴趣。而在开展微学习活动前，创设与学习内容相关的、层层深入的问题情境，可以让学习者带着问题进行学习，在问题探究中完成学习任务。创设与学习者现实生活相关的情境，连接历史与现实，也能很好地引发学习者的共鸣。

关于微学习环境中微学习规则的设计，则需要一方面制定并遵循现有微学习平台的相关规则，特别是学习者参与学习互动、发表言论或提交学习成果时应当遵循的基本网络言论规范；另一方面，在微学习资源学习活动的开展过程中，相关学习规则或规范，包括对学习目标的要求、学习评价的说明、学习结果的评价等，都应当在学习规则中加以体现。

（三）微学习活动组织

微学习活动体现活动理论的设计，强调学习共同体的合作任务学习。尽管在微学习者片段化的学习时间里，与学习同伴的分工合作的活动学习可能在某个单位时间里表现得并不充分，但是借助微媒介深度交互的优势，可以通过活动设计，要求学生进行必要的师生、生生交互，促进个体知识与集体智慧的生成。因此，微学习活动的开展是学习者真正进行微学习的过程，应当注重活动目标的达成、任务分解与分工设计。

微学习活动有效实施了微学习内容的学习。微学习活动的开展，一方面可以理解为专注于对一个微小学习片段的微学习资源的学习，因而学习活动目标明确，即针对具体知识点或问题进行目标达成的学习；另一方面也可以理解为对片段式微学习资源的完成是对整个学习资源的有益补充与重难点突破，是完成整体学习任务与目标的必要环节，体现微学习资源片段性对于学习整体性的价值，而非孤立地完成某个小任务。因而，在进行中国优秀传统文化微学习活动设计时，既要充分考虑某个知识点片段的微学习活动设计是否精细、目标是否明确，也要充分回应该片段与整体学习活动的关系，有效连接部分与整体，帮助学习者顺利完成学习任务。

微学习活动以任务驱动式教学、项目式学习的方式开展，有利于学习者快速把握学习步骤与进程，循序渐进地完成整体微学习目标。因此，对任务的分解与分工设计也需要处理好部分片段微学习与整体片段微学习之间的关系。在单位微时间内的任务设计可以是单独的小任务，虽然持续时间较短，但是学习者在微时间内是能够完成学习任务的。微学习活动的任务设计也可以是整个学习内容的一个任务步骤，可以将中国优秀传统文化的学习内容分解为若干微学习内容，依据每个微学习内容之间的逻辑关系，对整体学习任务进行分解，学习者利用微学习时间完成各个步骤，从而达成整体把握学习内容的目标。

微学习活动中的分工设计体现了学习共同体的重要作用。学习者利用碎片化时间开展微学习活动，在学习时间与学习场所上存在较大的随机性。因此，针对不同学习类型的学习者，在进行学习共同体的协作学习时，要充分考虑到学习者的学习目标，以及正式学习与非正式学习的需求。以在校大学生群体开展中国优秀传统文化正式学习为例，将微学习资源作为正式课程学习的有机补充，有效整合课内外学习时间，通过小组形式学习不同主题，协作完成小组合作作品。而在非正式学习中，微学习者大多是对中国优秀传统文化具有浓厚学习兴趣，而将对中国优秀传统文化知识的学习作为通识教育的群体。在这类微学习者的微学习活动中，则要充分考虑不同学习者在不同时空中的学习行为，在微媒介的深度交互基础上，以问答、评论、作业等要求的形式合理分配协作任务。

因此，根据开展微学习活动的学习者群体和相应的微学习类型，在便捷的交互基础上，中国优秀传统文化微学习资源系统应巧妙地设计不同的微学习活动或阶段活动步骤，以促成学习共同体协作学习。在互动生成的过程中，促进个体学习者获得对知识的深度理解，再逐步转化为对知识的应用，最终体现在微学习的成果上。

（四）微学习支持服务

在传统课堂中，以学生为中心的教学模式体现了教师作为引导者、指导者的角色定位，教师成为支持学生的最重要的服务者。而在微学习过程中，离开教师面对面的教学与指导，真正实现微学习者自主把握学习进度、自主完成学习任务，这对学习者来说，也具有极大的挑战。但是微学习过程中所提供的支持服务，可以作为学习者重要的学习支架，帮助学习者制订自主学习计划、合理安排学习进度，进而顺利完成学习任务。微学习中的支持服务既包括来自技术层面的服务，如微学习工具的支持、微学习智能服务等，也包括来自学习同伴、教师的支持服务。

在进行中国优秀传统文化微学习工具设计时，要充分预设不同类型的微学习支持服务，从而为微学习者提供个性化的微学习支持服务。微学习工具为学习者提供信息获取、学习笔记、数据处理、文档编辑等服务，便于学习者将知识进行有效分析、处理与应用。通过第三方平台的调用，将学习工具嵌入微学习平台中，方便学习者随时获取需要使用的学习工具。微学习智能服务为学习者提供信息推送、学习计划提醒、任务进程安排等服务，跟踪学习者的学习进展，及时提供智能服务。而交互社区、资源下载服务、学习共享活动为学习者提供来自学习同伴、教师的启发与指导，帮助学习者顺利完成学习任务，达成自己的学习目标。

中国优秀传统文化微学习支持服务的设计，在技术服务层面，需要预设各种支持服务工具的发展动态，将最新而又适用的学习工具推荐给学习者。同时也要关注学习者的学习进程与学习者的学习反馈，对学习过程中生成的学习瓶颈问题、技术难题等及时予以引导与提示，或将问题解决的办法提供给微学习者。

（五）微学习评价设计

中国优秀传统文化微学习资源的学习评价设计主要体现在微学习者的学习过程与学习结果中，将微学习者作为评价对象，了解他们的学习收获。同时将他们作为评价主体，将他们对微学习资源的满意度和持续使用意愿作为微学习资源生态发展的重要依据。

将微学习者作为评价对象，在学习者的学习过程与结果阶段设计过程性评价与总结性评价的工具，如以问卷、学习成果等形式，从而评价学习者的学习结果。学习者在学习了中国优秀传统文化的微学习资源之后，是否达成了微学习的中国优秀传统文化知识掌握、文化素养提升等目标，可通过自评与他评相结合的方式，设计合适的评价工具，实现这类评价。将微学习者作为评价主体，对微学习资源的评价则需要在学习的不同阶段开展相应的调研，并通过交互平台中学习者的反馈信息，及时收集调研与反馈信息，进行必要的回应或改进。

中国优秀传统文化微学习目标体现了知识与素养的潜移默化与循序渐进，对学习者的评价需要体现发展性评价的总体原则，在具体应用层面上需要体现学习者对知识的掌握。而针对微学习资源本身，在内容选择与形式展现上则需要在符合学习者个性化学习需求的基础上，能够不断创新，以新理念、新技术引领微学习资源的表征，激发学习者的学习兴趣，吸引他们对中国优秀传统文化的长期关注。

三、中国优秀传统文化微学习资源学习应用分析

中国优秀传统文化微学习资源的学习应用是在微学习资源系统上线以后，

在微学习资源的有效实施阶段进行的。该学习应用分析包括对系统本身稳定性、支持服务有效性等的分析、学习者的使用反馈分析，以及针对问题的改进方案的制订。

微学习资源依赖于一定的微学习环境，尽管开发者与传播者在微学习资源投入应用之前进行过系统运行测试，但是在学习者真正开展微学习资源的学习过程中，极有可能出现问题。这些问题既有来自系统本身稳定性的问题，如信息传递不畅通、编辑内容无法操作等，也有支持服务有效性、及时性的问题，还有调用工具无法操作、信息无法存储和上传、资源无法下载等问题。因此，由技术或环境本身造成的问题需要在实际应用中不断收集，以优化系统的稳定性、有效性。

学习者的使用反馈分析则与学习者对微学习资源的学习评价一起成为微学习资源本身进一步得以优化的依据。在使用反馈分析中，通过对微学习者在开展微学习活动时的学习行为进行跟踪与记录，形成微学习者的个性化学习行为分析。通过学习行为分析哪类微学习内容吸引了大部分学习者的兴趣，或是哪类微学习内容在学习上出现了问题，进而分析微学习资源是否满足了学习者的学习需求。

针对微学习资源系统本身与学习过程中反馈的信息，形成进一步改善或优化微学习资源的修订方案。或对原有微学习资源进行重新编辑，或对学习任务进行进一步优化设计，或对学习目标的阶梯性进行调整，或将修订意见体现在下一个微学习内容的组织上，根据这些具体修订意见形成改进方案，是一项长期的阶段性工作。作为微学习资源的开发者与传播者，需要时刻关注在微学习活动的实施阶段，以及在开发与传播过程中可能出现的问题，以便及时完善并改进。

中国优秀传统文化的学习资源较多，既能激发学习者对优秀中国传统文化学习的兴趣，又能切实改善学习者的学习效果，需要充分挖掘微学习资源的学习优势。中国优秀传统文化本身资源的丰富性就具有极大的优势，将不同主题的中国优秀传统文化知识开发成微学习资源，不仅要关注微学习资源开发与传播的过程设计，还要分析在微学习实施与应用过程中的学习反馈，形成微学习资源再设计、再开发的依据，由此才能让中国优秀传统文化微学习资源得以不断更新，吸引更多学习者学习。

第二节 “建”：中国优秀传统文化微学习平台构建

以在校大学生为学习对象，在对学习者的中国传统文化学习需求调研的基础上，形成微学习资源的开发依据。借助微信公众平台的普及优势与强大功能，选择微信公众平台作为中国优秀传统文化微学习资源的开发平台，架构面向在校大学生的中国优秀传统文化微学习平台模块，并进行开发设计与广泛传播。

一、中国优秀传统文化微学习平台选择

与 Web 2.0 时代相伴而来的是自媒体时代，“用户生成内容”（user generated content，UGC）理念逐渐获得共识（刘韬，赵辰玮，2015），打通了受者与传者角色互换的通道，每个人都可能是互联网信息的生产者。相对于传统的用户交互平台——论坛与博客，基于移动微交互理念的移动 APP 与微信公众平台成为当前微学习应用的主要平台。中国优秀传统文化微学习平台可以利用移动 APP 商业开发的现有经验，将中国优秀传统文化的微学习资源进行功能的合理整合，以适合学习者移动微学习的方式，向学习者提供中国优秀传统文化学习的服务。然而相较于微信公众平台，移动 APP 对于资源开发者与学习者来说，都存在着诸多不便之处。对于微学习资源的开发者来说，他们需要进行移动 APP 的开发工作，而微信公众平台不需要单独开发，只需要进行系统的架构，就可以完成微学习平台的创设工作。而对于学习者来说，他们需要将移动 APP 下载到移动设备上，尽管有移动 APP 的提醒功能，但该功能可以关闭，而且只有在学习的时候，学习者才会打开这一应用。这些操作对于开发者和学习者来说，都是时间与效率上的无谓消耗。微信作为当前一种普遍使用的社交工具，已经成为大多数学习者的首选社交工具，这就提高了学习者自主打开微信应用的频率。而微信公众平台提供的强大功能，也为开发者省去了不需要重复开发的功能，因此，面向在

校大学生的中国优秀传统文化微学习资源开发，应选择微信公众平台作为微学习平台。

对中国优秀传统文化微信公众平台的开发，应充分利用微信公众平台的优势，满足用户移动微学习的需求。微信公众平台中开通信息、分享、查询、学习与用户等多个模块，实现中国优秀传统文化微信公众平台中的自定义菜单、自动回复、消息互动、订阅推送、收藏、微网页、列表等功能，能够实现人机交互、在线答疑、资源发布、资源存储与资源整合等学习功能。同时借助第三方平台提供的诸如粉丝圈、腾讯课程、秀米、微页、侯斯特，进行教师答疑、学习分享、课程资源、图文编辑、H5 制作等（图 7-2）。

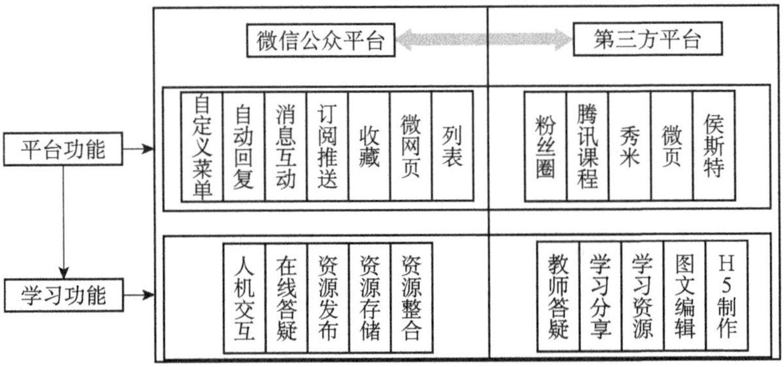

图 7-2 “优秀传统文化微学习平台”功能结构

二、中国优秀传统文化微学习资源的系统设计

基于微信公众平台的中国优秀传统文化微学习平台，需要将中国优秀传统文化的微学习内容、微学习工具、微学习环境、微学习评价等体现在微学习资源的开发过程中。该学习平台分为三个模块，分别为学习内容、学习支持服务与交互社区（图 7-3）。

在“学习内容”模块，整合中国优秀传统文化知识，从学习者熟悉的生活情境出发，分为“生活家园”与“精神家园”两个部分。在“生活家园”中，将学习者生活中不可缺少的衣、食、住、用等方面的中国优秀传统文化内容纳入微学习资源主题中；在“精神家园”中，突出中国古代哲学思想的精华、中国传统艺术文化的发扬、中华礼仪文化的传承以及中国节庆文化的现代意义。

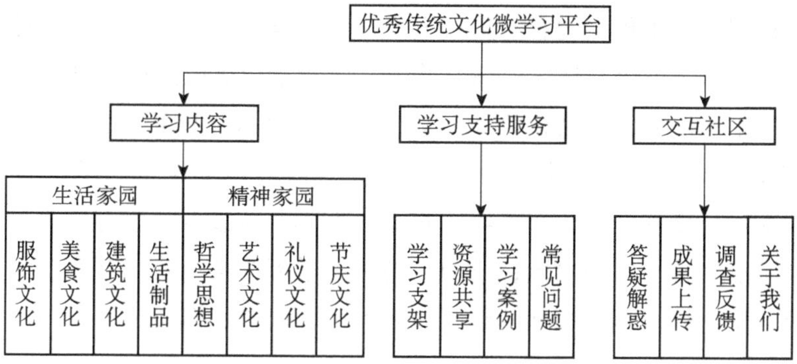

图 7-3 “优秀传统文化微学习平台”结构框架

在“学习支持服务”模块，从学习支架、资源共享、学习案例、常见问题四个方面，为学习者的学习提供理论、工具、案例的支持与服务。“学习支架”模块将介绍相关理论与方法，帮助理解与应用中国优秀传统文化，如使用符号的能指意义与所指意义来理解不同文化载体的历史与现代意义，以及知识可视化理论与应用的相关知识。“学习支架”模块中还将推荐不同的学习工具，帮助学习者制订学习计划、理解学习内容、提交学习成果、完成学习任务。这些工具将充分利用第三方平台提供的工具，还包括其他 Web 2.0 工具，支持学习者自主开展微学习。“资源共享”模块则提供中国优秀传统文化资源下载服务，如相关工具、学习文档等的下载。“学习案例”模块将整合已有学习者的学习作品并加以呈现，并将学习者的学习目标具体化，以范例的形式展现给学习者，帮助学习者完成自己或小组的学习作品。“常见问题”模块将针对系统、工具、学习过程中出现的常见问题，以及学习计划或规范等进行归类，并通过学习者的反馈不断更新。

在“交互社区”模块，则为学习者提供答疑解惑、成果上传、调查反馈与关于我们。“答疑解惑”体现师生、生生互动的学习过程；“成果上传”提供学习成果的上传路径与相关指导，以及激励措施；“调查反馈”定期推送调查表，收集学习意见与建议；“关于我们”不仅提供更多丰富的交互渠道，方便学习者与中国优秀传统文化微学习资源的开发者与传播者进行深度互动，而且提供更多关于中国优秀传统文化微学习资源的相关说明，如版权说明、使用说明等。

在中国优秀传统文化微学习平台运行过程中开展定期推送服务，不仅有常规的学习内容或服务信息的推送，还有个性化的智能提醒等功能，帮助学习者自主安排学习进度，顺利完成学习任务。在学习内容的推送服务中，对某个主题的学习内容进行编辑，不仅在内容与形式上充分吸引学习者的关注，还将提供个性化参与订制的入口，以交互连接或留言等方式收集学习者的反馈意见。

根据对中国优秀传统文化微学习平台的系统架构，基于微信公众平台，本书初步构建了“优秀传统文化微学习平台”，主要包括三个部分的内容：学习内容、学习支持与交互社区（图 7-4）。根据前期的系统设计，学习内容具体包含历史文章、生活家园与精神家园；学习支持包括学习支架、资源共享、学习案例与常见问题；交互社区包括答疑解惑、成果上传、调查反馈与关于我们。

图 7-4 “优秀传统文化微学习平台”系统框架截图

在学习内容中，定期推送与中国优秀传统文化的生活家园和精神家园相关主题的微学习资源，目前已经积累了众多主题文章（图 7-5），并采取不同的工具，如 H5 等进行编辑与推送。

学习支架作为学习者学习的脚手架，可以帮助学习者及时发现微学习资源中的学习难点与重点问题，给予理论方面的详细指导（图 7-6），如对中国优秀传统文化的内涵理解，借助符号学的理论，从能指到所指，对其不同层次的意义展开解读，从而达到从眼睛到心灵、从表征到内涵的深度挖掘，即从中国优秀传统文化的载体出发，解读其表征特征与功能，从而深度剖析其文化内涵与现实价值。

图 7-5 “优秀传统文化微学习平台”学习内容截图

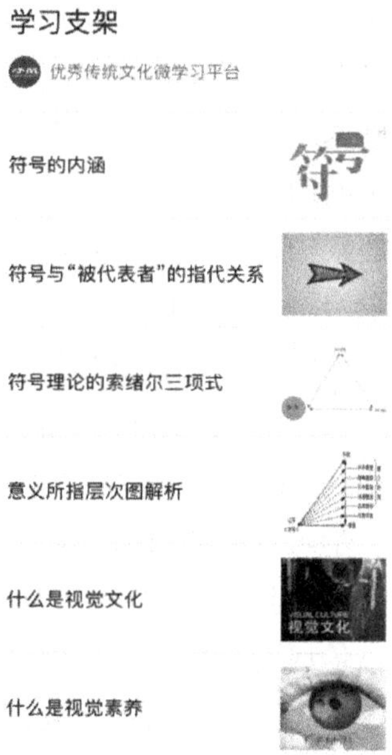

图 7-6 “优秀传统文化微学习平台”学习支架截图

第三节 “用”：中国优秀传统文化微学习平台的应用研究

从微学习的特点与优势来看，中国优秀传统文化微学习平台的应用可以结合正式学习与学习者自主开展学习两方面来进行。通过推广与应用，需要持续获取关于该平台的评价与应用反馈信息，因此需要建立基于用户体验的满意度与持续使用意愿的定期调查，以此为后续改善微学习平台的学习支持与服务提供解决方案，促进微学习平台的生态发展。

一、中国优秀传统文化微学习资源的传播与应用

微学习资源由于其微小的特征与优势，能够在短时间内传达学习内容，利用学习者的碎片化时间，达成微小的学习目标。相对于传统在线学习具有明显的传播优势，微学习平台首先能够融入学习者的日常生活中，基于微信的微学习平台借助微信的普及，其受关注度大大提升。而手持设备的普及也为移动微学习提供了极大的便利。微学习平台中的微学习资源将冗长的资源进行片段化处理，更加凸显出重点与难点问题，也能集中达成某一个具体的目标，让学生在点滴的收获中看到自己成长的足迹。微学习平台提供的推送与提醒服务，也能适时提醒学习者关注新的学习通知、学习内容或任务、小组讨论等。微信自身的即时交互功能，也为学习者之间的交流互动提供了便利。微信群联合微信平台中的交互社区，为学习者开展学习互动提供了多种渠道。

微学习资源的传播要将微学习资源通过微学习平台传达到特定的学习者群体中，让特定的学习者可以充分利用该学习资源，从而实现微学习资源开发的价值。因此，在微学习资源得以传播与推广应用之前，首先必须明确传播的受众或对象群体。微学习资源是以学习者的学习需求出发而进行开发的，因此，在微学习资源建设之前，就已经确定了特定的学习者类型。而在传播途径与策略的选择

上，也需要关注特定类型的学习者接收学习资源的偏好。以在校大学生为学习对象的中国优秀传统文化微学习平台选择微信公众平台，与在校大学生的微信使用习惯和微信的普及相关。结合学习者的真实学习状况，采取不同的平台传播与推广策略。针对学习过与未学习过中国优秀传统文化相关课程的学习者，既可以采取与已有课程整合，也可以通过广泛宣传与推广，将该学习平台作为学习者开展自主学习的渠道。

在实际的学习过程中，微学习平台中的微学习资源可以作为正式课程的重要补充。在正式课程的教学中，微学习平台中的微学习资源可以作为拓展资源或课程的一部分被整合到正式课程学习中。中国优秀传统文化微学习平台可以为中国优秀传统文化相关面授课程有效链接课前、课中、课后不同时间段的学习活动或任务提供帮助。在课前，通过微学习平台传达学习任务与学习准备活动；在课中，针对微学习平台互动中产生的问题进行面对面的充分研讨；在课后，通过学习支持、学习成果上传、答疑解惑等环节解决课程中仍未解决的问题，提交学习成果，进一步与学习同伴和教师互动交流。

微学习资源也可以为学习者开展自主学习提供完整的学习支持与服务。微学习平台可以提供学习指南、学习计划，帮助学习者把握学习方向与学习进度。不同模块的学习内容由不同的微学习资源构成，从而形成完整的中国优秀传统文化知识体系。通过定期推送，将更新的资源不断上传到微学习平台上，进一步拓展学习者的微学习内容。微学习资源并不仅仅由微学习内容构成，还包括学习工具支持、学习案例等，为学习者提供必要的学习支架，提供其他学习者的学习成果作为参考等。

二、中国优秀传统文化微学习平台的应用评价设计

中国优秀传统文化微学习平台以微信公众平台为微学习平台，通过整合其他平台或工具，形成中国优秀传统文化的微学习资源。微学习平台面向前期中国优秀传统文化学习需求调研的在校大学生进行推广，收集平台使用的反馈意见，为进一步完善平台建设提供参照。对微学习平台的应用评价，从用户体验的视角进行满意度与对平台持续关注的研究设计并开展实际调研。

虽然用户体验最早可以追溯到 19 世纪至 20 世纪的机器时代，但是苹果公司

的Norman、Miller和Henderson在1995年正式提出用户体验（user experience，UX）的概念，他们认为用户体验不应当只关注终端用户情感方面的体验，还应当关注用户在具体行为上的体验。如今用户体验逐渐受到重视，这与计算机技术的发展密不可分。人机交互需要用户体验的评价，但是用户体验又不等同于用户界面（user interface，UI），尽管UI设计对用户体验很重要，但也只是用户体验的一个重要组成部分。用户体验涉及用户对产品、服务等，包括营销策略、图形与工业设计、界面设计等多方面的体验。用户体验的广泛使用使得关注用户体验的研究也越来越多，根据人类系统交互的人机工程学的国际标准，用户体验是一个用户对一个产品、系统或一项服务使用或期望使用的认知与回应。Hassenzahl和Tractinsky（2006）提出用户体验受到三个方面的影响：用户的状态与先前经验、系统的性能、使用情境。理解潜在用户与工作环境的交互与情感反应，能够帮助改进系统设计。学者围绕用户对产品、系统等的实际体验，从不同维度构建了基于用户体验的对产品、系统等的评价研究。

中国优秀传统文化微学习平台是一个学习资源系统，直接面向在校大学生提供微学习资源的支持与服务，因而可以从用户体验的视角进行评价设计。结合平台的特征、现有关于用户体验的研究成果，以及前期评价设计的经验，从四个方面对用户体验进行设计，包括内容体验（content experience，CE）、功能体验（functional experience，FE）、交互体验（interactive experience，IE）与情感体验（affection experience，AE）。再把用户体验纳入用户持续使用意愿模型中，可以建立中国优秀传统文化微学习平台评价模型（图7-7）。依据该模型设计评价工具，从内容体验、功能体验、交互体验、情感体验、期望确认（expectation confirmation，EC）、使用满意度与持续使用意愿七个维度进行问卷编制，最终形成调研工具。其中，内容体验包含5个问题，功能体验包含4个问题，交互体验包含6个问题，情感体验包含4个问题，期望确认包含3个问题，使用满意度包含7个问题，持续使用意愿包含2个问题。每个问题的选项采用利克特5级量表形式设计，均包括5个等级，表示调查对象对问题描述的认可程度，1～5依次为“完全不认同”“比较不认同”“不确定”“比较认同”“完全认同”。

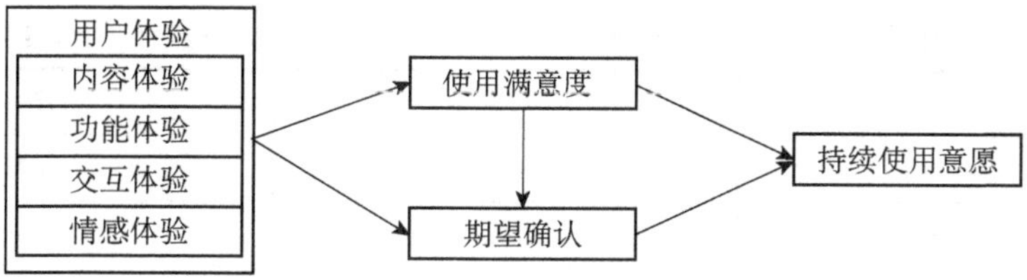

图 7-7 中国优秀传统文化微学习平台评价模型

三、中国优秀传统文化微学习平台的应用评价结果分析

中国优秀传统文化微学习平台的评价与反馈是建立在对该平台的用户实际学习应用基础上的，因此，在评价调研开始前，需要对学习对象进行平台的介绍与推广工作，在持续使用一定时间后，获得初步的反馈数据与结果，由此获得的资料才具有可参考性。因此，在该平台成功上线后，对前期参与需求调研的部分在校大学生进行平台介绍与推广工作，对他们跟踪学习一段时间后，开展中国优秀传统文化微学习平台的学习反馈调研，共收到问卷 251 份，删除了作答时间在 60 秒以下的问卷，实际有效问卷不理想，只有 131 份。根据数据分析（表 7-2），问卷可靠性良好。

表 7-2 中国优秀传统文化微学习平台学习反馈问卷可靠性分析

项目	整体问卷	内容体验	功能体验	交互体验	情感体验	期望确认	使用满意度	持续使用意愿
Cronbach's α	0.982	0.898	0.926	0.876	0.926	0.832	0.927	0.874

根据对中国优秀传统文化微学习平台学习反馈问卷的各个维度进行数据统计与分析（表 7-3），可以看出用户体验的均值为 3.92，接近“比较认同”的预期。按照均值由大到小排序，功能体验的均值最高，即学习者对功能体验的评价较高，其次为情感体验、内容体验、交互体验。从期望确认、使用满意度与持续使用意愿三个维度来看，期望确认的均值较低，反映出学习者对期望确认的评价较低，在“比较不认同”与“认同”之间，由此说明学习者对该平台的学习期望还是比较高的，但是在实际体验之后，还与预期存在较大的差距。持续使用意愿维度的标准差最大，说明各学习者之间在持续使用意愿的评价上存在的差距大于其他维度。

表 7-3 中国优秀传统文化微学习平台学习反馈各维度数据统计（*N*= 131）

	均值	标准差
用户体验	3.92	0.67
内容体验	3.92	0.70
功能体验	3.97	0.76
交互体验	3.88	0.65
情感体验	3.93	0.76
期望确认	2.87	0.56
使用满意度	3.87	0.76
持续使用意愿	3.82	0.77

根据中国优秀传统文化微学习平台评价模型，对用户体验与持续使用意愿进行模型假设，内容体验对使用满意度与期望确认有显著影响（假设 H1 与 H2）；功能体验对使用满意度与期望确认有显著正向影响（假设 H3 与 H4）；交互体验对使用满意度与期望确认有显著正向影响（假设 H5 与 H6）；情感体验对使用满意度与期望确认有显著正向影响（假设 H7 与 H8）；使用满意度对期望确认有显著正向影响（假设 H9）；期望确认对持续使用意愿有显著正向影响（假设 H10）；使用满意度对持续使用意愿有显著影响（假设 H11）。

采用验证性因子分析方法来检验结构模型，χ^2/df 为 0.743，GFI、AGFI、NFI、CFI 的值分别为 0.988、0.914、0.995、0.999，RMSEA 的值为 0.037。所有指标参数均符合推荐值，可见，研究模型的拟合性较好。研究模型的假设检验结果如表 7-4 所示。内容体验对期望确认有显著影响（β=0.18，p<0.001）；交互体验对期望确认有显著影响（β=0.23，p<0.001）；情感体验对使用满意度有显著影响（β=0.50，p<0.001）；情感体验对期望确认有显著影响（β=0.13，p<0.001）；使用满意度对期望确认有显著影响（β=0.19，p<0.001）；使用满意度对持续使用意愿有显著影响（β=0.49，p<0.001）。内容体验对使用满意度有显著影响的假设 H1 不成立；功能体验对使用满意度与期望确认有显著影响的假设 H3 和 H4 均不成立；交互体验对使用满意度有显著影响的假设 H5 不成立；情感体验对期望确认有显著影响的假设 H8 不成立；期望确认对持续使用意愿有显著影响的假设 H10 不成立。

表 7-4 测量模型假设验证结果

假设	因果路径	路径系数	p 值	检验结果
H1	CE ⟶ US	0.20	p=0.014	不支持假设
H2	CE ⟶ EC	0.18	p<0.001	支持假设
H3	FE ⟶ US	0.12	p=0.334	不支持假设
H4	FE ⟶ EC	−0.11	p=0.093	不支持假设
H5	IE ⟶ US	0.33	p=0.002	不支持假设
H6	IE ⟶ EC	0.23	p<0.001	支持假设
H7	AE ⟶ US	0.50	p<0.001	支持假设
H8	AE ⟶ EC	0.13	p=0.033	不支持假设
H9	US ⟶ EC	0.19	p<0.001	支持假设
H10	EC ⟶ CI	0.17	p=0.124	不支持假设
H11	US ⟶ CI	0.49	p<0.001	支持假设

根据修正指标来提高预测模型的拟合度，对预测模型进行了修正。删除了假设 H1、H3、H4、H5、H8、H10，最终确定的理论模型如图 7-8 所示，与初始模型相比，修正后的模型拟合度得到了较大的提升。χ^2/df=1.568，GFI=0.981，AGFI=0.900，NFI=0.992，CFI=0.997，RMSEA=0.075，均到达了推荐要求。

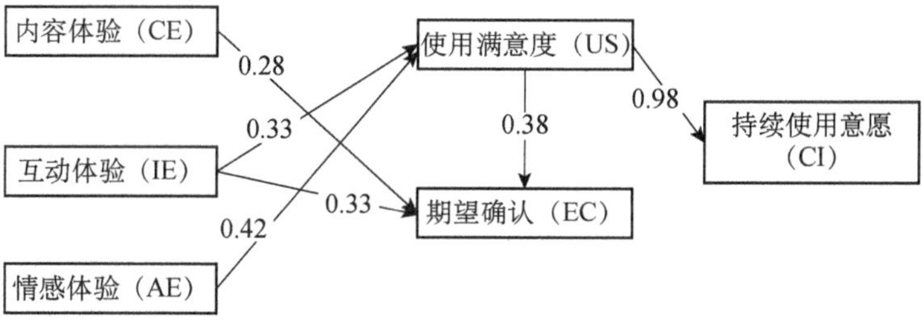

图 7-8 中国优秀传统文化微学习平台持续使用意愿因素研究修正模型

从对中国优秀传统文化微学习平台的学习反馈来看，学习者对该平台的学习体验总体评价不高，影响持续使用意愿的因素包括内容体验、交互体验、情感体验、使用满意度、期望确认。对于期望确认的影响，交互体验的影响大于内容体验的影响；对于使用满意度的影响，情感体验的影响大于交互体验的影响；交互体验是所有用户体验中对期望确认与使用满意度都产生影响的体验因素；使用满意度对持续使用意愿的影响最大。

因此，在后续对中国优秀传统文化微学习平台进行完善时，应该重点考虑交互体验的内容与功能设计，使学习者真正参与到微学习平台中，而不是被动地接受学习内容的推送。增强交互体验，体现在对学习内容的及时评价、学习者提出问题的及时反馈等方面，但是这些主动反馈还需要激发学习者主动参与的热情。因此，作为微学习资源的开发者，应该设计问题情境，布置活动任务，要求学习者上传学习成果等，引导学习者主动参与；在学习者参与学习的过程中，给予必要的激励措施，以保持学习者的主动学习热情；对学习者学习的反馈调查还应当实现长效机制，定期开展问卷调研，或在学习活动中渗透评价内容。通过多种方法与途径及时获得学习者的反馈信息，保证微学习平台逐步改善学习支持与服务，满足学习者的学习需求。

总结与展望

从 Web 1.0 时代到 Web 3.0 时代，互联网的迅速发展使人们的学习、生活与工作方式发生转变。在互联网刚刚兴起的时候，我们都兴致勃勃地学习搭建自己的个人主页，即便只能在本地浏览，却也异常兴奋，渴望获得关注。当腾讯 QQ 兴起的时候，互联网已然来到了 Web 2.0 时代，人们的社交需求得到满足。随着人们生活节奏的加快，“微”的概念迅速席卷互联网，“微博”“微视频”等很快流行起来，以“微格式”的方式呈现个人生活、学习的点滴。一时间，微信、易信、米聊、陌陌等如雨后春笋，借助微媒介，受众的深度交互与个性表达得以快速实现。如今“互联网+”渗透到各个领域，互联网对教育的影响，改变了教师与学生的角色定位，改变了教学方式与学习方式。随着智能技术的发展与人们生活、学习节奏的加快，非正式学习成为正式学习的重要补充，人们获取知识的时间、场所、途径与方式也越来越灵活、多样、便捷。在今天知识半衰期不断缩短、知识总量不断激增的背景下，微学习以其独特的学习优势，将学习嵌入日常的社交活动中，学习者利用碎片化时间开展非正式学习，有效解决了正式学习的难点与重点问题。

本书正是在这样的背景下，试图探索“互联网+”背景下微学习为学习带来的变革，以及微学习资源的开发与传播的理论与实践。学习资源是开展学习的基本前提与保障。微学习资源的设计、开发与传播需要整合微学习利益相关者的力量，遵循深度交互与个性化订制的理念，从剖析当前学习者对微学习的内容、环境、途径等的偏好与需求入手，继而合理组织、编排微学习内容，创建易于交互而又能激发学习兴趣的微学习环境，充分利用便捷的 Web 2.0 工具，将发展性评价融入微学习中，以不断累积学习效果评价，为学习者的微学习提供丰富而优质的学习资源。如同产品设计与开发、更新过程，在今天以学习者为中心的学习资源开发中，也要以满足学习者的学习需求为出发点与归宿点，关注学习者的学习动态，及时反馈学习者的学习评价与需求，在微学习资源的持续发展上，寻求资源更新，实现生态发展的保障机制。

因此，本书对“互联网+”时代微学习方式进行深入剖析，解析其内涵与特点，并从认知负荷理论、全纳教育理念、社会建构主义、联通主义学习理论、活动理论等视角分析微学习的理论基础、理念形成、学习目标与行动纲领。在对微学习资源的构成与要素分析的基础上，以活动理论为设计依据，构建微学习内容、微学习工具、微学习环境、微学习评价的微学习资源开发模型。再从传播的视角，探索微学习资源传播系统的构成，并具体从微学习资源传播的控制系统、内容编码系统、媒介研究系统、受众分析系统与效果评价系统等方面探索微学习资源传播要素的特征、影响、意义与传播策略。微学习资源的可持续发展依赖于生态发展的保障机制与建设策略，因此，从当前微学习资源的发展困境入手，探索微学习资源生态发展的“共享-共生”机制的内涵与意义，并从激励、引导、整合与再生等方面提出微学习资源“共享-共生”机制的建设策略。最后，以中国优秀传统文化为实践案例，在新的时代背景与学习方式变革的背景下，面对不同年龄阶段的学习者，以微学习的方式创新中国优秀传统文化教育内容与方式，激发学习者对中国优秀传统文化知识的学习兴趣与热情。将中国优秀传统文化的精髓开发成微学习资源，通过微媒介的传播，让学习者利用碎片化时间开展微学习，潜移默化地学习中国优秀传统文化知识。通过对在校大学生关于中国优秀传统文化学习状况的调研分析，选择微信公众平台搭建适合在校大学生学习的“优秀传统文化微学习平台”，将丰富的中国优秀传统文化知识以微格式的形式呈现。结合微学习平台的强大功能，广泛宣传与传播“优秀传统文化微学习平台”，并获得初步反馈意见，以形成对微学习资源开发与传播理论设想的实践检验。

然而在 Web 3.0 时代，智能技术等新技术的演进、普及与应用速度逐步加快，对我们的生活产生了极大的影响。AlphaGo（阿尔法围棋）战胜人类的奇迹还在被人们热议，如今，智能机器人在很多行业或领域的应用可能会使许多职业消失，如无人的快递分类仓库、无人的酒店服务等，人被“机器人”取代，这对于我们每一个普通人来说都是一种新的挑战。新挑战激发新的学习兴趣、学习热情，并产生新的学习需求，在正式学习环境中学习的知识已经远远无法满足学习者的学习需求。随时随地学习不再是一种学习理想，而是成为一种主动学习现象。智能技术在学习领域的发展，一方面是学习的相关技术自身的进化发展，另一方面也是学习主体学习需求的变化导致了技术必须通过寻求更新来满足学习需求。本书中关于微学习资源开发与传播的研究仅仅体现了当前有限一段时间内的微学习资源中各要素的特征与状态，也只是在方法与策略上提供了有限的支持。微学习资源开发与传播本身就是一个操作性的实践研究主题，只有在针对具体研究对象、研究主题与学习内容进行真实的设计、开发与传播实践操作的过程中，才能发现问题，体现技术更新等与时俱进的变革。

中国优秀传统文化教育在时代变革与技术更新的背景下，其学习内容与学习方式必然也需要进行与时俱进的创新。在案例部分进行的“优秀传统文化微学习平台”创建过程中，本书融合了微学习资源开发与传播的理论经验，也开展了必要的需求信息收集、实践应用检验。然而根据微学习资源生态发展的要求，“优秀传统文化微学习平台”的创建也只是处于初始阶段的“1.0 版本”，不仅收集与积累的学习者使用与反馈的信息较少，而且在技术上也局限在微信公众平台的功能范围内。本书笔者及所在团队将继续开展中国优秀传统文化相关课程的教学与研究，不断积累实践经验，创新理论研究，教研相长，提升学习者对中国优秀传统文化的知识、情感与态度的认知。在“共享-共生”机制的建设策略下，持续关注技术发展与学习需求变化，拓展“优秀传统文化微学习平台”功能，创新微学习资源的内容与形式，逐步跟上时代的发展与学习者的学习步伐，满足学习者的学习需求。

参 考 文 献

白娟，鬲淑芳. 2003. M-learning：21 世纪教育技术的新发展. 现代远程教育研究，68（4）：45-48.
布鲁姆等. 1956. 教育目标分类学：认知领域. 罗黎辉等译. 上海：华东师范大学出版社.
车文博. 2001. 当代西方心理学新词典. 长春：吉林人民出版社.
陈昌曙. 1999. 技术哲学引论. 北京：科学出版社.
陈辉. 1988. 短时记忆容量的年龄特点和材料特点. 天津师大学报（社会科学版），（4）：25-30.
陈敏，孟彩云，周驰. 2018. 有效学习视角下的泛在学习环境评价研究. 开放学习研究，23（4）：11-19.
陈琦，刘儒德. 2005. 教育心理学. 北京：高等教育出版社.
程群. 2005. 宏大叙事的缺失与复归——当代美国史学的曲折反映. 史学理论研究，（1）：51-60.
丁兴富. 2009. 远程教育学. 北京：北京师范大学出版社.
杜瑞芝. 2000. 数学史辞典. 济南：山东教育出版社.
段春雨，蔡建东. 2016. 国际泛在学习领域知识图谱研究. 现代远程教育研究，（1）：85-95.
费孝通. 1997. 反思・对话・文化自觉. 北京大学学报（哲学社会科学版），（3）：15-22.
冯建军. 2004. 走向生命关怀的教育研究. 高等教育研究，25（3）：25-29.
付道明，徐福荫. 2007. 普适计算环境中的泛在学习. 中国电化教育，（7）：94-98.
顾明远. 1990. 教育大辞典（第一卷）. 上海：上海教育出版社.
郭冲辰，陈凡. 2002. 技术异化的价值观审视. 科学技术与辩证法，19（1）：1-5.
郭洪水. 2004. 全球化进程中的"文化殖民"与中国传统文化在全球化时代的命运. 西北农林科技大学学报（社会科学版），4（1）：122-126.
郝恂，龙太国. 1997. 试析教学主体、客体及主客体关系. 教育研究，（12）：43-47.
何克抗. 1997. 建构主义——革新传统教学的理论基础（上）. 电化教育研究，（3）：3-9.
黄向阳. 2007. 全球化与中国传统文化的复兴. 社会科学家，（1）：199-201，207.
拉尔夫・泰勒. 1994. 课程与教学的基本原理. 施良方译. 北京：人民教育出版社.
莱斯利・P. 斯特弗，杰里・盖尔. 2002. 教育中的建构主义. 高文等译. 上海：华东师范大学出版社.
李秉德. 1989. 对于教学论的回顾与前瞻. 华东师范大学学报（教育科学版），（3）：55-59.
李国炎，莫衡，单耀海，吴崇康. 2001. 当代汉语词典. 上海：上海辞书出版社.
李华勇. 2014. 中国传统文化在英语国家的影响力差异研究——基于 GloWbE 语料库的中国传统文化关键词视角. 重庆邮电大学学报（社会科学版），26（4）：131-136.
李克东. 2002. 新编现代教育技术基础. 上海：华东师范大学出版社.
李晓明. 2014. 是"小慕课"，还是"大慕课"？中国大学教学，（10）：17-19.

梁瑞仪，李康. 2009. 若干学习相关概念的解读与思考. 中国远程教育，(1)：31-35.
刘刚，胡水星，高辉. 2014. 移动学习的“微”变及其应对策略. 现代教育技术，24(2)：34-41.
刘健，毕强，李瑞. 2016. 微博舆情信息传播效果评价指标体系构建研究——基于模糊数据包络分析法. 情报理论与实践，39(12)：31-38.
刘韬，赵辰玮. 2015. 微信公众平台的传播结构研究. 新闻知识，(10)：99-101.
卢立涛. 2008. 回应、协商、共同建构——“第四代评价理论”述评. 内蒙古师范大学学报(教育科学版)，21(8)：1-6.
陆根书，杨兆芳. 2008. 学习环境研究及其发展趋势述评. 高等工程教育研究，(2)：55-61.
马歇尔·麦克卢汉. 2011. 理解媒介：论人的延伸. 何道宽译. 南京：译林出版社.
梅尔文·L. 德弗勒，埃弗雷特·E. 丹尼斯. 1989. 大众传播通论. 颜建军等译. 北京：华夏出版社.
南京师范大学教育系. 1984. 教育学. 北京：人民教育出版社.
彭慧. 2012. 宏大叙事合法性和后现代性崇高. 武汉：华中师范大学硕士学位论文.
彭克宏. 1989. 社会科学大词典. 北京：中国国际广播出版社.
屈智勇. 2002. 国外课堂环境研究的发展概况. 外国教育研究，29(7)，21-25.
让·鲍德里亚. 2014. 消费社会. 刘成富，全志钢译. 南京：南京大学出版社.
让-弗朗索瓦·利奥塔. 1996. 后现代状况——关于知识的报告. 岛子译. 长沙：湖南美术出版社.
任国杰. 2013. 童子问易. 北京：人民出版社.
荣泰生. 2009. AMOS 与研究方法. 重庆：重庆大学出版社.
斯坦利·J. 巴兰. 2016. 大众传播概论——媒介素养与文化(第 8 版). 北京：中国人民大学出版社.
塔卫刚. 2018. 学习科学视野下学习环境设计研究. 现代教育技术，28(6)，5-10.
田广林. 2011. 中国传统文化概论(第二版). 北京：高等教育出版社.
王冰. 2018. 移动互联网时代国外媒体的传播效果测量体系研究. 北京：北京交通大学硕士学位论文.
王改花，傅钢善. 2018. 网络环境下学习者特征模型的构建及量表的研制. 远程教育杂志，36(3)：64-74.
王文静. 2001. 社会建构主义研究. 全球教育展望，(10)：15-19.
吴伯凡. 2016.“后信息时代”的来临：从信息到智能——重读《数字化生存》. 汕头大学学报(人文社会科学版)，32(4)：106-110.
吴俊杰，张新明. 2011. 技术异化理论对多媒体教学的几点启示. 中小学电教，(12)：38-40.
西莉亚·卢瑞. 2003. 消费文化. 张萍译. 南京：南京大学出版社.
习近平. 2014-01-01. 建设社会主义文化强国，着力提高国家文化软实力. 人民日报，(第 1 版).
习近平. 2017. 决胜全面建成小康社会　夺取新时代中国特色社会主义伟大胜利——在中国共产党第十九次全国代表大会上的报告. 北京：人民出版社.
肖君，姜冰倩，许贞，余晔. 2015. 泛在学习理念下无缝融合学习空间创设及应用. 现代远程教育研究，(6)：96-103，111.
谢新观. 1999. 远距离开放教育词典. 北京：中央广播电视大学出版社.

谢幼如，尹睿. 2010. 网络教学设计与评价. 北京：北京师范大学出版社.
辛琳. 2001. 信息不对称理论研究. 嘉兴学院学报，13（3）：38-42.
许良. 2005. 技术哲学. 上海：复旦大学出版社.
杨丽波，梁宏宝，高晓红，赵玲. 2006. 从学习共同体的视角研究教师教育信息化. 教育探索，（4）：123-124.
杨晓宏，杜华. 2016. 利益相关者视角的基础教育信息化绩效评估模型研究. 现代远距离教育，（3）：74-80.
杨晓宏，贾巍. 2013. 基于利益相关者视角的农村中小学现代远程教育工程应用效益评估研究. 电化教育研究，（10）：52-57，65.
杨治良，郭力平，王沛，陈宁. 1999. 记忆心理学. 上海：华东师范大学出版社.
余胜泉，毛芳. 2005. 非正式学习——e-Learning 研究与实践的新领域. 电化教育研究，（10）：19-24.
约翰·丹尼尔，王志军，赵文涛. 2013. 让 MOOCs 更有意义：在谎言、悖论和可能性的迷宫中沉思. 现代远程教育研究，（3）：3-12，27.
詹明信. 1997. 晚期资本主义的文化逻辑. 陈清侨等译. 北京：生活·读书·新知三联书店.
张建伟，孙燕青. 2005. 建构性学习——学习科学的整合性探索. 上海：上海教育出版社.
张武田，杨德庄. 1987. 汉字词笔划数对短时记忆容量的影响. 心理学报，（1）：79-85.
张振虹，杨庆英，韩智. 2013. 微学习研究：现状与未来. 中国电化教育，（11）：12-20.
张卓，宣蕾，郝树勇. 2010. 可视化技术研究与比较. 现代电子技术，（17）：133-138.
赵东海，梁伟. 2011. 中国传统文化精髓述略. 内蒙古大学学报（哲学社会科学版），43（1）：61-66.
赵丽. 2016. 在线课程开发：从资源“共享学习”到智慧“共生跃迁”. 电化教育研究，37（11）：67-74.
郑绍红. 2015. 微学习：内涵、理念及生态结构. 现代教育技术，25（1）：12-18.
中共中央宣传部. 2016. 习近平总书记系列重要讲话读本（2016 年版）. 北京：学习出版社，人民出版社.
钟启泉. 2015. 学习环境设计：框架与课题. 教育研究，36（1）：113-121.
钟志贤. 2005. 论学习环境设计. 电化教育研究，（7）：35-41.
钟志贤. 2008. 信息技术作为学习工具的应用框架研究. 电化教育研究，（5）：5-10.
祝智庭，郁晓华，管玉琪，黄沁. 2015. 面向“人人通”的学生个人学习空间及其信息模型. 中国电化教育，（8）：1-9.
邹广文，王纵横. 2008. 全球化时代的消费文化. 装饰，（9）：12-15.
A. J. 哈罗，E. J. 辛普森. 1989. 教育目标分类学：第三分册动作技能领域. 施良方，唐晓杰译. 上海：华东师范大学出版社.
R. 爱德华·弗里曼. 2006. 战略管理：利益相关者方法. 王彦华，梁豪译. 上海：上海译文出版社.
Alavi M，Leidner D. 2001. Knowledge management and knowledge management systems：Conceptual foundations and research issues. MIS Quarterly，25（1）：107-136.
Allen D W，Ryan K. 1969. Microteaching. Massachusetts：Addison-Wesley.
Anderson H H，Brewer J E，Reed，M F. 1946. Studies of teachers' classroom personalities. III.

Follow-up studies of the effects of dominative and integrative contacts on children's behavior. International Review of Applied Psychology，11：156.

Ausburn L，Ausburn F. 1978. Cognitive styles：Some information and implications for instructional design. Educational Communication and Technology，26（4）：337-354.

Baddeley A D，Hitch G. 1974. Working memory. In Bower G H. The Psychology of Learning and Motivation：Advances in Research and Theory（vol.8）. New York：Academic Press，47-89.

Bandura A. 2002. Social cognitive theory of mass communication. In Bryant J，Oliver M B. Media Effects：Advances in Theory and Research. New York：Routledge，94-124.

Becker S A，Brown M，Dahlstrom E，Davis A，DePaul K，Diaz V，Pomerantz J. 2018. NMC Horizon Report：2018 Higher Education Edition. Louisville：Educause.

Becker S A，Cummins M，Davis A，Freeman A，Hall Giesinger C，Ananthanarayanan V. 2017. NMC Horizon Report：2017 Higher Education Edition. Austin：The New Media Consortium.

Benkler Y. 2002. Coase's penguin，or，linux and the nature of the firm. The Yale Law Journal，112（3）：369-446.

Benkler Y. 2004. Sharing nicely：On shareable goods and the emergence of sharing as a modality of economic production. The Yale Law Journal，114（2）：273-358.

Benkler Y，Nissenbaum H. 2006. Commons-based peer production and virtue. Journal of Political Philosophy，14（4）：394-419.

Bhattacherjee A. 2001. Understanding information systems continuance：An expectation-confirmation model. MIS Quarterly，25（3）：351-370.

Bloomfield D. 2009. Working within and against neoliberal accreditation agendas：Opportunities for professional experience. Asia-Pacific Journal of Teacher Education，37（1）：27-44.

Braddock R. 1958. An extension of the "Lasswell formula". Journal of Communication，8（2）：88-93.

Bruner J S，Goodnow J J，Austin G A. 1956. A study of thinking. Philosophy & Phenomenological Research，7（1）：215-221.

Bruns A. 2008. Blogs，Wikipedia，Second Life，and Beyond：From Production to Produsage. New York：Peter Lang.

Buffington M L. 2008. Creating and consuming Web 2.0 in art education. Computers in the Schools，25（3）：303-313.

Chen Y S，Kao T C，Sheu J P，Chiang C Y. 2002. A Mobile Scaffolding-Aid-Based Bird-Watching Learning System. Proceedings of IEEE International Workshop on Wireless and Mobile Technologies in Education，15-22.

Cognition and Technology Group at Vanderbilt. 1992. The Jasper experiment：An exploration of issues in learning and instructional design. Educational Technology Research and Development，40（1）：65-80.

Conrad R. 1963. Acoustic confusions and memory span for words. Nature，197（4871）：1029-1030.

Conrad R. 1964. Acoustic confusions in immediate memory. British Journal of Psychology，55（1）：75-84.

Davis F D，Bagozzi R P，Warshaw P R. 1989. User acceptance of computer technology：A comparison of two theoretical models. Management Science，35（8）：982-1003.

Deluca M. 2003. Diversity，inclusion and equity：Insights from special needs provision. In OECD. Education Policy Analysis. Paris：OECD.

Deutsch K W. 1963. The Nerves of Government：Models of Political Communication and Control. New York：The Free Press.

Dick W，Carey L，Carey J. 2001. The Systematic Design of Instruction（5th）. New York：Addison-Wesley，Longman.

Doecke B，Kostogriz A. 2005. Teacher education and critical inquiry：The use of activity theory in exploring alternative understandings of language and literacy. Australian Journal of Teacher Education，30（1）：15-26.

Drexler W，Baralt A，Dawson K. 2008. The teach Web 2.0 consortium：A tool to promote educational social networking and Web 2.0 Use among educators. Educational Media International，45（4）：271-283.

Dunne A，Lawlor M，Rowley J. 2010. Young people's use of online social networking sites-A uses and gratifications perspective. Journal of Research in Interactive Marketing，4（1）：46-58.

Engeström Y. 1987. Learning By Expanding：An Activity-theoretical Approach to Developmental Research. Helsinki：Orienta-Konsultit.

Engeström Y. 2001. Expansive learning at work：Toward an activity theoretical reconceptualization. Journal of Education and Work，14（1）：133-156.

Eppler M J，Burkhard R A. 2004. Knowledge Visualization-Towards a New Discipline and its Fields of Application. ICA Working Paper 2/2004，Institute for Corporate Communication，University of Lugano.

Eppler M J，Burkhard R A. 2007. Visual representations in knowledge management：Framework and cases. Knowledge Management，11（4）：112-122.

Felder R M，Silverman L K. 1988. Learning and teaching styles in engineering education. Engineering Education，78（7）：674-681.

Fleming M L. 1977. The picture in your mind. AV Communication Review，25（1）：43-62.

Foster J J，Barkus E，Yavorsky C. 2006. Understanding and Using Advanced Statistics：A Practical Guide for Students. London：SAGE.

Fraser B J. 1986. Classroom Environment. London：Croom Helm.

Gagné M，Deci E L. 2014. The history of self-determination theory in psychology and management. In Gagné. The Oxford Handbook of Work Engagement，Motivation，and Self-Determination Theory. Oxford：Oxford University Press.

Gerbner G. 1967. Mass media and human communication theory. In Dance F E X. Human Communication Theory. New York：Holt，Rinehart and Winston.

Giurgiu L. 2017. Microlearning an evolving elearning trend. Scientific Bulletin，22（1）：18-23.

Gonzalez C. 2004. The Role of Blended Learning in the World of Technology. https://www.coursehero.com/file/P2rcf8q/26-Gonzalez-C-2004-The-Role-of-Blended-Learning-in-the-World-of-Technology［2019-09-15］.

Gopalan V, Bakar J A A, Zulkifli A N, Alwi A, Mat R C. 2017. A review of the motivation theories in learning. The 2nd International Conference on Applied Science and Technology, AIP Publishing, 1-7.

Graf S, Lin T, Kinshuk. 2008. The relationship between learning styles and cognitive traits-Getting additional information for improving student modelling. Computers in Human Behavior, 24 (2): 122-137.

Graves L, Kelly J. 2010. Confusion Online: Faculty Metrics and the Future of Digital Journalism. New York: Tow Center for Digital Journalism.

Graves L, Kelly J. 2010. Confusion Online: Faulty Metrics and the Future of Digital Journalism. Tow Center for Digital Journalism Columbia University Graduate School of Journalism. https://www.academia.edu/1307635/Confusion_Online_Faulty_Metrics_and_the_Future_of_Digital_Journalism?auto=download [2018-11-21].

Gros B, Kinshuk, Maina M. 2016. The Future of Ubiquitous Learning. Berlin Heidelberg: Springer.

Grosseck G. 2009. To use or not to use web 2.0 in higher education? Procedia-Social and Behavioral Sciences, 1 (1): 478-482.

Grossman P, Smagorinsky P, Valencia S. 1999. Appropriating tools for teaching English: A theoretical framework for research on learning to teach. American Journal of Education, 108 (1): 1-29.

Guba E G, Lincoln Y S. 1989. Fourth Generation Evaluation. London: Sage Publications.

Gutierréz K D. 2008. Developing a sociocritical literacy in the third space. Reading Research Quarterly, 43 (2): 148-164.

Hair J F, Black W C, Babin B J, Anderson R E, Tatham R L. 2010. Multivariate Data Analysis (7th ed.). New Jersey: Pearson Education Incorporated.

Hassenzahl M, Tractinsky N. 2006. User experience-Aresearch agenda. Behaviour & Information Technology, 25 (2): 91-97.

Huang Y M, Yang S J H, Tsai C C. 2009. Web 2.0 for interactive e-learning. Interactive Learning Environments, 17 (4): 257-259.

Hug T. 2006. Microlearning: A new pedagogical challenge (Introductory Note). In Hug T, Lindner M, Bruck P A. Microlearning: Emerging Concepts, Practices and Technologies After E-Learning. Proceedings of Microlearning Conference 2005: Learning & Working in New Media. Innsbruck: Innsbruck University Press, 8-11.

Hwang G J, Tsai C C, Yang S J H. 2008. Criteria, strategies and research issues of context-aware ubiquitous learning. Educational Technology & Society, 11 (2): 81-91.

IMS Global Learning Consortium. 2001. IMS Learner Information Packaging Information Model Specification version1.0. http://www.imsglobal.org/profiles/lipinfo01.html [2018-11-21].

Jacobson M J, Archodidou A. 2000. The design of hypermedia tools for learning: Fostering conceptual change and transfer of complex scientific knowledge. The Journal of the Learning Sciences, 9 (2): 149-199.

Janowitz M. 1968. The study of mass communication. In Sills D E. International Encyclopedia of the

Social Sciences (Vol. 3). New York：Macmillan and Free Press.

Job M A，Ogalo H S. 2012. Micro Learning As Innovative Process of Knowledge Strategy. http://citeseerx.ist.psu.edu/viewdoc/download?doi=10.1.1.300.3139&rep=rep1&type=pdf [2018-11-02].

Jonassen D H. 2000. Computers as Mindtools for Schools：Engaging Critical Thinking. Columbus：Prentice-Hall.

Keller J M. 2008. First principles of motivation to learn and e^3-learning. Distance Education，29 (2)：175-185.

Kogan N. 1971. Educational implications of cognitive styles. In Lesser G S. Psychology and Educational Practice. Glenview：Scott Foresman.

Lasswell H，Bryson L. 1948. The Structure and Function of Communication in Society. The Communication of Ideas. New York：Institute for Religious and Social Studies，117.

Lee C S，Ma L. 2012. News sharing in social media：The effect of gratifications and prior experience. Computers in Human Behavior，28 (2)：331-339.

Leont’ev A. 1978. Activity，Consciousness，and Personality. Englewood Cliffs：Prentice-Hall.

Lowenfeld V. 1945. Tests for visual and haptical aptitudes. The American Journal of Psychology，58 (1)：100-111.

Lowenfeld V，Brittain W L. 1970. Creative and Mental Growth (5th). New York：Macmillan.

Maslow A H . 1943. A theory of human motivation. Psychological Review，50 (4)：370-396.

Mathieson K. 1991. Predicting user intentions：Comparing the technology acceptance model with the theory of planned behavior. Information Systems Research，2 (3)：173-191.

Mayer R E. 2010. Applying the science of learning to medical education. Medical Education，44 (6)：543-549.

McCormick B H，DeFanti T A，Brown M D. 1987. Visualization in scientific computing. Computer Graphics，21 (6)：14-21.

Messick S. 1966. The criterion problem in the evaluation of instruction：Assessing possible，not just intended outcomes. In Wittrock M C，Wiley D. The Evaluation of Instruction：Issues and Problems. New York：Holt，Rinehart and Winston.

Miller G A. 1956. The magical number seven，plus or minus two：Some limits on our capacity for processing information. Psychological Review，63 (2)：81.

Morris M，Davis G，Davis F. 2003. User acceptance of information technology：Toward a unified view. MIS Quarterly，27 (3)：425-478.

Morrison G，Ross S，Kemp J. 2010. Designing Effective Instruction. New York：Wiley.

Mousavi S Y，Low R，Sweller J. 1995. Reducing cognitive load by mixing auditory and visual presentation modes. Journal of Educational Psychology，87 (2)：319-334.

Nielsen J. 1998. Microcontent：How to Write Headlines，Page Titles，and Subject Lines. https://mylist.co.za/tips-and-tricks/item/6-microcontent-how-to-write-headlines-page-titles-and-subject-lines [2019-09-15].

Norman D A，Miller J，Henderson A. 1995. What You See，Some of What’s in the Future，And How We Go About Doing It：HI at Apple Computer. Proceedings of the Conference Companion on Human Factors in Computing Systems (CHI 1995)，155.

Novak J D, Cañas A J. 2008. The Theory underlying Concept Maps and How to Construct and Use Them. http://cmap.ihmc.us/docs/theory-of-concept-maps [2018-12-23].

OECD. 2000. Inclusive Education at Work: Students with Disabilities in Mainstream Schools. Paris: OECD Publishing.

Ogata H, Matsuka Y, El-Bishouty M M, Yano Y. 2009. LORAMS: Linking physical objects and videos for capturing and sharing learning experiences towards ubiquitous learning. International Journal of Mobile Learning and Organisation, 3 (4): 337-350.

Oliver R L A. 1980. Cognitive Model of the antecedents and consequences of satisfaction decisions. Journal of Marketing Research, 17 (4): 460-469

Osgood C E, Suci G J, Tannenbaum P H. 1957. The Measurement of Meaning. Urbana: University of Illinois Press.

Ozdamli F, Cavus N. 2011. Basic elements and characteristics of mobile learning. Procedia-Social and Behavioral Sciences, 28: 937-942.

Paige J M, Simon H A. 1966. Cognitive processes in solving algebra word problems. In Kleinmuntz B. Problem Solving: Research, Method and Theory. New York: Wiley.

Peltier-Davis, C. A. 2011. The Cybrarian's Web: An A-Z Guide to 101 Free Web 2.0 Tools and Other Resources. Medford Information Today.

Pool I. 1983. Technologies of Freedom. Harvard: Belknap Press.

Rahimi E, van den Berg, J, Veen W. 2012. Designing and implementing PLEs in a secondary school using Web 2.0 tool. The Personal Learning Environment (PLE) Conference. Melbourne: Public Knowledge Project.

Riding R. 1991. Cognitive Style Analysis-vesearch Administration. Birmingham: Learning and Training Technology.

Rosen D, Nelson C. 2008. Web 2.0: A new generation of learners and education. Computers in the Schools, 25 (3): 211-225.

Sangruang J. 2011. The preceived risks of online shopping in Taiwan. Social Behavior and Personality: An International Journal, 39 (2): 275-286.

Serio A D, Ibáñez M B, Kloos C D. 2013. Impact of an augmented reality system on students' motivation for a visual art course. Computers & Education, 68: 586-596.

Shannon, C E. 1948. A mathematical theory of communication. Bell Labs Technical Journal, 27 (4): 379-423.

Shannon C E. 2001. A mathemafical theory of communication. ACM SIGMOBILE: Mobile Computing and Communications Review, 5 (1): 3-55.

Shannon C E, Weaver W. 1949. The Mathematical Theory of Communication. Urbana: The University of Illinois Press.

Siemens G. 2005. Connectivism: A learning theory for the digital age. International Journal of Instructional Technology & Distance Learning. http://www.itdl.org/Journal/Jan_05/article01.htm [2018-10-15].

Souza M, Amaral S. 2014. Educational microcontent for mobile learning virtual environments. Creative Education, 5: 672-681.

Stone R N，Winter F W. 1987. Risk：Is it still uncertainty times consequences? In Belk R W et al. Proceedings of the American Marketing Association，Winter Educators' Conference. Chicago：American Marketing Association，261-265.

Surowiecki J. 2004. The Wisdom of Crowds：Why the Many are Smarter than the Few and How Collective Wisdom Shapes Business，Economies，Societies，and Nations. New York：Doubleday & Company.

Sweller J，van Merrienboer J J G，Paas F G W C. 1998. Cognitive architecture and instructional design. Educational Psychology Review，10（3）：251-296.

Tapscott D. 1996. The Digital Economy：Promise and Peril in the Age of Networked Intelligence. New York：McGraw-Hill Companies.

Tapscott D，Williams A D. 2006. Wikinomics：How Mass Collaboration Changes Everything. New York：Portfolio.

Thalheimer W. 2013. What is Subscription Learning. https://www.worklearning.com/2013/10/25/what-is-it/.

Theodorson S A，Theodorson A G. 1969. A Modern Dictionary of Sociology. New York：Cassell.

Thomas D A，Li Q. 2008. From web 2.0 to teacher 2.0. Computers in the Schools，25（3-4）：199-210.

Toffler A. 1980. The Third Wave. New York：William Morrow and Company.

UCL HR Organisational Development Team. 2015. Learning and development. http://www.ucl.ac.uk/hr/od/resources/learningneeds.php［2018-11-01］.

Vail E F. 1999. Mapping organizational knowledge：Bridging the business-IT communication gap. Knowledge Management Review，39（2）：10-15.

Valencia S，Martin S，Place N，Grossman P. 2009. Complex interactions in student teaching：Lost opportunities for learning. Journal of Teacher Education，60（3）：304-322.

van der Heijden H. 2004. User acceptance of hedonic information system. MIS Quarterly，28（4）：695-703.

van Eerde W，Thierry H. 1996. Vroom's expectancy models and work-related criteria：A meta-analysis. Journal of Applied Psychology，81（5）：575.

van Merriënboer J J G，Sweller J. 2005. Cognitive load theory and complex learning：Recent developments and future directions. Educational Psychology Review，17（2）：147-177.

van Merrienboer J J G，Kester L，Paas F. 2006. Teaching complex rather than simple tasks：Balancing intrinsic and germane load to enhance transfer of learning. Applied Cognitive Psychology，20（3）：343-352

Venkatesh V，Davis F. 2000. A theoretical extension of the technology acceptance model：Four longitudinal field studies. Management Science，46（2）：186-204.

Verbert K，Manouselis N，Drachsler H，Duval E. 2012. Dataset-driven research to support learning and knowledge analytics. Educational Technology & Society，15（3）：133-148.

Vernon R. 1979. The product cycle hypothesis in a new international environment. Oxford Bulletin of Economics and Statistics，41（4）：255-267.

Vernon R，Wells L. T. 1966. International trade and international investment in the product life cycle.

Quarterly Journal of Economics，81（2）：190-207.

Virtanen M A，Haavisto E，Liikanen E，Kaariainen M. 2017. Ubiquitous learning environments in higher education：A scoping literature review. Education & Information Technology，23（2）：985-998.

Vygotsky L S. 1978. Mind in Society：The Development of Higher Psychological Processes. Cambridge：Harvard University Press.

Wade J T. 1935. A Measurement of the Secondary School as a Part of the Pupil's Environment. New York：Bureau of Publication，Teachers College，Columbia University.

Wechsler D. 1964. Die Messung der Intelligenz Erwachsener. Bern：Verlag Hans Huber.

Wenger E. 2004. Knowledge management as a doughnut：Shaping your knowledge strategy through communities of practice. Ivey Business Journal，68（3）：1-8.

Wikipedia. 2015. Collective Intelligence. http://en.wikipedia.org/wiki/Collective_intelligence［2018-10-27］.

Wong A F L，Young D J，Fraser B J. 1997. A multilevel analysis of learning environments and student attitudes. Educational Psychology，17（4）：449-468.

Yi Y. 1989. A critical review of consumer satisfaction. In Zeithmal V A. Review of Marketing. Chicago：American Marketing Association，68-123.

后　记

本书是我所主持的国家社会科学基金“十二五”规划2015年度教育学青年课题“‘互联网+’时代中国传统文化微学习资源开发与传播研究”的重要研究成果。

正如“互联网+”兴起于商业领域，微博、微信等也流行于社交领域，但是当这股新潮流蔓延至教育与学习领域之后，其引发的关注也不亚于其他行业或领域。我对微学习的关注始于2014年在美国求学，一些课程经常要求学生制作“使用说明”（虽然其英文说法是“tutorial”，但我更愿意将其翻译为“使用说明”），这些使用说明可以是一些应用软件或工具的使用方法，如如何使用思维导图工具MindManager，也可以是教会学习者“打高尔夫”。“tutotial”的教学时间不长，一般不超过10分钟。这些tutorial做好之后，教师会鼓励我们将之上传到社交平台上，分享给有需要的人以供他们学习。而对中国优秀传统文化的关注，则由于其一直是我们的课程“视觉文化与媒介素养”中的重要研究内容。因此，在对微学习资源开发与传播的一般理论设想与观点进行建构之后，基于微信公众平台的“优秀传统文化微学习平台”的建设将成为我们当前以及今后集中进行的研究工作。

在撰写本书的过程中，我对微学习与微学习资源的思考也越来越多，特别是体会到作为微学习资源的开发与传播者，必须学会换位思考。我想这也是为什么在所有的教学设计中首先要进行的工作就是“学习者分析”。将自己视为学习者，那么在后信息时代开展基于个性化学习需求的学习资源设计与开发，也就更能贴近学习者的实际需求。

在课题研究与本书撰写过程中，我得到了张舒予教授、顾建军教授、沈书生教授等的指点与帮助，在此向他们表示由衷的感谢。感谢科学出版社的朱丽娜编辑，她严谨求实的态度、细心专业的精神，为我的拙作增色不少，值得我好好学习。感谢家人对我的鼓励与支持。

最后感谢所有关心与指导本书撰写与出版的朋友，恳请学界同行与广大读者多多批评指正，也请广大读者关注我们的中国优秀传统文化微学习平台，随时提出宝贵的意见与建议。

赵　丽

2019年8月